国家社会科学基金青年项目"微博时代政民沟通的困境与出路研究"
(项目编号12CXW003)

袁靖华 —— 著

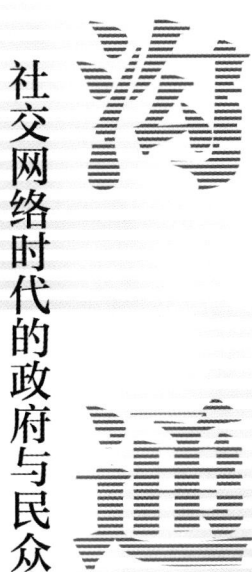

社交网络时代的政府与民众

中国社会科学出版社

图书在版编目（CIP）数据

沟通：社交网络时代的政府与民众/袁靖华著. —北京：中国社会科学出版社，2021.5（2022.2 重印）
ISBN 978-7-5203-8030-0

Ⅰ.①沟… Ⅱ.①袁… Ⅲ.①电子政务—研究—中国 Ⅳ.①D63-39

中国版本图书馆 CIP 数据核字（2021）第 042300 号

出 版 人	赵剑英
责任编辑	郭晓鸿
特约编辑	杜若佳
责任校对	师敏革
责任印制	戴 宽

出　　版	中国社会科学出版社
社　　址	北京鼓楼西大街甲 158 号
邮　　编	100720
网　　址	http：//www.csspw.cn
发 行 部	010-84083685
门 市 部	010-84029450
经　　销	新华书店及其他书店
印　　刷	北京明恒达印务有限公司
装　　订	廊坊市广阳区广增装订厂
版　　次	2021 年 5 月第 1 版
印　　次	2022 年 2 月第 2 次印刷
开　　本	710×1000 1/16
印　　张	20
插　　页	2
字　　数	259 千字
定　　价	108.00 元

凡购买中国社会科学出版社图书，如有质量问题请与本社营销中心联系调换
电话：010-84083683
版权所有　侵权必究

目 录

扎根基层、融合创新的社会沟通研究
　　——《沟通：社交网络时代的政府与民众》序 ………… 邵培仁（1）

前言 ……………………………………………………………………（1）

第一章　研究设计与框架 ………………………………………（1）
　第一节　研究的问题 …………………………………………（1）
　第二节　研究的设计 …………………………………………（5）
　　一　研究视角和目的 …………………………………………（5）
　　二　研究方法与路径 …………………………………………（7）
　第三节　研究的基本框架 ……………………………………（11）

第二章　社交媒体：社交为媒的时代 …………………………（15）
　第一节　社交媒体是主流媒体 ………………………………（15）
　　一　社会信息流通的变革 ……………………………………（15）
　　二　社会传播变革：公共的还是私人的？ …………………（19）
　第二节　全新的传播生态：移动社交传播 …………………（25）

一　移动微屏传播 …………………………………………（25）
　　二　社交优众的诞生 ………………………………………（32）
　　三　社交关系的建立 ………………………………………（34）
　第三节　社交媒体对社会治理的挑战 ……………………………（40）
　　一　作为社会神经系统的手机社交网络 …………………（41）
　　二　手机社交网络社会的治理困境 ………………………（45）
　　三　政府传播走向政务社交传播 …………………………（49）

第三章　社交：从传播理论回到沟通理论 ………………………（62）
　第一节　从传播回到沟通 …………………………………………（63）
　　一　社交媒体时代的政治传播 ……………………………（63）
　　二　追溯沟通的意义 ………………………………………（69）
　第二节　关于沟通的理论研究 ……………………………………（74）
　　一　人际传播即人际沟通 …………………………………（74）
　　二　沟通行动与对话理论 …………………………………（81）
　　三　政治沟通理论 …………………………………………（88）
　第三节　政民关系研究：双主体 …………………………………（91）
　　一　不对等关系 ……………………………………………（92）
　　二　公共关系 ………………………………………………（95）
　　三　利益相关关系 …………………………………………（97）
　　四　多点互动的扁平关系 …………………………………（100）
　第四节　沟通：基于信任的对话 …………………………………（102）
　　一　信任 ……………………………………………………（102）
　　二　沟通与信任 ……………………………………………（105）
　　三　社交媒体的心理机制 …………………………………（110）
　　四　小结 ……………………………………………………（117）

第四章　社交优众
　　——高知青年民众的社交媒体应用调查 ………………（120）

第一节　描述性统计分析 ……………………………………（121）
　　一　高知青年民众媒体应用调查 ………………………（122）
　　二　高知青年民众对基层政府的认知 …………………（138）
　　三　高知青年民众的社会治理感知 ……………………（142）
　　四　小结 …………………………………………………（147）

第二节　回归分析 ……………………………………………（148）
　　一　影响对家乡基层政府整体评价的因素 ……………（148）
　　二　影响对基层政府与民众关系感知的因素 …………（152）
　　三　影响选择维权求助平台的因素 ……………………（153）
　　四　影响媒体信任度的因素 ……………………………（156）
　　五　影响对政府官员信任认可度的因素 ………………（158）
　　六　影响社会治理溃败感知的因素 ……………………（160）
　　七　小结 …………………………………………………（161）

第五章　基层公务人员
　　——基层政府的社交媒体应用调查 ………………（165）

第一节　描述性统计分析 ……………………………………（166）
　　一　问卷调查的实施 ……………………………………（166）
　　二　描述性统计分析 ……………………………………（169）
　　三　因子分析 ……………………………………………（188）
　　四　小结 …………………………………………………（201）

第二节　回归分析 ……………………………………………（202）
　　一　影响政民沟通整体绩效的主要因素 ………………（202）
　　二　影响政民沟通顺畅度的主要因素 …………………（205）

三　影响政民关系和谐度的主要因素 …………………… (208)
　　四　影响对基层政府信任度的主要因素 ………………… (210)
　　五　影响基层政府形象的主要因素 ……………………… (212)
　　六　影响政务社交媒体沟通特性的主要因素 …………… (214)
　　七　小结 …………………………………………………… (215)
第三节　基层政府社交媒体应用案例研究 …………………… (219)
　　一　"善治"理念与双向对称沟通 ……………………… (220)
　　二　平台机制建设与"整体互动" ……………………… (234)

结语　研究结论与对策建议 ………………………………… (256)
　　一　理论思考层面的探索 ………………………………… (256)
　　二　实践应用层面的策略 ………………………………… (261)
　　三　研究的创新与不足 …………………………………… (265)

参考文献 ……………………………………………………… (270)

附录 …………………………………………………………… (285)
　问卷一　高知青年民众社交媒体应用调查 ………………… (285)
　问卷二　基层干部—基层政府的社交媒体应用调查 ……… (289)

后记 …………………………………………………………… (295)

扎根基层、融合创新的社会沟通研究
——《沟通:社交网络时代的政府与民众》序

邵培仁

靖华是我的得意门生,"八朵金花"之一,她的勤奋刻苦,对传播现象的敏锐观察,对学术研究的执着探索,我是十分欣赏的。看到她的第四本个人专著要出版了,我感到非常高兴。这本书在对基层公务人员的社交传播活动进行广泛深入的调查基础上,自下而上形成了关于"沟通"理论的有益探索及其实证研究。这种扎根中国社会现实经验的学术研究,对丰富本土的传播理论建设,是非常有益的尝试。

人类传播史经历了五次革命——语言传播、书写传播、印刷传播、电子传播和互动传播,每一次传播革命都对社会进步具有重大的推动作用,将人类带进一个新的境界、新的时代。最近的这次由社交媒体为主导力量的互动传播革命,不仅深刻改变了政治传播的生态环境和传播走向,随之伴生的新特征、新语境,还对社会政治结构与公民行为产生了一系列链条式影响。[①]这就特别需要深入实地的调查研究,揭示这种影响具体是如何展开的,存在哪些问题,需要通过关切中国社会现实的实

---

① 邵培仁、张梦晗:《全媒体时代政治传播的现实特征与基本转向》,《探索与争鸣》2015年第2期。

证研究，来生成对现实具有指导意义的理论创新成果。靖华博士的这本书，正是这样一种努力之下的创新实践。在我看来，其值得关注的学术价值主要有如下几个方面。

一 以"关系"为纽带，连接起"社会—沟通—媒介"三角的创新性研究

社交媒体是一个弥散性的高维即时传播生态，过去借由自上而下、单向、线性、固态的传统传播体系已经难以维系，而新的、适应这一弥散状液态传播生态的传播体系尚未形成。靖华博士的研究切入点是：观察社交媒体如何改变政府与民众的对话方式，如何挑战原有的政府信息传播格局与社会管治模式。

她指出，手机终端及其移动社交网络所带来的社会结构变革，是对整个社会系统的神经网络的更迭，对传统媒体的传播与社会整合模式、自上而下的社会管理模式、传统的官民关系模式等都是一个重大挑战。社交媒体已成为社会信息流的主要出入口，由此生成的是一个"多点交叉回环水系式"的新的意见生成机制，多向的、可逆的、扁平化的互动传播模式。因此，社交媒体时代的传播特征是：关系、认同、分享、人人，讲求的是共享性与协同性，连接性和整体性，需要建立起适应其基本传播特征的新的社会沟通模式，即注重：关系、长期、价值与连接。

她进而指出，社交媒体这种多点互动的、扁平化的社交型传播，将民众塑造成为具有自媒体特性的、积极主动的"社交优众"。政府要主动地与民对话，主动适应民众的自媒体话语特性，超越训示式的科层制管理，通过参与式协商合作建立积极有效的与民沟通机制，这是基层政府实现信息社会治理的必要条件。其中，处理好与民众的沟通关系，则

是政务媒体实现有效传播的首要条件。政府需要主动地与民众进行双向沟通与理性对话，呼应公众利益诉求，提高民主执政与社会协同治理能力，以建设平等合作、互信互利的政—民关系为目标，有效化解政治风险、减少社会冲突。因此，完善基于多方利益协调的"善治"型社会治理与双主体对称关系下的平等对话沟通，这是适应社交媒体时代需要的信息社会治理模式。

这是从传播学的研究视角出发，立足于社会—沟通—媒介的理论三角，从沟通模式和社会治理模式两个方面得出的重要研究结论。任何沟通都离不开媒介。研究沟通问题，既是研究社会问题，同时亦是研究媒介问题。政府与民众之间的沟通亦是社会发展的核心症结所在。

靖华博士通过媒介研究来切入基层社会治理研究，提炼出适合社交媒介的信息社会的沟通模式和社会治理模式。对媒介——政务社交媒体的研究是这一项研究的起点和终点，实现了研究聚焦。她以敏锐的学科眼光，以媒介为经，以社会为纬，在研究媒介的时候联系社会，在研究社会的时候指向媒介，用社会的尺度和媒介的理论思维，既确保了学术研究的价值和理论意义，又落实了研究的社会价值和实践意义。

二　多学科融会贯通，创造性地丰富了传播研究中的沟通理论

靖华博士将重建沟通理论研究视为当前不可或缺的基础理论工作。社交媒体基于人与人之间的关系网络进行信息交流与沟通的基本特性，决定了在当前这个社交媒体时代的传播研究，必须是立基于人与人之间的沟通与交流的沟通研究。

在沟通研究中，靖华博士注重从社会科学研究的整合性思维方法出发，融会多学科视角，如社会学、心理学、管理学、政治学、公共关系学等，对沟通现象进行理论解析。譬如，她将社会学关于"关系"的

研究纳入传播学研究的视野当中。将政—民关系研究与传播沟通的渠道研究进行了颇具启发意义的整合。中国的历史和传统，决定了中国人的社会生存具有"关系性"的特征。靖华博士的研究揭示出：在人与人之间的沟通过程中，任何信息都是一种关系信息；而关系往往是与沟通双方的情感、意图、思想等等相关的；沟通强调的是沟通行为对沟通对象的心理、情绪及其态度、行为的感染和影响，其中，语言、文字、符号甚至手势、表情、语气、态度、姿态、行为与装束都可以成为传递信息的媒介与手段。这就将传播学关于符号的研究和心理学、社会学作了很好的结合，从而揭示出"沟通"的关系特质和心理发生机制，具有普遍的启发意义。

在学术研究中，能从现象中发现问题固然可贵，但只有将其上升到理论层面，才能完成学术创新。靖华博士通过扎根基层的广泛调查，提出了基于关系的沟通模式和沟通研究的新的"5W"。她提出，"元意义上的沟通，所隐含的本质是基于关系的主观心理活动过程"。"信息层面的沟通是外在的、实体性的，而内在的、隐含的沟通则是离不开情感、情绪和关系的。""人与人的沟通，不仅是思想的传递与反馈，以求增进理解、达成共识；而且还是情感的传递与反馈，以求感情的融洽、关系的和谐。"因此，从沟通的理论视角反观基层社会治理，就会发现：

"在政府与民众开展沟通的过程中，一味偏重信息传递，而忽视情感关系的沟通互动，显然是远远不够的。""政府与民众的沟通，既是信息的，同时也是关系的连接过程。人们基于信息进行沟通，信息的品质和效用是影响对话活动的重要因素。必须注重信息的及时、准确、有效等品质。同时，还应该注重通过积极的回应和广泛的参与，积极进行沟通中的关系建设和情感建设。""沟通的顺畅与否，与社会肌体发展的健康与否息息相关。沟通中出现的问题和矛盾，也往往意味着社会肌体的主要病症。"

基于上述"沟通"理论研究，她提出了社交媒体时代影响政府与民众沟通的六大因素（绩效、顺畅度、和谐度、民众对基层政府的信任度、基层政府在民众中的形象、政务社交媒体的沟通特性），而如何在社交媒体平台争取到民众的注意力资源就成为考验政府开展社交媒体沟通型传播的第一道门槛。她认为，为迎接社交媒体时代的社会行动模式，由管控型政府转向协同社会治理的社交沟通型政府将是历史的必然；而从政—民沟通出发，深入推进整个社会的对话沟通，进一步推进社会共识的达成，增进全社会的价值共识，则是当前社会亟需沟通的关隘所在。

应用"沟通"理论，结合广泛社会调查，她进一步提出了基层政府提升与民沟通成效的六条可操作性实践策略，在沟通的主体、沟通的渠道、沟通的认知层面、沟通的情感层面、沟通的语体语态、沟通的效果检验等方面都提供了切中肯綮的行动方案。

这是靖华博士通过混合方法研究，扎根基层社会调查，自下而上形成的关于"沟通"理论的有益探索，也是对新媒体时代我国政府传播理论的有益补充，对当下的政—民沟通实践具有重要的参考价值和指导意义。其中，关于政—民沟通中的信息品质与关系构建，沟通过程中如何通过接触、信任达致价值观的聚合与分享等等，对政—民沟通都有深刻的启示。这种扎根中国社会现实经验的学术研究，对丰富中国本土的传播学理论建设和社会治理理论建设，亦是很有益的尝试。

三 扎根基层调查切入社会沟通研究，富有敏锐的研究洞察力

长期以来，中国的传播学研究作为一个"舶来品"，从理论建构到思维路径都受到西方传播学的深刻影响，长期处于被外来话语体系主导

的窘境之下。而一些满足于旁征博引西方理论依据、不参与也不了解中国社会实践、不接地气并被自我不断虚置的学术研究,与中国传播学研究的本土化道路更是背道而驰。如何摆脱传播学研究领域的西方话语霸权,构建中国传播话语体系,充分表达中国的历史经验和传播地位,[①]正是我一直强调并孜孜以求的目标。

过去的半个世纪,中国社会所发生的沧海桑田般的变化,是我们研究中国社会现实的重要经验来源。在研究方法上,靖华博士的这项研究深入开展了对基层公务人员和基层政府社交传播活动的田野观察和社会调查,从基层一线政府公务人员当中,获得了翔实的一手资料。过去,由于种种现实的阻碍,针对这一特定对象群体的传播学实证研究较为鲜见。靖华博士克服困难,通过对基层政府使用社交媒体情况的十年观察,广泛深入地调查和访问,为研究打下了扎实的基础。在这一领域开展这样的实证研究,难能可贵。

她用整体互动的全局传播思维,对这一研究领域进行全面综观的思考,一些政府机构面对新媒介催生的社会心理和社会文化,准备不足,依旧固守传统的管制型宣传模式、控制型社会管理模式,无法有效应对传播生态变迁和社会转型带来的双重挑战。她强调:要将与民众沟通联系的人际传播系统、大众传播系统、社交媒体网络传播系统进行多维立体的整体交互建设,注重发挥基层一线部门的能动性与积极性,主动开展在提高政务服务品质过程中的积极对话,积极回应民众的各项诉求,提高社会协同治理能力。

我们说,基层最为接近民生和人民利益,事关社会稳定与改革发展的前景。基层组织承担着关键的社会控制职责,如何强化基层工作与人民群众之间的紧密联系的问题,是社会治理转型中的根本性问题。正是

---

① 邵培仁:《传媒的魅力——邵培仁谈传播的未来》,首都经济贸易大学出版社2014年版,第39、57页。

基于一线基层的扎实调查，靖华博士的研究具有学术的穿透力和敏锐的洞察力。

她指出：尽管渠道的技术搭建和基础设施越来越达至终端，但是，真正意义上的政府与民众的顺畅"沟通"仍旧有待解决，有时候这甚至是个非常迫切的问题。政府与民众之间沟通渠道的增加和扩散，从技术和物质平台上提供了沟通对话的机会与可能，但这些均是操作层面的"术"。"术"是外部的条件保障，但真正有效沟通以达至理想状态，在于"道"，从沟通的角度，则是"认同"的问题，核心是价值认同。她说："渠道易得，共识难得。"在一拥而上建设各种政务社交媒体平台、推进基层媒体融合的过程中，要清醒地意识到：渠道与信息是沟通的外壳、载体，而沟通的根本问题是价值观念层面的交流与分享。政府与民众的沟通，其最根本的目的是从关系的视角，审视社会转型背景下的社会治理与执政方式的转变，通过建设性的途径推进政府和民众通过双方的互动对话来达成社会认同，以实现政府与民众的价值共识与利益共赢，增进社会关系的整体和谐。

她的研究还揭示了，政务社交媒体的沟通特性是其具备"用户黏性"，能够吸引民众持续关注的显著影响因素。通过建构测量量表，她对基层政务社交媒体的"沟通"属性进行测量评估，完善了有效分析政务社交媒体沟通特性的五维度测量指标；从推进信息社会协同治理的角度，明确了基层政务社交媒体的五大基本功能：信息传播功能、社区建设功能、动员促进功能、双向对话功能、舆论引导功能。她通过广泛深入的实证调查研究，发现基层政务社交媒体普遍停留于"信息传播"这一基础功能，这种功能的不健全恰恰揭示出了政务社交媒体推广乏力、民众关注度低、传播低效低能的原因。当前，政务社交媒体虽是我国政务信息传播的重要渠道，是社交媒体时代政府在舆论场的重要发声通道，但它还没有成为政府与民众沟通交流、建立互信互利关系的主要平台，这就严重制约了政务社交媒体对舆论的引导力、对民众的影响力。

四 双主体建构"沟通事实"的各个元素，推动政通人和的政治传播学研究

我始终认为，政治传播学是关于政通人和的学问。现代社会已由过去"民可使由之"的社会变为"民必使知之"的社会，自上而下"替民作主"的管制模式，也需要调整为"与民共享"的协商共治模式，"上下情相通则治，上下情隔膜则乱"，因此，政治传播学要以人的沟通行为作为研究的核心。靖华博士首先建构起了关于沟通研究的新的"5W"，包括：谁和谁（沟通双主体），通过什么渠道（沟通的媒介渠道），沟通了什么（沟通的内容与话语），取得了什么效果。她以沟通研究的"5W"为全书线索，将沟通的关系建设研究与沟通的渠道建设研究加以结合，调查沟通双主体——社交民众和基层政府的沟通实践，分析具体的政务社交媒体应用案例，就沟通的主体、渠道、内容、话语、效果以及过程等展开了广泛深入的调研。

前沿的传播学研究强调双主体的观察角度，因为仅仅依靠单主体视角的观察，往往容易失之偏颇。靖华博士的这本专著，正是从政府—民众的双主体视角，从沟通研究出发来深入探索社交网络时代的基层社会治理问题。围绕基层政府—民众的沟通研究，扎根基层社会调查，抓住了社会治理现代化转型中的症结问题，从传播学的媒介研究视角，揭示了对话沟通是最有效、最具可接受性，实现双方价值认同的途径。

她提出，手机在作为国民信息终端的同时，也是几乎所有移动社交媒体的信息终端，由此，社交媒体提供的是一个"零距离在线社交"的媒介环境，一个时时在线、全息弥漫的全域信息沟通网络，一个建基

于个体化社交传播的新社会形态。通过社交关系进行信息扩散，逐渐构成了从移动社交网络到整个社会的行动模式。这就决定了，整个社会的信息流通方式从自上而下的"组织管控"转向人与人的"对话沟通"，这已经是一个无可回避的选择。完善基层社会治理的路径，应首先开放基于移动社交媒体的全媒体融合型的对话回路，以整体互动思维建设多元沟通渠道，通过全方位的政-民关系共建，深入对话，实现思想、情感、价值理念层面的广泛共识，进而推动整个社会的价值认同，推进社会的长治久安。

靖华是我的学生，她热情、敏锐、务实、求真。从她2007年毕业至今，十多年来我一直关注着她的成长。从对媒介组织愿景的研究，到对媒介正义论的研究；从对底层农民工社会交往的关系障碍研究，到对基层政府的社交媒体沟通研究，在靖华身上，我始终都能看到她对社会生活的热切观察和执着关怀。她是一个能够脚踏实地、积极投身于一线社会调查的研究者，同时又是一个善于广泛汲取多学科理论思维的营养，善于开展交叉学科的整合创新工作的青年学者。这本书是她深入实践调查、勤奋刻苦工作的结晶，具有鲜明的问题意识，内容创新、观点新颖、分析精当，是一部注重前沿开拓、一手资料翔实、研究视野开阔的学术著作。

是为序。

邵培仁

2020年5月26日

于杭州市沿山河畔寓所

前　言

（一）

　　本项研究开启于 10 年前。2010 年，被称为微博元年。现在回望，其实 2010 年开启的是一个社交网络云生活的时代。在这十年的光阴里，中国的社交媒体用户已经增长到 10 亿，从微博到微信，从快手到抖音，从 Zoom 到钉钉，各类社交媒体迅猛成长，织造成一个社交网络的线上云社会。无论是生活还是工作，购物还是交友，问诊还是开会……人类社会已无时无刻不沉浸在数据云端。

　　云端世界是实体世界的镜像。线下社会生活中没有解决的问题，在线上也未必能够解决。甚至很多时候，因为这面镜子的曲度变化，一些社会问题会在云端被放大、扩散和加剧。云端更是一个时空压缩、质量畸变的世界，那些被现实世界延宕或者遮蔽了的事件，一旦被云端镜像捕捉，就会如同云中生成的龙卷风，演化出剧烈的能量旋涡，将线下的实体世界裹挟其中，造成难以预期的后果。

　　就像现在，新冠病毒疫情暴发后，人们投入社交媒体的时间和精力在整体总量上是前所未有的。几乎所有人的注意力都被裹挟到这一事件信息中，每时每刻在线上关注疫情。这是人类社会进入社交媒体时代 10 年来，第一次遭遇这么长时间、超强度、高密度、高关注度、高链接性的信息爆炸。而同时，在这最需要达成共识、共克时艰的危难时期，社交网络的云社会揭开了另一个残酷事实：微博上的各种撕逼开战，微信群的各种退群断交，朋友圈的各种拉黑争吵，正在演变成一场前所未见的社会意见撕裂，一场蔓延全球的社会断裂和价值观冲突危机。

这再一次说明，仅仅从信息传受的角度理解媒介、理解传播是远远不够的。就像笔者在书中所强调的：

> 沟通的顺畅与否，与社会肌体发展的健康与否息息相关。沟通中出现的问题和矛盾，也往往意味着社会肌体的主要病症。
>
> 元意义上的沟通，所隐含的本质是基于关系的主观心理活动过程。信息层面的沟通是外在的、实体性的，而内在的、隐含的沟通则是离不开情感、情绪和关系的。人与人的沟通，不仅是思想的传递与反馈，以求增进理解、达成共识；而且还是情感的传递与反馈，以求感情的融洽、关系的和谐。
>
> 在政府与民众开展沟通的过程中，一味偏重信息传递，而忽视情感关系的沟通互动，显然是远远不够的。
>
> 沟通最终的效度是指向价值认同的。需要基于叙事策略的调用激起情感共鸣，进而由"同情心"发展到"同理心"，引发心理认同感，从而在深层次上影响到人们的价值判断。

概言之，人是受情感驱动的物种，传播则是人性的镜像，人人聚合的社交媒体正在为每一个人画像。这每一个人，一起构成了线上社会和线下社会。从传播的角度回归到沟通的角度，是我们在探究社交网络时代的社会治理问题时不可回避的选择。人类关于沟通的思考、困扰、实践和探索，亦将始终与社交网络社会息息纠缠。

（二）

互联网技术推动人类社会进入了一个人人可成为传播者与信息生产者的 Web 4.0 时代，每一个介入移动互联网的个体都有可能随时随地通过影像、视频、图片、录音、文字，甚至表情包，瞬间成为世界瞩目的信息中心，被亿万社交网络民众刷屏、点赞、围观，或者被围攻、被抛表情包、被愤怒指责……这是一个人人都可以制造话题、生产信息、表达意见的时代。我们的手机，既是一个私人通信工具，又是一个个人化的信息终端，一个随时随地可以联结世界，在广场般的网络公共空间喊话的信息通道。

移动互联网负载的微博、微信、QQ、App 等各类基于便携移动设备的移动社交媒体，共同形成了一个信息传播生态系统。这是一个弥散性的高维即时传播生态，不仅在时间上弥散，也在空间上弥散，一个全液态传播乃至气态传播的时代已经来临。一个信息一旦在基于移动互联网的社交媒体上得到扩散，就如水倾覆于地，四处弥漫、难已收回。

在这样的传播生态下，无论是被动还是主动，政府与民众之间的信息沟通方式必然与过去大相径庭，而且，正在发生的日新月异的变化，更是让不少政府部门目不暇接，甚至措手不及。一切过往的、坚固的东西似乎都摇摇欲坠了。过去借由自上而下、单向、线性、固态的传统传播体系已经难以维系，而新的、适应这一弥散状液态传播生态的传播体系尚未形成。这一过渡的历史阶段难免混乱、着急、迟疑、困顿。

麦克卢汉曾说："媒介即讯息"，信息沟通方式的变化不仅仅是技术层面的，也不仅仅是基础设施层面的，而是根本性的社会关系变革。移动互联网及其社交媒体的全面普及，已经成为当代社会不可或缺的基础设施。2016 年 8 月，联合国更是将网络接入权确立为现代人的一项基本人权。如果说，"物质基础决定上层建筑"，移动社交媒体作为新的社会基础设施与信息社会 4.0 革命的核心技术引擎之一，对社会结构、社会关系、社会心理都可能带来深远的影响。

我们正是在这一新的背景条件下来讨论政府与民众的沟通及关系问题。由于政府与民众沟通的渠道、路径、方式发生了巨大的变化,新的困惑叠加老的问题,政府与民众的沟通会面临什么样的困境?为什么有这样的困境?如何摆脱这样的困境?本研究的立基点正是基于这一现实问题来展开的。

第一章 研究设计与框架

政府与民众之间的沟通，是社会信息流通的主要内容，沟通的顺畅与否，与社会肌体发展的健康与否息息相关。沟通中出现的问题和矛盾，也往往意味着社会肌体的主要病症。因此，研究政府与民众之间的沟通问题，也是研究社会发展的核心症结问题。而任何沟通都离不开媒介。研究沟通问题，既是研究社会问题，同时亦是研究媒介问题。本章主要明确了本课题研究聚焦的核心问题所在，研究的基本框架与思路线索，研究的方法与设计等。

第一节 研究的问题

21世纪以来，从最初的博客、论坛、QQ聊天工具、WIKI等一开始仅局限于网络的自媒体（We Media），发展到微博、微信、Twitter、Facebook、LinkedIn、Myspace等各类手机社交媒体或者手机与电脑网络兼用的社交媒体，自媒体的发展突飞猛进，已经成为现代人日常生活须臾不可离身的日常交际工具和主要信息来源。Dan Gillmor在2003年的时候提出，新的这个世纪就是一个"自媒体"（即"We Media"）的时代。[1] Chris

---

[1] Dan Gillmor, "News for the Next Generation: Here Comes We 'Media'", *Columbia Journalism Review*, January/February, 2003, pp. 29–37.

Willis 和 Shayne Bowman 呼应了他的观点，他们在 The Media Center 杂志上撰文，文章的题目就是"We Media"。他们将自媒体的出现视为一种即将发生的深刻变革，即"普通大众如何提供与分享他们本身的事实、他们本身的新闻的途径"。① 早期研究者的预感无疑是敏锐的。

不仅如此，随着2004年 Facebook 社交网站的创立和2006年微博客服务（Twitter）的推出，自媒体在发展成为社交媒体（Social Media）后，微信、微博等社交媒体与其相关联的各类社交网站或网络社区链接，允许手机用户将自己的最新动态或想法用短信发给网络接受者，原本局限于互联网的自媒体延伸到随身携带的手机上，借此，个人化传播的信息可以及时便捷地实现社会化共享。

自2007年始，社交媒体（包括社交网站）在全球刮起了旋风，融合了手机移动和网络超链接两大新媒体的优点，将网络的大信息量、广覆盖面、强互动性、即时快速、多媒体等特点，与手机的5A优势——Anyone、Anytime、Anywhere、Anything、Anyway——结合，将线下的人际交往直接链接到网络群体的传播，推动自媒体传播范围不断扩大，并且具有低成本、高速度、人人参与性、无障碍公开性、双向交流性、社区化沟通性、强大的连通性、多媒体融合性等诸多优势，能极大扩展人们对信息的关注度、参与度和信息传播的范围。②

根据中国互联网络信息中心（以下简称CNNIC）于2017年1月22日发布的第39次《中国互联网络发展状况统计报告》显示，截至2016年12月，中国网民规模达7.31亿，相当于欧洲人口总量，自此，中国无疑成为网络用户量和社交媒体用户量最大的国家，"普及率达到53.2%，超过全球平均水平3.1个百分点，超过亚洲平均水平7.6个百

---

① Chris Willis, "Shayne Bowman", We Media, The Media Center, 2003 (7), pp. 11–17.
② 袁靖华：《微博的理想与现实——兼论社交媒体建构公共空间的三大困扰因素》，《浙江师范大学学报》（社会科学版）2010年第6期。

分点",其中,手机网民规模达6.95亿,占比达95.1%。值得关注的是,统计发现:"三成网民使用线上政务办事,互联网推动服务型政府建设及信息公开。"包括支付宝/微信的城市服务,政府微信公众号、网站、微博、手机端应用等在内的在线政务服务用户规模达到2.39亿,占总体网民的32.7%。①

短短三年之后,2019年发布的第44次《中国互联网络发展状况统计报告》的相关统计数据则显示:截至2019年6月,我国网民规模已达8.54亿,互联网普及率达到61.2%;手机网民规模达8.47亿,使用手机上网的比例则高达99.1%;网络新闻用户规模达6.86亿,手机网络新闻用户规模达6.60亿,占手机网民的78.0%;网络视频用户规模达7.59亿,占网民整体的88.8%,其中短视频用户规模为6.48亿,占网民整体的75.8%;与此同时,我国在线政务服务用户规模达5.09亿,占网民整体的59.6%。②

通过对上述两组数据的比照,可以发现:1. 经过三年的发展,手机上网几乎成为全民所选的资讯途径;2. 无论是手机网络新闻用户还是短视频用户,均超过了6亿人口,占了我国人口总量的近一半,而其中的短视频因视频短小且往往在大量短视频App发布,据此可推断短视频用户主要是使用手机等便携设备的用户;3. 使用在线政务服务的用户数量快速增长,从此前的三成跃升到近半数网民,用户规模达5亿。

这一方面说明,随着各级政府及机构加快"两微一端"线上布局,推动互联网政务信息公开向移动、即时、透明的方向发展,互联网政务服务各平台的互联互通及服务内容更加细化,人们越来越期待这些举措能够有助于大幅提升政务服务智慧化水平,提高用户生活幸福感和满意

---

① 中国互联网络信息中心:第39次《中国互联网络发展状况统计报告》,2017年1月22日,http://www.cnnic.net.cn/hlwfzyj/hlwxzbg/hlwtjbg/201701/t20170122_66437.htm。
② 中国互联网络信息中心:第44次《中国互联网络发展状况统计报告》,2019年8月30日,http://www.cac.gov.cn/2019-08/30/c_1124938750.htm。

度。同时还说明，手机等移动便携设备已经成为普及到全体国民的信息终端，每一个个体的信息终端化，不仅拉近了人与世界的距离，也拉近了政府与每一个国民个体联结的距离。这就进一步说明了一个迫切的现实挑战：手机在作为国民信息终端的同时，也是几乎所有移动社交媒体的信息终端，由此形成了一个"零距离在线社交"的媒介环境。在这样的环境和背景下，政府与民众如何更好、更有效地进行沟通，这无疑是前所未有的巨大挑战。

另一方面，在乐观的统计数据背后，最基本的社会症结问题仍旧不断以鲜活的事例提醒人们不能无视数据背后的社会现实。与社交自媒体的 5A 优势同时相伴随的，就是社会价值理念的圈层化、分众化、碎片化也越来越突出。首先，社交媒体借助人际关系网传播信息，高度融合网络与手机、线上与线下、虚拟与现实、熟人与陌生人、个体与群体，依靠用户信息源，"促成自发组织的群体行为"，"借助关系传播集合起的好友圈、粉丝群，在兴趣爱好、价值观或某种利益方面意气相投，信息类似病毒传播般在群体接触中具有强感染性"，极易出现群体从众效应、沉默螺旋机制、群体压力等协同作用下的"群体精神统一性"，从而易受到非理性情绪暗示和传染性情绪影响，表现出集体幻觉下的集体无意识迷失，造成群体非理性和群体冲动行为。[①] 其次，政府机构面对新媒介催生的社会心理和社会文化，准备不足，依旧固守传统的管制型宣传模式、控制型社会管理模式，无法有效应对传播生态变迁和社会转型带来的双重挑战。近年来群体性事件、舆情危机事件非但没有随着媒介渠道技术的更新而有所下降，反而愈加层出不穷。这说明，尽管渠道的技术搭建和基础设施越来越达至终端，但是，真正意义上的政府与民众的顺畅"沟通"仍有待解决。很多时候甚至成为越来越迫切的问题。

---

① 袁靖华：《微博的理想与现实——兼论社交媒体建构公共空间的三大困扰因素》，《浙江师范大学学报》（社会科学版）2010 年第 6 期。

本研究正是基于这样的社会现实，重点思考社交自媒体时代政府与民众沟通的问题，力图了解其迫切需要解决的症结所在，以突破当前困境，探寻沟通顺畅的有效途径。

鉴于本项研究所面对的是一个正处于快速发展的技术背景与社会背景下的重要议题，在最初的研究设计时，我们所使用的主要社交媒体是微博、QQ、论坛等。而短短三年时间，微信、各类 App、短视频，已经广泛渗透到社会生活中；似乎是转瞬间，4G 网络刚刚全面覆盖社会，5G 网络又接踵而来，社交媒体的更新换代越来越快，令人应接不暇，Web 4.0 时代的政务媒体也已经跃升到"两微一端"甚至多端。因此，我们调整了最初的研究设计，将早期仅仅针对微博平台上的政民沟通研究，进一步拓展到社交自媒体时代的政民沟通研究，研究的社交平台不局限于微博类社交媒体，而是扩展到微信、QQ、App 等多种互动的社交媒体平台上。

第二节　研究的设计

一　研究视角和目的

本研究从公共对话沟通与整体互动传播的研究视角，致力于探究政务社交媒体平台上政府与民众的对话沟通问题，分析造成沟通困扰的原因，寻找促进政民沟通的现实出路。

微博、微信、QQ、App、微信公众号等社交媒体已然成为社会信息流通的主要出入口，更是广大群众日常生活中须臾不离的信息平台。我国拥有了全球最多、最活跃的社交媒体用户，90.7%的手机网民通过微博和微信来获得各类信息。其中，微博侧重对新闻热点的了解和评论，微信偏重熟人关系链上的沟通。由于社交媒体具有平等、互动、即时、经济、亲民等特点，不仅实现了对传统媒体的类型覆盖与功能替代，而且占据了社会信息流通领域的统治地位。上微博、加微信、看短视频、关注公众号、发朋友圈、刷微信群，已成为当前数字化生活的主要方式。在这一新的社会信息传播生态下，"人人都有麦克风""人人都是自媒体"，打破了政府主要靠传统主流媒体公开政务信息的单向传播格局，挑战了传统的政府舆论引导模式及社会管制模式，增加了社会"失控"与政治"失控"的风险。化解政治风险、减少社会冲突，依赖政府与民众的双向沟通与理性对话，呼应公众利益诉求，提高社会协同治理能力。

通过政务社交媒体促进与民众的对话沟通、凝聚社会共识、引领正向的舆论能量、引导有序的公众政治参与，是摆在政府面前既紧迫又重大的现实课题。尽管近年来一些政府机构通过两微一端的运作，积累了一些经验，但是不少基层政务社交媒体仍旧存在定位不清、互动不足、表达不当、信息不畅、低效低能等问题。换言之，政务社交媒体虽是我国重要的政务信息传播源和政府监测舆情信息的主渠道，但还没有成为政府与民众沟通交流、建立互信互利关系的主要平台，作为政府在舆论场的主要发声渠道，其舆论影响力与引导力也因此大受影响。解决问题的关键在于：建立健全政务社交媒体平台的政民沟通机制，充分激发政务社交媒体的双向沟通功能，提高与民众互动沟通、平等对话的能力；尤其是基层政府的舆论宣传工作，亟须改变以往的单向传播思维，充分利用新的传播渠道，调整宣传策略和方式，着力提升与民众沟通的成效，推进构建和谐的政民关系。

因此，研究拟解决的核心问题是：在社交媒体时代，政府如何通过政务社交媒体平台与民众平等坦诚、及时有效、积极理性地沟通，以减少社会冲突，促进开放透明、共享参与、平等合作、互信互利的政民关系建设。我们引入传播学的对话理论、修辞理论、沟通理论及公共关系理论等，通过有机整合，运用数据分析、问卷调查、深度访谈、田野访问、案例研究等多种实证研究方法，从动机与定位、信息与议题、符号与表达、媒介及环境、过程与手段、关系与建构等方面，深析政务社交媒体与民众对话沟通的发生机制、制约因素、关键要素等，并结合重大公共事件中的沟通问题，日常政务服务中的沟通机制等进行深入探讨。本课题研究可为政府制定政务社交媒体发展规划及运行管理政策提供参考依据。

研究侧重采用多维交叉的研究视角，尤其是侧重社会心理、社会治理、认同与信任、公共对话与整体互动传播等相关研究的思考整合，重点是从传播学研究视角出发，分析社交媒体平台上政府与民众之间的沟通困局与价值分离的原因，探究促进政府与民众的沟通互信、开放透明、共享参与、合作互利的关系建设，探讨完善政务社交媒体沟通机制的现实出路。

二 研究方法与路径

研究问题的复杂性，决定了我们如何寻找适用的研究方法。本研究主要采用混合方法研究（Mixed Methods Research）。顾名思义，混合方法研究主要指的是采用了一种以上的研究方法或整合了多种研究策略的研究，也称为整合研究，或混合研究（Mixed Research）。倡导混合方法研究的学者认为，社会科学研究应该跳出对定性与定量之间优劣好差的无谓争吵，而以研究的实用性与适用性为宗旨，将混合方法研究看作对传统的定性和定量研究的有效而自然的补充。珍妮弗·格林（Jennifer C. Greene）与她的同事瓦莱丽·卡拉切利（Valerie J. Caracelli）、温迪·格雷厄姆（Wendy F. Graham）等是较早对混合方法研究进行总结并拟定框架的一批学者。这批女性学者于1989年一起发文呼吁采用混合方法研究。在文章中，她们结合理论文献与 57 个混合采用了定性与定量研究方法的实证研究案例，提炼出了混合方法研究的概念性框架，重点是确定混合方法研究的五大目的，它们分别是：[1]

1. 基于三角互证（triangulation）的目的：通过把定量数据的结果与定性分析进行比较，互相验证，以强化论证的效度。

2. 基于研究互补（complementarity）的目的：通过将一种方法的结果与其他方法的结果之间进行多方面的比较，相互补充证据，进而寻求更完善的解释、例证，或对研究结果进行改进和澄清。

3. 基于发展研究（development）的目的：要用某种研究方法的结果来丰富另外一种研究方法所获得的结论。

4. 基于"激发"研究（initiation）的目的：要能够揭示研究问题在方法重构过程中似是而非的观点和矛盾，力图发掘并描述出多方面汇集的数据中引发出的新的发现。

5. 基于"扩展"研究（expansion）的目的：要能够通过使用多种方法来进一步扩大研究的广度和范围。[2]

格林等人对混合方法研究所提出的这些研究目标，非常适合本研究需要，与我们力图通过多种研究方法的整合来深化本项研究的目的也很一致。

后续的学者进一步从具体研究方法应用的层面，对混合方法研究进行了深入阐释、界定与规范。如约翰逊（R. Burke Johnson）和奥屋格普兹（Anthony J. Onwuegbuzie）在 2004 年发表于《教育研究者》（Educational Researcher）杂志的论文。他们认为社会科学研究已经迎来了混合方法研究时代，"它是研究者在同一研究中综合调配或混合定量和定

---

[1] Greene, J. C., Caracelli, V. J., Graham, W. F., "Toward a Conceptual Framework for Mixed-Method Evaluation Designs", Educational Evaluation & Policy Analysis, 1989, 11 (3), pp. 255 – 274.

[2] Ibid. .

性研究的技术、方法、手段、概念或语言的研究类别"。他们主要以八个步骤来具体解释混合方法研究的具体应用,这八个步骤分别是:①

1. 确定研究问题;2. 确定研究目的,即确定混合设计是否合适;3. 选择研究方法,即在混合方法和混合模式两者之间进行选择;4. 收集资料;5. 分析资料,它包括数据压缩等7个基本环节(数据压缩、数据展示、数据转换、数据关联、数据聚合、数据比较、数据整合);6. 解释资料,即赋予整合后的资料(数据)以意义;7. 使数据合法化,包括评估定性和定量两种资料及其解释的可信度;8. 得出结论并写出最终报告。国内学者张文波基于约翰逊和奥屋格普兹提出的混合方法研究的八步骤,提炼出了中文版的混合方法研究程序模型图,对我们开展混合方法研究,明确具体的研究步骤,很有参考价值,如图1-1所示:

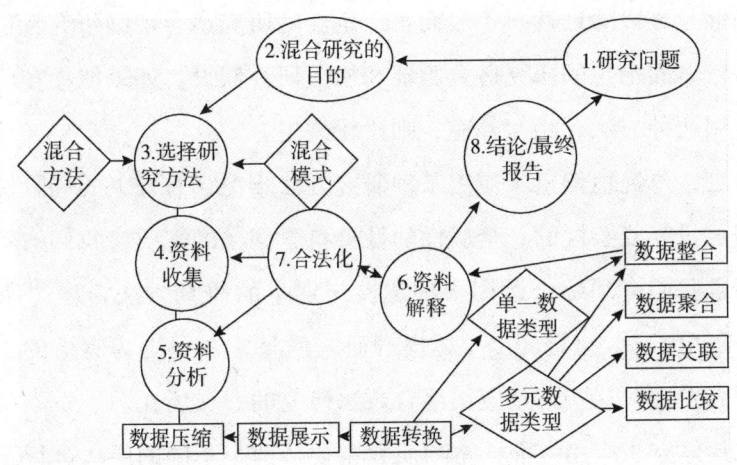

图1-1 混合方法研究步骤路径②

---

① Johnson, R. B., Onwuegbuzie, A. J., "Mixed Methods Research: A Research Paradigm Whose Time has Come", *Educational Researcher*, 2004, 33 (7), pp. 14-26.

② 张文波:《混合方法研究的类型与程序设计》,《华北水利水电大学学报》(社会科学版) 2010年第4期。

作为一种新的研究范式，混合方法研究将定性和定量方法结合使用，以超越关于定性与定量的争论，"被看作继定性和定量方法之后的'第三次方法论运动'，关注在单个研究或多个研究中收集、分析和混合定性与定量数据"①。在进行社会科学研究时，混合方法研究的适应面更广，适用性更强。由于社会科学研究要面对的问题往往更加复杂，仅仅采用定量的研究往往容易只见数据，而难察全局。而且，研究结果的偏差是难以避免的，因为社会科学问题的研究有很多因素是难以完全量化的，统计当中数字的可靠性、测量工具的完备性等也经常遭受质疑，并不能圆满解决研究结论的偏差性问题，而仅仅依靠定性研究，强调对研究对象的质的分析研究，提供了解释性、描述性与整体归纳性的研究路径。但是，定性研究将研究者自身作为研究工具，各种主观因素的干扰是不可避免的，兼之缺乏实证数据的支撑，往往导致研究结果的不精确性与难以验证性。一般而言，定性的研究适合帮助研究者建立问题与假设，而定量的研究适合验证和检验研究假设。如果能够在研究中综合运用两种方法，相互补充，则比较理想。

总之，单纯地偏重于应用某种研究方法难免会有较大的局限性，不能够满足研究复杂性的、全局性的社会科学问题的需要，我们的研究议题也要求我们必须综合运用多种定性与定量的研究方法，将"质"与"量"的研究有效整合，以整体提升研究质量，获得更为有效的、规律性的研究发现，这些正是应用混合方法研究的意义所在。

在具体方法应用方面，本项研究主要从两个不同的层次进行了混合方法研究。第一个层次是针对具体研究对象的混合方法研究：一方面在前期进行了多地的广泛社会调查与田野访谈，明确了具体研究的问题；另一方面是根据田野访谈的发现，进行问题提炼，对主要的变量加以分

---

① 蒋逸民：《作为"第三次方法论运动"的混合方法研究》，《浙江社会科学》2009年第10期。

类，有针对性地分别设计了两套问卷进行调查，完成了基础性的量化统计分析。第二个层次是针对具体研究的媒介文本与内容的混合方法研究：一方面对媒介内容与符号开展了深入的阐释性分析研究；另一方面对媒介内容进行了数据挖掘分析，并将解释性的分析与数据分析相互验证，以增进研究效用。

第三节 研究的基本框架

本研究的理论框架建基于传播学、社会学、政治学和社会心理学等相关领域理论研究的交叉整合。这是一个全球链接、全民传播的全新媒介时代，新兴社交媒介已经进阶成为社会的神经系统，成为推动社会发展的大脑中枢。移动社交媒体，先是对传统媒体时代被动接受政府信息的个体民众的一次全方面传播赋权，对民众的信息消费力与生产力的一次大解放。这样的大解放，其可能的历史走向如何仍有待时间给出答案。我们的研究力图从中截取一个横截面，考察当下中国社会基于移动社交媒体，主要是微博与微信等带来的社会变化，重点研判中国语境下社交媒体上政府与民众之间的沟通问题。

沟通，恰当的英文对译词是 communication，中文往往将之翻译为传播。沟通本身包含了传播以及接受者的反馈等，所以是一个双向的过程，而非单一的行为。政府与民众之间的沟通，是社会信息流通的主体内容，沟通的顺畅与否，与社会肌体发展的健康与否息息相关。沟通中出现的问题和矛盾，也往往意味着社会肌体的主要病症。因此，研究彼此的沟通问题，也是研究社会发展的核心症结问题。任何沟通都离不开媒介，研究沟通问题既是研究社会问题，同时亦是研究媒介问题。本研究的基本框架就是建基于社会—沟通—媒介的理论三角建立起来的。

在具体的研究线索上，我们在批判吸收拉斯韦尔的"5W"模式基础上，形成了关于沟通研究的 5W 研究线索。拉斯韦尔的"5W"模式描述了信息经由媒介渠道从传播者到达接受者的过程，是"第一次准确描述了构成'传播事实'的各个元素"，即谁（Who），说了什么（Says What），通过什么渠道（In Which Channel），对谁说（To Whom），取得了什么效果（With What Effect）。重点是五个方面：传播者、接受者、媒介渠道、信息、传播效果等，被认为"特别有助于用来组织和规范关于传播问题的讨论"[1]。但显然，沟通是双向互动的过程，而非拉斯韦尔"5W"模式的单向传受过程。需要准确描述构成"沟通事实"的各个元素，即重点关注：谁和谁（沟通双主体），通过什么渠道（沟通的媒介渠道），沟通了什么（沟通的内容与话语），取得了什么效果，这样就构成了关于沟通研究的新的"5W"。

据此，本书共五章，第二、三章以理论梳理为主，其中，第二章重点讨论沟通的媒介渠道，第三章重点讨论沟通双方作为沟通主体的关系。第四、五章采用实证研究，以调查与案例分析为主，分别调查了作为社交媒体典型用户的社交优众——高知青年民众，和政务社交媒体应用的主体——基层政府及基层干部，并结合具体的政务社交媒体应用案例，就沟通的主体、渠道、内容、话语、效果以及过程等展开深入研究。具体章节安排如下。

第一章，明确研究的意义，梳理研究的问题与研究的框架设计。作为一个带有强烈实践指向的议题，我们强调传播学研究的问题意识，重点就本研究的核心议题进行了梳理，并确定了开展研究的具体方法路径。

第二章，解析社交媒体的传播生态，主要揭示了社交媒体所建构起来的社交为媒的时代特征，从定性研究的层面，着重讨论了社交媒体对社会关系、社会治理、对政—民沟通等方面的影响，主要涉及沟通渠

---

[1] 米夏埃尔·比勒与赖利夫妇语，转引自邵培仁《传播学》，高等教育出版社 2000 年版，第 46 页。

道、沟通主体、社会心理等方面。从理论思辨层面梳理清楚我们在开展政务社交媒体实证研究当中应该确立的基本方向与基本问题。

第三章，主要是基于沟通的视角进行理论框架的建构。直面沟通问题，结合当下中国社会现实挑战与社会治理建设的前瞻愿景，基于社会—沟通—媒介的理论三角，对沟通进行理论层面的研究梳理，着力探讨了沟通的基础理论，结合前期田野访问所获取的问题，有针对性地重点就沟通与关系、沟通与信任、沟通与人际、沟通与认同、沟通与情绪情感等方面的相关研究进行了讨论。

第四章和第五章是以定量研究与案例研究为主，分别就政—民沟通双方进行了实证调查研究。第四章，重点了解作为接受主体和参与者的民众对政务社交媒体的认知问题。以高知青年民众作为典型代表以一窥当前活跃于社交媒体的社交优众民众对于媒体、政府、官员、社会治理等方面的态度，重点调查了解了他们对政务社交媒体沟通特性的诉求。

第五章，调查研究基层政府政务社交媒体的应用。重点包括：针对基层政府公务人员的问卷调查与田野访问，针对政务微博的数据分析及案例研究，针对政务微信公众号和政务服务网等新近案例的田野访问。

第四章和第五章，通过定量与定性研究的结合，既是为了验证前述的理论探讨，更是要进一步了解政—民沟通双方在认知上的差异和错位，试图了解具体有哪些问题造成了双方沟通的障碍，哪些因素有助于促进双方的协作和互信。

结语是对前述研究的总结和提炼，并依据研究结论，对当前增进政务社交媒体的沟通特性，破解政—民双方沟通的困境等，提出了可供参照的建设性意见。

政—民沟通问题无疑并非一个小问题，既可以将之宏大处理——大到成为一个国家一个社会建设的基本关系问题、一个宏大的政治议题，也可以将之微观处理，甚至技术化处理为一个渠道建设的微观技术问题。本研究力图取中观的研究定位，立足传播学的沟通研究视角，诊脉政—民双方关系与当前社会治理问题，将关系建设与渠道建设进行结合，重点以如何增进政务社交媒体的沟通特性这一问题作为研究聚焦点，进行了多维理论整合与实证调查研究。

第二章　社交媒体：社交为媒的时代

社交媒体对传统媒介生态的颠覆，不仅影响了人与媒介的关系，更影响了人与人的关系，从而对社会结构、人群意识、文化心理等深层次的社会变迁带来深远影响，由此，社交媒体进而颠覆的是传统的社会结构与社会生态。从政府与民众的沟通角度思考，社交媒体时代的社会治理与官民关系所面临的挑战是前所未有的。

本章的研究主要对社交媒体的特性，社交媒体对媒介生态、社会生态的颠覆性影响进行切入，进而探究其对社会关系与社会治理的影响。从理论思辨层面梳理清楚我们在开展实证研究当中应该确立的基本方向与基本问题。

第一节　社交媒体是主流媒体

一　社会信息流通的变革

当前，社交媒体已经占据了社会信息流通的主要出入口。首先，从功能分类上，社交媒体基本上已经整体涵盖了传统媒体的主要类型。

社交媒体（Social Media）[1]，发展自 Web 2.0 时代的博客、论坛、

---

[1] 国内包括港台也有研究者将之译为社会媒体或社会化媒体、社会性媒体，查 Social 一词本意，译为社交媒体较宜。

聊天工具、WIKI 等自媒体（We media）①，它一开始就是"普通大众提供与分享他们本身的事实、他们本身的新闻的途径"。② 自从 2004 年 Facebook 社交网站创立，2006 年微博客服务（Twitter）推出，将基于分享与自我展示的自媒体进一步发展成为人与人之间建立信息沟通关系的社交型媒体。社交媒体通过在线人群彼此分享型的沟通与交往，与相关联的各类社交网站或网络社区链接，允许手机用户将自己的最新动态或想法用短信、图片、照片、语音、短视频等多类视听介质形式发给社交网络内的信息接收者，原本局限于互联网的自媒体进一步延伸到随身携带的手机上，一举跃升为移动社交自媒体：不仅个人化传播的信息借此得以及时便捷、大流量地实现社会化分享，而且迅速推动了人手一部的手机成为一个全民化的信息终端和社交媒体工具，从而全面颠覆了过往的大众传播、大众媒体乃至主流媒体的概念。

自 2007 年始，Facebook、Twitter、微博等多种社交媒体（包括社交网站）在全球刮起了旋风。在国内，在社交媒体中占据主流应用地位的 QQ、微博、微信以及陌陌、人人、知乎、抖音等，已经发展出了包括社区联结型、即时通信型、移动直播型、视频展播型、社交应用型、游戏娱乐型等多种类型的社交平台。如 CNNIC 曾经在 2016 年就中国社交应用用户行为发布过研究报告，把国内的社交应用类型主要分为即时通信工具、综合社交应用、图片/视频社交应用、社区社交应用、婚恋/交友社交应用和职场社交应用等六大类。据该报告的调查发现，即时通信工具的使用率最大，占手机网民的 90.7%；综合社交应用的使用率为 69.7%；工具性较强的图片/视频类社交应用使用率为 45.4%，排在第三；社区社交应用使用率为 32.2%。在各种社

---

① Dan Gillmor, "News for the Next Generation: Here Comes We 'Media'", *Columbia Journalism Review*, January/February, 2003, pp. 29–37.
② Chris Willis, Shayne Bowman, *We Media*, The Media Center, 2003 (7), pp. 11–17.

交平台中，微博作为兴趣信息的获取和分享平台地位凸显，在"及时了解新闻热点""发表对新闻热点事件的评论""关注感兴趣的内容""获取或分享生活/工作中有用的知识"等方面都是用户首选的平台，而微信偏重熟人关系链上的沟通，"和朋友互动，增进和朋友之间的感情"提及率为80.3%。① 从现有的功能分类看，社交媒体已经涵盖了原有传统媒体的主要类型，基本上实现了对传统主流媒体的类型覆盖与功能替代。

其次，从使用规模看，社交媒体已经全面涵盖了使用互联网络的主流群体。

腾讯发布了截至2015年12月31日的全年综合业绩，其显示微信和Wechat（微信海外应用版）合并月活跃账号数达到6.97亿，而同期微博发布的2015年第四季度及全年财报显示，截至2015年四季度末，微博月活跃用户达到2.36亿，日活跃用户达到1.06亿。而2019年的数据则显示，微信月活跃用户达11.51亿，微博月活跃用户达4.65亿。全球调研巨头凯度集团发布的《2016年中国社交媒体影响报告》指出：截至2015年12月，就有51%的中国城市居民已成为社交媒体用户，高达75.9%的网民使用微信、微博和QQ的使用人数则分别占到网民的35%和50.5%，中国的社交媒体渗透率已经达到56%，而且正处于快速发展期。报告同时指出：社交媒体用户对传统媒体的信任度下降了，这一现象在90后社交媒体用户中尤其明显。② 而2年后，微信月覆盖率已高达97%，微博月覆盖率达46%，同时，抖音作为新兴的短视频社交媒体快速崛起，月覆盖率达38%，一年就

---

① 中国互联网络信息中心：《2015年中国社交应用用户行为研究报告》，2016年4月，http://www.cnnic.net.cn/hlwfzyj/hlwxzbg/sqbg/201604/P0201607225514-29454480.pdf.

② 数据来源：凯度中国观察，2016年1月28日，http://www.cn.kantar.com/media/1190971/2016.pdf.凯度集团是全球最大广告传播集团WPP的市场调查分支机构，本次调查利用了网上实名制调查、大数据挖掘、手机行为数据分析、微博文本分析和微信订阅号文本分析等五个渠道。

增长了52%。①

在国外，Facebook 的每月活跃用户数为 13 亿人。Facebook 公布的 2015 年第二季度财报显示，截至 2015 年 6 月，Facebook 的全球活跃用户数为 14.9 亿，其中有约 88%，即约等于 13.1 亿的用户使用智能型移动装置连接 Facebook 相关服务，人们每天平均花费超过 46 分钟使用 Facebook、Facebook Messenger、Instagram 等。如果加上 WhatsApp 高达 5 亿的每月活跃用户数、Instagram 2 亿的每月活跃用户数、Messenger 2 亿的每月活跃用户数，则超过 23 亿的人们在使用社交媒体，而全球 67% 的活跃网民每天访问社交媒体。② 四年后新的统计数据显示，仅 Facebook 一家的全球月活跃用户数就已经超过了 23 亿。

已有的调查数据说明，移动互联网已经占据了社会信息流通领域的统治地位，社交媒体已经成为全球最流行的线上媒介活动，社交网络的生活也已经是一种全球现象，是当前数字化生活的主要方式，而中国则被视为"拥有全球最多、最活跃的社交媒体用户"③，拥有全球规模最大的移动互联网用户群。

最后，社交媒体已经成为社会信息流的主要掌门人，个人和算法成为信息的把关人。

皮尤研究中心的研究报告指出，63% 的读者将 Facebook 和 Twitter 作为新闻获取来源，而移动终端也成为人们阅读数字新闻的首选设备。④ 而在中国，正如前述 CNNIC 的调查发现，替代 Facebook 和 Twitter

---

① 《2018 年中国社交媒体影响报告》，凯度中国观察，2019 年 1 月 14 日，http://www.199it.com/archives/820382.html。

② Simon Kemp, *Special Reports*: *Digital in 2016*, 27 JANUARY 2016, http://wearesocial.com/sg/special-reports/digital-2016.

③ 邱心怡、林璟骅、温雅力（Ari Silverman）：《中国社交媒体铸就消费新时代》，2012 年 4 月，McKinsey & Company，http://www.mckinseychina.com/。

④ Amy Mitchell, Jeffrey Gottfried, Michael Barthel & Elisa Shearer, *The Modern News Consumer*, News Attitudes and Practices in the Digital Era, Pew Research Center, July 7, 2016.

的是微博和微信，成为人们获取新闻信息的主要来源。微博、微信、Facebook 和 Twitter 等，都是更适合寄居于移动终端的社交媒体。由具有 5A 优势的社交媒体掌控着新闻资讯的出入口，即意味着一定程度上的"We Media"可以对涵盖社会大多数的人群所获取与分享的信息进行把门，甚至是"控制"。尽管各类社交媒体都强调并宣称自身作为一个提供技术支持的社交平台的中立性与客观性，就像腾讯、Twitter 或者 Facebook 等公司一再宣称的那样，但事实上，任何一个社会组织都是由人组成的社会的造物，既受到外部环境影响，又由各种保持主观意识的个人组成，因此，在貌似客观与中立的社交网络技术背后的算法，从来都不能说是中立而客观的。

在社交媒体成为社会信息流出、流入口的新"门禁"时，无论是其自身的组织行为还是社交媒体的结构方式，都对社交媒体所建构起来的"拟态环境"的特性、样貌等产生了决定性的影响。人们透过算法形成的"过滤气泡"看世界，必然就受到这一"拟态环境"过滤的影响。那么，这一影响将如何发生，对社会结构、社会分层与社会治理会产生什么样的影响呢，将以什么样的方式和途径，具体如何影响政府组织与民众的关系呢？这些正是需要我们在思考社交媒体对社会可能产生的潜在影响时不得不深入探讨的问题。

二 社会传播变革：公共的还是私人的？

人是传播信息的动物。任何一种改变信息传播方式的重要技术变革，都会改变人的生存方式。随着互联网升级换代，人类进入了 Web 4.0 时代，移动互联网已逐渐成为现代社会新的重要基础设施，智能设备终端的广泛普及更推进了各类媒介的社交化、便携化与移动化。社交媒体，尤其是移动社交媒体，主要以手机以及 iPad 等移动便携设备为终端，已经成为人们进行信息分享与社会交往的主要平台，承担了开展社会沟通的主流渠道职能。

当代最著名的社会学家与哲学家之一，齐格蒙·鲍曼（Zygmunt Bauman）将手机这项技术革新视为"最大程度地引发了文化革命，它完成了转变主流生活方式和习俗的因果链条中最后而不可或缺的一环，使得转变从可能性成为现实"。① CNNIC 发布的第 38 次《中国互联网络发展状况统计报告》显示，截至 2016 年 6 月，我国手机网民规模就达到了 6.56 亿，使用手机上网的人群占比提升至 92.5%，互联网普及率达到 51.7%，超过全球平均水平 3.1 个百分点，超过亚洲平均水平 8.1 个百分点。② 而 2019 年发布的第 44 次《中国互联网络发展状况统计报告》则显示：截至 2019 年 6 月，我国网民规模已达 8.54 亿，互联网普及率达到 61.2%；手机网民规模达 8.47 亿，使用手机上网比例则高达 99.1%；网络新闻用户规模达 6.86 亿，手机网络新闻用户规模达 6.60 亿，占手机网民的 78.0%；网络视频用户规模达 7.59 亿，占网民整体的 88.8%，其中短视频用户规模为 6.48 亿，占网民整体的 75.8%。与此同时，我国在线政务服务用户规模达 5.09 亿，占网民整体的 59.6%。③ 短短三年时间，相关数据的快速增长充分说明：手机上网主导地位的不断强化和移动互联网对社会信息流通领域的基础性塑造，正在迅猛地推动着我国社会在形态、结构、文化、心理、模式等方面的深层次变革与重组。

信息社会学认为，信息高速公路发展出了呈网状结构的网络社会，

---

① ［英］齐格蒙·鲍曼：《来自液态现代世界的 44 封信》，鲍磊译，杨渝东校，漓江出版社 2013 年版，第 40 页。

② 中国互联网络信息中心：第 38 次《中国互联网络发展状况统计报告》，2016 年 7 月，报告还显示：截至 2016 年 6 月，我国网民规模达 7.10 亿，http://www.cnnic.net.cn/hlwfzyj/hlwxzbg/hlwtjbg/201608/P020160803367337470363.pdf。

③ 中国互联网络信息中心：第 44 次《中国互联网络发展状况统计报告》，2019 年 8 月 30 日，http://www.cac.gov.cn/2019-08/30/c_1124938750.htm。

"其生产方式、经济结构、工作生活方式、人际交流、传播媒介等方面的变化，使得社会原有的块状结构和层次结构相结合的结构模式发生了重大改变，这一切必将导致形成新的社会结构，并必然要求探索适应新的社会结构的新的运行机制和控制管理模式，尤其是迫切需要寻求一种适合网络社会的管理模式"。[1] 如果说基于第一代、第二代互联网建设的信息社会主要是建立了信息高速公路的基础框架。那么现如今，基于移动便携设备与移动互联网、社交媒体，已经分别从硬件、网络与软件三方面将信息高速公路升级换代，直接铺到了每一个个体的手掌上，进一步延伸出了有着无数毛细血管的信息高速公路支路网络，形成了一个时时在线、全息弥漫的全域信息沟通网络，从集成门户终端直达每一个个体终端，并形成了建基于私人个体化传播交互的新社会形态，可以称之为"手机社交网络社会"。

从手机社交时代，反观之前的大众传播，两种类型的传播活动，公与私的巨大分野清晰可辨。大众传播，是基于以公共利益为名的传媒组织，针对以大众（Mass）为接受对象的规模受众，通过大规模、流程性、专业化、强制性、组织化、科层制、等级制的信息传播，力图影响并塑造社会公众（Public）。大众传播时代的报纸、广播、电视、电影等，显然都是公共的、公开的载体。在信息时代的公共空间中，大众化生产的大众传媒往往处于信息传播的核心地位。围绕这一核心，在社会的信息沟通领域，社会机构的组织方式也主要是垂直的等级体系，通过对信息源的各种命令与控制体系，通过纪律与直接控制的方式来调动各种资源。

而手机是私人的，具有私密性，为个人所有，是独属于这一个个体的信息流通介质，它首先是不可与人共有的、个体隐私（Private）的重要组成部分。手机终端的使用是非常私人化的一件事情，是私人生活中

---

[1] 邹志仁：《试论信息社会学》，《情报学报》1997年第6期。

须臾不可离的媒介，随时随地都联系着个体的日常生活。以手机等为智能终端的社交媒体，由于载体手机的私人化特性，过去的公众（Public）如今已是在一个非常私人化（Privacy）的载体上接受或传递信息，手机信息的使用、阅读、转发等是基于私人自觉自愿基础上的个体行为。从这个意义上讲，手机无疑成为自大众传播时代以来人类世界广泛普及的第一个私人媒体，信息把关人从组织化的发布者下移到了一个个具体的、个性化的、个体化的受众手中，在很大程度上，个体化、原子化的受众，可以通过掌中的私人媒体——手机——掌握信息过滤的权力，并最终决定某一信息是否能够进入他的视线。随着信息的传播越来越个人化，每个人都形成了独自的传播世界，这种个体化生产的个体传媒，其结果正如曼纽尔·卡斯特所言，在网络社会里，"对认同感的抵制同个体主义一样深深地浸入在社会肌体之中"。[①] 公共媒体的影响力迅速下降，它们所应该具有的社会功能不再像以往那样能发挥应有的作用。这就意味着原本属于大众传播、公众传播的各类规则、流程、路径、理论、范式等都面临颠覆。

美国传播学者约瑟夫·图罗（Joseph Turow）早在1992年就指出，由于计算机和信息技术的发展，大众传播的架构被动摇。随着新媒体对社会影响的增强，大众传播中"大众"的说法应被"媒介"所替代。2001年，史蒂芬·查菲（Steven H. Chaffee）和米里亚姆·梅兹格（Miriam J. Metzger）提出了"大众传播终结"的命题，对大众传播（Mass communication）与媒介传播（Media communication）的差异做了归纳。查菲和梅兹格认为，人们处在新技术的革新带来的"分子社会"（Molecular society）中，每个个体都被嵌入由新技术营造的人际传播的网络中。为呼应这些讨论，陈力丹教授等提出："传播学的架构仅是大众传播的产物，随着互联网对观念的重构、对消息传递的重构、对内容生产的重

[①] Castells, M., *The Power of Identity*, Oxford: Blackwell, 1997.

构、对人们日常生活消费的重构,以及新一代人对互联网用途的重构,'媒体'可能是任何一种想象不到的形态,原有的传播学理论已经无法说明新的传播现象。"①

在图2-1经典的5W信息传播链条中,每一个信息的发出者,作为传播者,无论是大众传媒组织还是企业、社团、政府、机构,无论是平民还是明星、政治家,一旦采用手机这一私人媒体,就意味每一次的传播都带上了个体的、私人的、人格化的特性,需要以"个体"的、"私人"的人格魅力来进行传播,来吸引一个个私人化的个体的信息接收者。

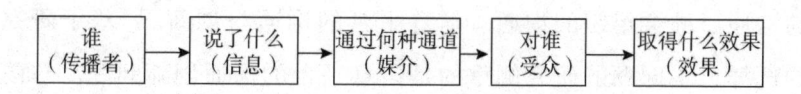

谁(传播者) → 说了什么(信息) → 通过何种通道(媒介) → 对谁(受众) → 取得什么效果(效果)

图2-1 传播学关于信息传播最基本的5W路径

这就决定了整个社会的信息流通方式从大众传播的"组织管控"转向人与人的"对话沟通",这已经是一个无可回避的选择。换言之,大众传播时代的中心化、强制性、公共性、整体性、大规模、组织化、流程性,步调一致的战略和整齐划一的行动,等等,这些过往行之有效的一切都面临质疑,而传播者个人的吸引力、诱惑力、亲和力、魅力等私人化的、个性化的特质则成为传播的关键要素。与此同时,过去对大众传播的传播力的衡量标准是否还继续有效呢?譬如影响力、公信力、传播力等,也需要进一步考察和讨论。

同时,还有一个严峻的挑战就是:过去行之有效的大众媒体针对公众的传播活动,如今被以手机为载体的私人媒体所取代,那么如何实现有效的公共传播呢?在大众传播时代被组织化的传媒"驯化"或者"召集"起来的"公众"是否还继续以"公众"的形态存在呢?抑或

---

① 陈力丹、宋晓雯、邵楠:《传播学面临的危机与出路》,《新闻记者》2016年第8期。

说，在大众传媒声衰势弱的背景下，"公众"是否已经蜕化为由一个个原子化存在的个体组成的"群体"了呢？社会机构，尤其是政府机构，如何与这样的民众进行有效的沟通对话呢？如何开展政府公共传播呢？这些都是需要我们重新考量的重大议题。

正是基于这一社会时代的巨大变迁，本项研究提出重新考量沟通，将焦点聚焦于社交媒体时代政府与民众的沟通问题，并力图从沟通研究的视角探索社交网络时代的基层社会治理问题。

谢岳、李庆等研究者将当前的官民政治沟通制度实践形态归为六大类：人大制度的沟通、信访制度的沟通、决策过程的沟通、监督制度的沟通、社会组织的沟通、信息平台的沟通与创新。[1] 基于研究视角的选择，本课题的研究侧重的是信息平台的沟通创新问题。与前者侧重制度研究不同，本项研究的重心是考察政府与民众沟通的具体过程、沟通的行动及沟通的效果。另外，政府机构从上至下，非常庞大，研究者必须有所选择。本课题要求我们必须选择与民众关系最密切、打交道最多的政府机构。"在中国政府体系中，只有县政府管理、服务民众，它之上的政府只是管理政府的政府。接访的高级别政府机关通常没有向民众直接提供救济的渠道。"[2] 换言之，考虑政府和民众的沟通问题，应该更多地关注基层公务人员、基层政府职能服务部门，将他们作为沟通基层民众和政府的直接人际渠道，关注他们在与民沟通中在多大程度上被赋予了多少自主权力？面临什么样的沟通困扰？本研究的第五章对此进行了专门的调查与访问。

---

[1] 谢岳：《当代中国政治沟通》，上海人民出版社2006年版，第三至七章涉及沟通制度研究；李庆：《当代中国地方政府与民众的政治沟通制度创新研究》，硕士学位论文，陕西师范大学，2012年，第19页。

[2] 周永坤、赵树凯、秋风：《拓展民众与政府的沟通渠道》，《社会科学报》2009年10月29日第1版。

第二节 全新的传播生态:移动社交传播[①]

一 移动微屏传播

(一)终端革命:基于移动微屏的阅读与交流成为传播常态

以智能手机为代表的移动媒介终端被广泛应用,带来了基于终端革命的新的媒介生态。麦肯锡全球研究所报告称:未来十年内影响社会与全球经济的十二项颠覆性科技,排在首位的是移动互联网[②]。"满足在任何地方、任何时间、处于任何状态下的移动快捷高速联网"这一要求的移动互联设备,既是消费品又是媒介,它们一般具有如下特性:轻的、5—10英寸、续航时间不小于10小时、工艺精良、全功能、安全、方便易用,能以任意方式最便捷有效地接入无线互联网[③]。基于上述技术要素的智能手机、平板电脑、智能手环等可穿戴移动智能终端设备及App程序,越来越完善地提供基于用户地理信息的、个性化的各类定制定位服务,广泛涵盖了消费、信息、娱乐、社交等各类传播领域,奠定了移动传播时代的物质技术基础。

如果说电影是巨屏,电视是中屏,电脑是小屏,智能手机、pod/pad、可穿戴移动智能终端等便携移动媒介则将人类传播推进到移动微屏时代。大屏时代的节目终端,无论是影院银幕还是电视荧屏,观众是相对静态的被动接受者,其收视行为、时间、空间、节目选择等都受到节目播出端控制,是给定菜单情境下的有限选择。即使在电脑屏幕终

---

① 本节主要观点已成文发表于学术期刊,是本项目阶段性成果之一。具体详见袁靖华《论移动微屏传播时代的影视生态变革》,《鄱阳湖学刊》2015年第2期。
② James Manyika, Michael Chui, Jacques Bughin, Richard Dobbs, Peter Bisson, and Alex Marrs, McKinsey Global Institute, *Disruptive technologies*: *Advances that will transform life*, *business*, *and theglobaleconomy*, Retrievedfromhttp://www.mckinsey.com/mgi/publications/multimedia/pdf., 2013, p.29.
③ 姜姝:《方礼勇:终端的革命已经到来》,《中国信息化周报》2013年6月17日第26版。

端，虽较影视银屏终端多了选择自由，但便携性、可移动性、网络接入等方面仍存在较大局限，无法在移动中随时随地快捷消费影视节目。移动微屏颠覆了以往传播革命主要利好信息发出端的历史惯性，迅速成为继影院银幕、电视荧屏、电脑屏幕等大、中、小屏之后最新锐的媒介形态，革新了媒介生态系统，是真正意义上的传播终端革命。

表现在学科领域，社交网络社会对原有社会形态的全面跨界融合，已经促发了原有学科门类的重新定义与跨界合作。在传播学领域，人们认为原有的传播理论是基于大众传媒活动形成的，在新的社交媒体时代，其阐释效力已经受到削弱，需要探寻适合社会新媒体的新的传播理论。另外，在社会学、管理学、政治学等传统社会科学研究领域，基于新媒介带来的社会结构与政治活动方式变化，这些传统学科纷纷转向社交媒体研究，进一步发展出诸如网络社会学、信息社会学、新兴公共管理、大数据社会治理等研究方向。

基于移动互联网技术与人机互动体感控制技术的移动微屏传播终端，是多屏多媒体集成终端，相比其他播出屏更具不可替代性。银幕所在影院、荧屏所在客厅、电脑所在书房，都借方寸间的便携移动媒介被微缩到人手一个的微屏掌间。"2011年，移动互联网的出现使视听作品的播出媒介从电视的'大屏'和电脑的'小屏'拓展到移动终端（如移动电话、小尺寸平板电脑等）的'微屏'"，"视听作品横跨电视、电脑、手机、平板电脑的跨媒介传播生态已然形成[①]。"移动微屏传播高度融合移动社交媒介的一站式便利服务，超越其他媒介或单向、或静态、或不可移动等时空局限，满足了各种各样的信息需求。2015年，尼尔森对全球60个国家/地区超过30000名在线受访者的数字态度和行为调查发现，76%的受访者表示他们喜欢随时随地

---

① 陆地：《视听作品评估的新思路》，《新闻与写作》2014年第7期。

自由联络。① 我国则早在 2013 年年底，手机就已跃升成为上网第一大终端，手机网民已达 5 亿，占网民总数的 81%，远高于其他设备上网网民比例；手机视频跃升为移动互联网第五大应用，手机端在线收看或下载视频用户数 2.47 亿，年增长 83.8%，在手机类应用用户规模增长幅度中排名第一；手机网络游戏用户数 2.15 亿，年增长 54.5%，与网络游戏市场整体增长乏力现状形成鲜明对比②。全国智能手机保有量达 5.8 亿台，在三、四线城市的渗透率大幅提高③。

在手机网民高速增长、智能终端快速普及的双重推动下，移动微屏传播深深嵌入了日常生活，人们纷纷转向"移动阅读""拇指阅读"。2014 年出版的《新媒体蓝皮书：中国新媒体发展报告 No.5（2014）》指出：新媒体已进入"微"时代，即时通信软件成为青少年最主要的网络交往方式；微信用户达 6 亿，覆盖全球 200 多个国家和地区，国内外月活跃用户超 2.7 亿；微信公众账号在最近 15 个月内增加到 200 多万个，并保持每天 8000 个的增长速度及超过亿次的信息交互；目前提供微博服务的网站 103 家，用户账号总数达 13 亿④。2013 年，美国有大约 30% 的网络浏览和 40% 的社交媒体应用都在移动设备上完成，移动手机上花费的在线时间年均增长 25%，移动设备数据流量已占网络总流量的 15%⑤。2014 年，爱立信消费者研究室通过对全球 23 个国家

---

① 尼尔森，http://www.nielsen.com/cn/zh/insights/reports/2015/screen-wars-the-battle-for-eye-space-in-a-tv-everywhere-world-CN.html。

② 中国互联网络信息中心：第 33 次《中国互联网络发展状况统计报告》，2014 年 1 月 16 日，http://www.cnnic.net.cn/hlwfzyj/hlwxzbg/hlwtjbg/201403/P020140305346585959798.pdf.，第 5—7 页。

③ 艾瑞咨询：《2013 年移动互联网市场规模 1059.8 亿元，进入高速发展通道》，2014 年 1 月 14 日，http://www.iresearch.com.cn/View/224843.html。

④ 唐绪军编：《新媒体蓝皮书：中国新媒体发展报告 No.5（2014）》，社会科学文献出版社 2014 年版，第 3—21 页。

⑤ James Manyika, Michael Chui, Jacques Bughin, Richard Dobbs, Peter Bisson, and Alex Marrs, McKinsey Global Institute, *Disruptive technologies: Advances that will transform life, business, and the global economy*, Retrieved from http://www.mckinsey.com/mgi/publications/multimedia/pdf., 2013, pp.6, 32.

和地区的 2.3 万名 16—59 岁宽带用户调查发现：用户行为的转变正持续驱动电视和传媒产业变革，促使人们放弃传统格式及业务模式，开启了优质的按需点播新时代；中国城市用户每周观看主流媒体的比例已远超观看传统广播电视的用户比例，越来越多的人花费越来越多的时间通过智能手机和平板 PC 观看视频[1]。

综上，这起自 21 世纪初发端的社交媒体新技术变革，经过十余年的蓄能，开始越来越快速、广泛而深刻地将移动互联网推进到世界的每一个角落，使之成为广泛渗透于现代信息社会的基础设施，进而加速了媒介物种进化的速度。通过"信息融合、符号融合、媒介融合，多种相关产业彼此之间纵横交错的协调运营"，形成了新的"互动式食物网"[2]，全面深刻地颠覆了原有的媒介生态系统和媒介食物链结构。齐格蒙·鲍曼和莉迪亚·鲍曼（Zygmunt Bauman & Lydia Bauman）曾说：这是一个"液态的世界"[3]。我们现在所处的正是一个"液态"的媒介生态系统，液态化的媒介生态是随时流转变化的，从不固着于一点或一端。艾妮丽思·鲁勒斯基（Anelise Rublescki）认为：处于不稳定、开放、被持续变化渗透、边界不断扩大的媒介生态中，媒介融合和数字化还加速推进了液态新闻（Liquid journalism）——弥漫的、残料回收可用的、深化合作的新闻，优势是以读者为中心，本地内容体现更多价值，话语与框架更多元化[4]。显然，微屏传播与传统大屏传播的差别不仅局限于媒介介质技术的差异，还颠覆了原有传播范式中信息发出者和

---

[1] Ericsson Consumerlab, *TV and Media 2014: Changing Consumer Needs are Creating a New*, An Ericsson Consumer Insight Summary Report, Retrieved from http://www.ericsson.com/res/docs/2014/consumerlab/tv-media-2014-ericsson-consumerlab.pdf., 2014, pp. 3–6.

[2] 邵培仁等：《媒介生态学——媒介作为绿色生态的研究》，中国传媒大学出版社 2008 年版，第 118—119 页。

[3] Zygmunt Bauman & Lydia Bauman, *Culture in a Liquid Modern World*, John Wiley & Sons, 2013, p. 2.

[4] Rublescki, A., da Silva, A. R., "Liquid Journalism: Trends in Amplification of the Field", *Brazilian Journalism Research*, Vol. 8, No. 1, 2012, pp. 114–127.

接收者的角色惯性,将传统的、宏大的、单向的、时空固定的单介质传播导向了新锐的、微屏的、移动的、多介质的、多向度的传播。通过"实时无处不在的连接",移动微屏传播对整个传媒业带来了深刻影响,必将是一次来自终端的、自下而上的传播革命,与以往历次传播革命有着根本区别。

(二)移动微屏媒介改变了媒介—身体的关系

以手机、iPad、智能手环等为代表的移动微屏媒介是现代人最亲密的 24 小时不离身的媒介,媒介与人体的亲密程度远超以往。随着移动微屏互联技术不断演进,可穿戴设备、WIFI 甚至 LIFI 无障碍移动网络覆盖等技术愈加成熟,人与媒介的二元分离关系逐渐被颠覆,不仅"媒介是人体的延伸",人体也正成为媒介的延伸,人与媒介更加亲密互动。人体与媒介互为延伸成为新的人—媒介关系。

谷歌眼镜、智能手表、健康监视腕带、柔性可折叠 AMOLED 显示屏等可穿戴设备正迅速推动移动微屏媒介发展,触控控制及其他体感控制技术不断成熟,移动设备传感器与定位服务系统等大大增强了媒介对人身体活动信息的捕捉能力,如运动、方向、位置、触摸、光、声音等,通过人—机互动赋予了媒介"感觉身体"的智能,被视为一种新型的"感官媒介"(Sensory media)[1]。相比传统意义上诉诸视听感官的影视媒介,移动微屏作为新型感官媒介不仅整合了视觉、听觉、触觉等各类感知觉,大大延伸了人的感知思维,而且具有"感觉身体活动"的感官智能,越来越多的移动微屏媒介"可穿戴并依附于人体,是真正意义上的个人设备"[2]。譬如三星 Gear VR 新功能 Oculus Cinema,通过手机配备可穿戴眼镜,在手机上观看节目的虚拟影院也在

---

[1] Liestøl, G., Doksrød, A., Ledas, Š., Rasmussen, T., "Sensory Media: Multidisciplinary Approaches in Designing a Sitauated & Mobile Learning Environment for Past Topics", *International Journal of Interactive Mobile Technologies*, Vol. 6, No. 3, 2012, pp. 24–28.

[2] 张保淑:《柔性显示:新智能终端革命》,《人民日报》(海外版)2013 年 11 月 2 日第 8 版。

指端诞生。

移动微屏媒介改变了媒介——身体的关系。从不可移动的影视屏、电脑屏,到可移动的便携微屏,"电影、电视和电脑所建立起来的人与媒介的面对面交互关系显著遭到了移动媒介微屏的彻底挑战","微屏的特性带来了媒介与人的身体的新的关系体验","强化了视觉中心主义"[1]。不仅如此,运用移动微屏测量血压、测控脉搏、计步计程……随时记录身体健康状态、运动状况等,令"手机尤其合并为手的一个部分,与我们的一部分身体建立起亲密的习惯性的关系,并成为传播交际和形塑世界的工具。显然,这是一种较之前所有媒介更加亲密的关系"。这些随时采集的个体身体数据,汇集在移动媒介的后台数据库,成为媒介内容资源。如基于位置的手机游戏设计能将现实世界的物理环境都编织到游戏情节中,成为其中的地点、对象和人物。由此,手机及其装饰有一种显著的"延伸了的身体政治"的功能[2]。"在智能手机用户中,52%的人更青睐于指纹识别而不是密码;48%的人对'人眼识别屏幕开锁'表示感兴趣;74%的人认为,带生物认证功能的智能手机会在2015年成为主流。"[3] 譬如 Cicret 投影智能手环,通过在皮肤上的投影操控智能设备,将人体直接变成了触控屏。

通过微屏、手——眼结合,媒介的景观视像进一步融入人的身体空间,身体被媒介渗透,指间分享的人体同时成为媒介的延伸。个体的一切通过指端方寸得到前所未有的呈现。终端"iPhone"就是"i","i"

---

[1] Richardson, I., "Pocket Technospaces: the Bodily Incorporation of Mobile Media", *Continuum: Journal of Media & Cultural Studies*, Vol. 21, No. 2, 2007, pp. 205-215.

[2] Bell, G., The Age of the Thumb: a Cultural Reading of Mobile Technologies from Asia, in P. Glotz, S. Bertschi & C. Locke (ed.), *Thumb Culture: the Meaning of Mobile Phones for Society*, Piscataway, NJ: Transcript Press, 2005, pp. 67-88.

[3] Ericsson Consumerlab, *TV and Media 2014: Changing Consumer Needs are Creating a New*, An Ericsson Consumer Insight Summary Report, Retrieved from http://www.ericsson.com/res/docs/2014/consumerlab/tv-media-2014-ericsson-consumerlab.pdf., 2014, pp. 9-10.

就是"iPhone","我们的新终端设备为自我和本我的新状态的出现提供了空间"①。智能移动微屏是个体终端,也是一个人格终端,人体与媒介相互延伸,推动移动微屏传播更加注重个体的体验、心理、情绪、情感等人格个性特征。"决定'移动社会'的与其说是移动性不如说是个人主义。"② 如何增进人格化、个性化的移动交互体验,随时随地并及时拼合用户的注意力碎片和基于地点的碎片化时间,将是各类传播端决胜移动微屏终端的关键。

回顾人类史已有的五次传播革命,无论从口头语言到文字语言、印刷术的发明、报纸的诞生、广播影视的出现、还是传统台式电脑的诞生,其最大变革是媒介介质的变迁推动信息更便捷地向更遥远的距离、更大的范围传播,最大的受益者主要是信息发出端,而非信息终端。即使在基于台式电脑的传统互联网中,也未从根本上完全消弭信息传播者与每一具身个体——信息接收终端间的时空距离,无法随时随地即时通信。移动微屏传播时代,各类移动微屏介质与移动互联网技术,彻底颠覆了此前对信息流动中偏重发出端的历史惯性,将重心放在终端,真正利好终端:将信息终端直接具化为一个个"公民—消费者"③,直接将终端链接到每一个"公民—消费者"的手上方寸间,移动个体等于随时随地可连接的终端,不仅彻底消弭了传—受之间的时空距离,最大程度突破了信息传—受的时空限制,而且移动微屏终端的传播速度以微秒计算,将时空压缩至手掌间,时空×速度的乘积效应使传播更加短、平、快。在移动

---

① Turkle, S., *Alone Together*: *Why We Expect More from Technology and Less from Each Other*, Basic Books, 2012, p. 16.

② Manuel Castells, et al., The Mobile Communication Society: a Cross-cultural Analysis of Available Evidence on the Social Uses of Wireless Communication Technology (unpublished), A Research Report Prepared for the International Workshop on Wireless Communication Policies and Prospects: A Global Perspective, held at the Annenberg School for Communication, *University of Southern California*, October 8th and 9th, Los Angeles, 2004, p. 242.

③ 袁靖华:《媒介愿景论:社会转型时期的媒介组织管理》,中国传媒大学出版社 2009 年版,第 179—181 页。

微屏社交网络的传播生态中,信息传—受的基本特征是全面消弭时空限制、持续在线、随时互动、位移流动,对媒介生态有着深远的划时代意义。

二 社交优众的诞生

随着移动流量资费不断下调,廉价智能手机生产商在乡村偏远地区快速拓展市场,"智能手机的普及,使得我国广大的内陆地区和西部地区的民众得以一步跨入现代信息社会"[①]。越来越多的移动微屏社交用户得以分享无时不在、无处不在的信息。克莱·舍基(Clay Shirky)提出:新媒体时代的显著特征是移动化和社交化,人们通过社交媒体实现的分享力量正不断渗透到日常生活中,基于移动微社交的分享理念进一步催生了新经济形态——分享经济(Sharing Economy)[②]。

社交人是分享经济最有力的驱动者,人人社交、人人分享成为交流主形态。传统媒体的主流受众群体正逐渐被移动微屏培育为社交受众(Social Audience),其行为特征不是单纯的信息接收,而是将传播活动的重点放在基于信息分享的社交行为,行为变革的关键是社交——与人交往、与人分享、参与社群;核心心理驱动是个体基于社会归属感、社会存在感与自我价值实现的各类"分享"。"分享与创造、实现自我认知价值,是网民使用移动互联网最基本的心理诉求。"分享既是利他的,也是利己的,是移动微屏传播时代新经济形态的核心驱动引擎。

来自西班牙的调查发现,节目与观众总是在微博客户端进行更丰富的交流、更多样的对话,更多的分享促进了社交用户对节目的忠诚度和积极参与度。这些受众群是社会的中流砥柱,40—55岁的成年人占比

[①] 彭波:《用互联网的方式搞定移动互联网难题》,"移动舆论场的舆论引导——成都论坛"学术研讨会论文,成都,2014年。

[②] Shirky, C., "Political Power of Social Media-Technology, the Public Sphere Sphere, and Political Change", *The Foreign Affairs*, Vol. 90, No. 28, 2011, pp. 1 – 12.

44%，18—30 岁的青年人占比 34%①。调查发现，中国大多数年轻人常使用微信、QQ 空间，兼容性、趣味性、流行性对他们使用移动互联网应用有最突出的积极影响②。《中国互联网电视发展白皮书》调查的互联网电视"优众"在 18—45 岁，月均收入是传统电视观众的 1.8 倍，近七成有私家车；18—34 岁年轻人占比 53.8%；最喜欢看的视频是电影、电视、综艺（娱乐）、动漫、少儿③。调查显示，当前微信用户主体属社会大众消费主体，呈明显的年轻化趋势，24 岁以下人群使用率最高，占比 33.7%；月收入 3000—5000 元的中产阶层占比 32.0%，在收入结构中占比最高④。美国移动互联网用户主要是 18—34 岁的富裕男性，家庭年收入在 10000 美元以上⑤。欧洲移动互联网主要用户是儿童、青少年与年轻成年人⑥。在日本，较多可支配收入和较宽裕时间的年轻富裕女性更积极地参与移动互联网的互动与信息搜索⑦。

综上全球调查数据，从传播行为、媒介偏好、年龄分布、消费潜力等方面，我们可进一步将参与移动微屏社交传播的用户群概括为"社交优众"：一个偏好社交应用的主力消费群。通过移动社交网络，移动微屏社交传播的主力受众群偏好随时随地通过各种"晒"的行为主动

---

① Quintas-Froufe, N., González-Neira, A., "Active Audiences: Social Audience Participation in Television", *Comunicar*, Vol. 22, No. 43, 2014, pp. 83 – 90.

② Trisha, T. C., Lin, L. L., "Perceived Characteristics, Perceived Popularity, and Playfulness: Youth Adoption of Mobile Instant Messaging in China", *China Media Research*, Vol. 10, No. 2, 2014, pp. 60 – 71.

③ 转引自肖明超《互联网电视白皮书：6 大趋势正在袭来》，http://blog.sina.com.cn/s/blog_4b70fc620102uz4i.html，2014 年 8 月 14 日。

④ 唐绪军主编：《新媒体蓝皮书：中国新媒体发展报告 No. 5（2014）》，社会科学文献出版社 2014 年版，第 7—11 页。

⑤ TNS Intersearch, New Survey Indicates Wireless Web Penetration Highest among Young Affluent Males, Retrieved from http://www.tns-i.com/press/releases/wireless_web.htm., press release, Feb. 7, 2001.

⑥ Baldi, S., & Thaung, P. P., "The Entertaining Way to M-commerce: Japan's Approach to the Mobile Internet-a Model for Europe?", *Electronic Markets*, Vol. 12, No. 1, 2002, pp. 6 – 13.

⑦ Okazaki, S., "How do Japanese Consumers Perceive Wireless ads? A Multivariate Analysis", *International Journal of Advertising*, Vol. 23, No. 4, 2004, pp. 429 – 454.

分享新鲜事、照片、个人信息、观点、议论，出现了如易物、易居、拼车、赠送、交换、合作、众筹、众包等，各种灵活多样的所有权共享形式，充分体现了社交网络的合作、共享、慷慨、个人选择等特性。

移动互联将现代经济学家提出的"分享经济"理念推进到新的层次，让资源、信息、商品、服务、数据、才能、思想等都获得共享渠道。"分享"是早期人类社会原始社会制度结构得以形成并发展的最初且最重要的合作形式，直接催生了部族社会繁荣。奴隶制度建立后，由资源垄断者控制的"分配"，成为人类社会的决定性经济形式，人与人平等共治的原始社会亦随之瓦解，人类社会走向了阶级分化，分配带来的社会分化成为历史主脉络。移动微屏社交传播使分享成为移动互联网虚拟社会的主流形式，这不是单纯地回归到部落社会治理结构。但这种建立在分享基础上的"协同经济"或"共享经济"，其边际成本几乎为零，对社会和经济均会产生根本影响[1]。媒介代际理论就认为：人们对媒介的使用偏好有代际之分，不同代人有不同的媒介使用偏好；年轻时伴随成长的媒介往往成为人们成年后偏好的媒介[2]。当前，千禧一代（"80后""90后""95后"）逐渐成为主力消费群，也是移动微屏媒介的主流用户。新的移动社交习惯和媒介接触习惯从根本上改变了这代人的媒介偏好。因此，移动微屏社交传播将不仅改变传媒产业生态，更是会影响虚拟社会结构及社会治理模式的变革与迭代。

三 社交关系的建立

笔者认为，社交媒体时代是真正意义上由社交人作为媒介的时

---

[1] 杰里米·里夫金：《世界正迈向"零边际成本社会"》，http://www.chinavalue.net/pvisit/JeremyRifkin.aspx.，2014年11月3日。

[2] Mares, M. L., Woodard, E. H., "In search of the older audience: Adult age differences in television viewing", *Journal of Broadcasting & Electronic Media*, Vol. 50, No. 4, 2006, pp. 595-614.

代。媒介的形态不再局限于过去理解的广播、电视、报纸等大众传媒，而是通过移动端的人人社交，形成了以社交人为媒介的新形态，每一个参与移动社交的个体的人都是媒介。在《人人时代：无组织的组织力量》这一著作中，克莱·舍基强调了这种以人为媒介的自媒体的特性。但是，有必要进一步指出的是：这种以人为媒介的形态，与人际传播的以人为媒介仍有不同。其本质是以人与人的社交关系为媒介。因此，社交人为媒，其实质是关系为媒。处理好人与人的社交关系也就是经营好媒介，成功的传播效果建基于良好的关系的营建。对于政务社交媒体而言，处理好与民众的沟通关系就是政务媒体进行成功传播的首要目的。

建立良好关系的前提是接触。研究发现，在互联网的环境中，注意力资源的分配具有更加突出而显著的分层化结构模式，两极分化的现象甚至比现实世界还要严重。[1] 社交媒体天然的社交圈层化分割，使得注意力的接触被掌控在信息接收者——广大民众的手中。过去强制性接受的大众传播逐渐丧失效力，政府监管传播内容的控制力亦遭到削弱。有研究指出："新媒体的发展形塑了一个新型政治参与环境，使政治结构呈分散化与扁平化，信息格局呈开放化与节点化，传播环境呈隐性化和离散化，参与结构呈非中介化与交互化。"[2] 这时候，如何在社交媒体平台争取到民众的注意力资源就成为考验政府开展社交媒体传播的第一道门槛。

善用社交媒体，首要一条是如何善用社交媒体来吸引民众的注意力，提升民众对政府宣传信息的关注度。研究者也越来越关注到社交媒体平台上的政府及政治家的自我营销行为。John Allen Hendricks 和 Robert E. Denton 等人专门对奥巴马如何运用社交媒体进行自我营销、吸引

---

[1] ［美］马修·辛德曼：《数字民主的迷思》，唐杰译，中国政法大学出版社2015年版，第11—23页。

[2] 万旋傲：《新媒体环境中的公民政治参与研究》，《新媒体与社会》2015年第2期。

民众关注与支持等进行了研究。① 2008 年，奥巴马开通了 Facebook，网站个人页面的注册支持者超过 317 万人，在 MySpace 网站，个人页面的好友近 100 万人。John Allen Hendricks 和 Robert E. Denton 等人发现：善用社交媒体是奥巴马及其团队最终获胜的关键所在。奥巴马从竞选伊始，就开始树立自己充满活力、富有激情、热爱家庭的竞选者形象。并利用社交媒体点对点的营销特点，用数字时代的网络沟通渠道与选民接触，在奥巴马竞选网站上开设"Truth Team"栏目，专门刊登批评对手的文章，及时恰当地打破来自竞争对手的不实的攻击。当在竞选下一个四年任期时，他在 Twitter 发文《又是四年》，配图是与妻子米歇尔拥抱的照片，被全球 200 多个国家的 Twitter 用户转发，获得超过 10 万的点赞量，成为 2012 年度推文转发之首，同时该图片也成为 Facebook 上最受人喜欢的图片。为了自我营销以打造良好形象，充分发挥新媒体的独特优势，其推文形式极其多样。在竞选期间，奥巴马经常发布有关政治、经济、生活的推文，上传自己健身、搞怪或推荐时下流行的美剧，还关联了各种数字化平台，访问其中任何一个网站就可以链接到更多的社交媒体平台。这样，不仅打破了以往政治人物生活的神秘感和距离感，主动拉近了与选民之间的距离，而且利用网络自我宣传，增加公众对他的好感，让民众立体直观地感受到他的个人魅力，借此吸引、聚集起认同其价值观的选民，加大竞选的优势。如图 2-2、图 2-3，皮尤研究中心的数据显示：在社交媒体的数字使用中，奥巴马远大于竞选对手罗姆尼，尤其是在 Twitter 的使用上。同样，在选民对社交媒体的反馈一栏中（时间段为 2012 年 6 月 4—17 日），无论是 Facebook、Twitter 还是 YouTube，奥巴马的社交平台反馈度更高，仅就推文的转发量来

---

① John Allen Hendricks and Robert E. Denton, Jr (eds), *Communicator-in-Chief: How Barack Obama Used New Media Technology to Win the White House*, Plymouth, UK: Lexington Books, 2010, p. xii.

看，奥巴马的 15 万 + 远远多于罗姆尼的 8000 +。①

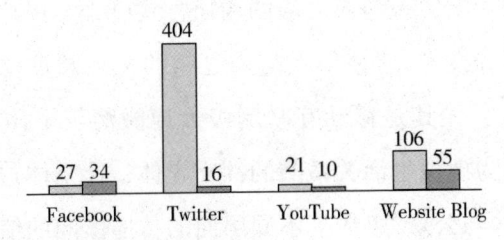

Obama Leads Romney in Digital Activity...
Number of all digital posts studied

□ Obama ■ Romney

	Facebook	Twitter	YouTube	Website Blog
Obama	27	404	21	106
Romney	34	16	10	55

Date Range: June 4–17, 2012
PEW RESEARCH CENTER'S PROJECT FOR
EXCELLENCE IN JOURNALISM

图 2 - 2 皮尤调查显示的奥巴马与罗姆尼社交媒体应用情况比较（一）

图片来源：http://www.journalism.org/2012/08/15/how-presidential-candidates-use-web-and-social-media/。

...and Social Media Response
Number of all digital posts studied

□ Obama ■ Romney

	Facebook Likes	Twitter Retweet	YouTube Comments/Likes/Views
Obama	1124175	150106	839933
Romney	633597	8601	399225

Date Range: June 4–17, 2012
Pew Research Center's Project For
Excellence in Journalism

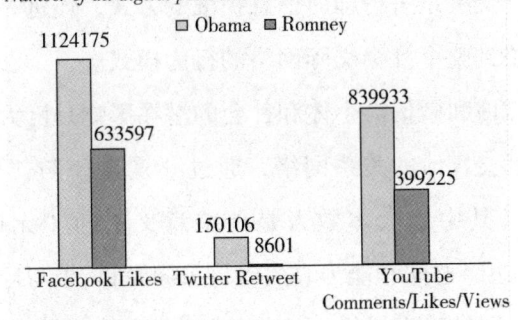

图 2 - 3 皮尤调查显示的奥巴马与罗姆尼社交媒体应用情况比较（二）

图片来源：http://www.journalism.org/2012/08/15/how-presidential-candidates-use-web-and-social-media/。

---

① 本段落部分内容作为阶段性成果之一，由负责人指导课题组成员郝文琦博士调查完成，以在线形式公开发表。详见郝文琦《政府社交媒体传播应用研究》，硕士学位论文，浙江传媒学院，2016 年，中国知网。

其次，需要适应社交媒体建构人与人的社交关系的生态模式和沟通方式，重新审视民众聚集的移动社交"公共空间"。社交媒体建构的关系不同于线下的人际关系，但又整合了线下人际交往关系的诸多特点。在移动社交平台上，人与人之间的沟通方式已经与以往不同，它借助个人化的新兴媒介技术，"使得人与人之间的关系被重构，形成了各类网络虚拟社群"。[1] 尤其是移动互联网极大地激活了个体及其嵌入的关系网络资源，作为虚拟生活关系圈的社交媒体，让个体与个体、个体与群体/组织、个体与公众/媒体等不同层面的传播体间的信息保持连接，将人际传播、群体传播、大众传播相互链接，将线下的人际交往直接链接或嵌入网络群体的传播过程中，形成了一种基于人人移动在线的多社群连接型沟通方式。这类移动社交沟通的方式具有低成本、高速度、人人参与、社区化、多媒体融合等诸多优势，不仅极大扩展了人们对通过关系扩散的信息的关注度、参与度和信息传播范围，而且，这种通过多社群连接起来的社交关系进行即时信息扩散的方式，还进一步构建形成了从移动社交网络到整个社会交际网络的行为模式。

在中国，微博和微信对个体和社会的潜在影响是巨大而深远的。喻国明等提出：社交媒体的关系网络，通过"连接"与"聚合"为社会中的每一个人（其中绝大多数人是传统意义上的"无权者"）赋权，"为少数群体、边缘群体和能力丧失者（disabled）参与社会公共事务创造了条件。……赋予公众讨论、参与公共事务的机会、权力与能力"。[2]

由此又进一步激发了关于"公共空间"的讨论。[3] 结合当下中国社

---

[1] Castells, M., *The Rise of the Network Society*, Oxford: Blackwell, 1996（Castells, 1996: 469）.

[2] 喻国明、马慧：《关系赋权：社会资本配置的新范式——网络重构社会连接之下的社会治理逻辑变革》，《编辑之友》2016年第9期。

[3] 本段与下一段的主要观点，在成书前曾以论文形式公开发表，详见袁靖华《微博的理想与现实——兼论社交媒体建构公共空间的三大困扰因素》，《浙江师范大学学报》（社会科学版）2011年第6期。

会语境，人们期待社交媒体的出现能在建构公众舆论、推动社会议题讨论等方面扮演重要角色。有学者从技术优势角度，强调微博具有舆论放大器的条件，拥有网络话语权，它"已经不是一个简简单单的网络工具，也不是一个叫作媒体的玩意儿，它实际上成了舆论的窗口和舆论的放大器，成了一个舆情实验室"。[1] 有学者从传播方式层面观察，认为：微博是最民主的言论空间，"把个体传播的社会参与推向了高潮，形成了一个彼此互动的即时的立体社会传播网络"，[2] 是极具舆论导向与影响力的公共空间，其作为"草根公共领域"，"将分散的社会整合为一体化的共同体……为民主社会公民的政治学习提供了便利"。[3] 更有学者提出："Twitter 在人际传播、国际传播和政治传播中都起着革命性的作用。大陆微博……既象征着公民社会的曙光，又投射着中国特色的治理哲学。"[4] 微博、微信的流行，将社交媒体建构公共空间的议题推到上述理论研究的最前沿。"虚拟的网络空间中形成的'民间网络舆论场'，是一个新的公共空间，如何引导已成时代课题。"[5]

公共空间（Public Space，或译公共领域）这一概念最早由政治哲学家汉娜·阿伦特提出。她认为，公共空间"是指一开展的空间，在其中，言论、行为与政治事物和现象均能得其方位"，"凡能够透过言行表彰的，以及运用语言的表白、说服、论辩的事物或关系，都是公共空间的"。[6] 哈贝马斯认为，"所谓公共领域意指我们的社会生活中的一

---

[1] 范玉刚：《"官心惶惶"背后舆论生态：网络成民意重要表达路径》，2010 年 5 月 6 日，http://news.xinhuanet.com/politics/2010-05/06/c_1276979.htm。
[2] 任孟山、朱振明：《试论伊朗"Twitter 革命"中社会媒体的政治传播功能》，《国际新闻界》2009 年第 9 期。
[3] 刘佳：《社会化媒体与政治的关系——以美国大选奥巴马获胜为例》，《青年记者》2009 年第 2 期。
[4] 赵蒙旸：《"推"出的公民社会——微博在大陆的发展探究》，《东南传播》2010 年第 4 期。
[5] 范玉刚：《"官心惶惶"背后舆论生态：网络成民意重要表达路径》，2010 年 5 月 6 日，http://news.xinhuanet.com/politics/2010-05/06/c_1276979.htm。
[6] 转引自蔡英文《政治实践与公共空间》，新星出版社 2006 年版，第 92 页。

个领域，某种接近于公众舆论（Public Opinion）的东西能够在其中形成。向所有公民开放这一点得到了保障。在每一次私人聚会、形成公共团体的谈话中都有一部分公共领域生成。……当公共讨论涉及与国务活动相关的对象时，我们称之为政治的公共领域"。① 一般认为，公共空间的构成须具备三个条件：

1. 公共空间独立于政权及市场之外，需摆脱政治及经济力量操控，是理性、具批判性的辩论场；

2. 由私人组成的公众，具独立人格，能就普遍利益问题自由、公开、平等、充分地辩论和交流，进行理性批判达成共识，形成公众舆论；

3. 拥有自由交流、充分沟通的媒介，信息收集和传播须完整、客观、准确。②

但在普遍的乐观情绪下，恰恰需要警惕：这种过于理想化的期待或正在制造另一个"电子乌托邦"的"美丽陷阱"。正如维纳在《控制论》中所言："技术发展，对善和恶都带来无限的可能性。"③ 透过技术光环，可以发现：社交媒体并非必然通往公共空间的黄金桥。"新传媒并不会自动产生传媒新公众，……公众参与不只与技术环境有关，而且更与政治、社会制度有关。"④ 而社交媒体本身亦充满了各种变数和不确定性。

第三节 社交媒体对社会治理的挑战

由于社交媒体已然成为全社会的基础设施，基于物质经济基础决定

---

① ［德］哈贝马斯：《公共领域的结构转型》，曹卫东、王晓珏、刘北城、宋伟杰译，学林出版社1999年版。

② Jurgen Habermas, *The Structural Transformation of the Public Sphere: An Inquiry into a Category of Bourgeois Society*, Cambridge, M. A.: MIT Press, 1989, pp. 210－251. 笔者加以归纳并加着重号。

③ ［美］N. 维纳：《控制论》，科学出版社1962年版，第130页。

④ 丹尼尔·戴扬（D. Dayan）语，转引自徐贲《通往尊严的公共生活：全球正义和公民认同》，新星出版社2009年版，第182—185页。

上层政治建筑的基本社会规律，人类社会的信息流通已经整体性地迁居到社交媒体空间。以微信、微博等为代表的社交媒体空间已成为人类社会信息集散的超级接点，甚至聚集成为一切社会关系和一切信息交往的总和。

社交媒体的开放式、分享式的平台特性，正在将过去相对封闭的政府管理模式和信息控制模式，转变为相对开放的政府治理模式和信息多源模式。对此现实挑战，那些固守于传统的基于大众传播时代的管控型社会管理模式往往会落败。为迎接这一全新的社交媒体空间的社会栖居模式，由管控型政府转向协同社会治理的社交型政府将是历史的必然。这尤其对处于管理模式转型过程中的基层政府带来了严峻的挑战。政府的治理行为、行政过程以及政务信息等，需要在透明度、开放性、协作性、灵活性等诸方面加以全面提升，尤其是要进一步提升政府在社交媒体时代的治理能力，推进政府对民众的及时回应、及时沟通与及时反馈，这些都成为推动社交型政府建设和社会治理现代化的当务之急。

一 作为社会神经系统的手机社交网络

20世纪，信息社会学家曼纽尔·卡斯特（Manuel Castells）预见了网络时代的到来对社会结构变迁的重大影响。他提出："作为一种社会历史趋势，信息时代占支配地位的功能和过程均是围绕网络逐渐构成的"，"网络构成了我们社会新的社会形态"，"网络由一组相互连接的接点构成"，"而接点，具体地讲，依赖于我们所讲的具体网络的类别"。[1] 基于接点的网络是当前时代的基本构成，是我们当今社会的基本形态。

---

[1] Castells, Manuel, *The Rise of the Network Society* (*The Information Age: Economy, Society and Culture, Volume 1*), Malden, M. A.: Blackwell Publishers, Inc., 1996, pp. 469, 470.

而荷兰著名传播学者和信息社会学家简·梵·迪克（Jan Van Dijk）则进一步提出，事实上"网络成为了社会系统的神经"，它所引起的传播革命，将"主要是一个结构上的革命"。任何一次传播的技术革命"根本的变化发生在连接结构、记忆方式和内容的再生产上"，而当前"这场（传播）革命的关键在于新媒体的三个特征：集成（intergration）、互动（interactivity）与数字信号（digital code）"。因此，"最具有基础性的变化发生在'交谈'模式中"，"信息分享不再需要信息中心，而且信息的内容、速度和发布时间都是由自己确定的。……每一个信息中可以包含声音、数据和文本"等多种形式。①

无疑，曼纽尔·卡斯特和简·梵·迪克都提出了很重要的隐喻，一个用"接点"来比喻网络中的"连接体"，一个用"社会系统的神经"来比喻网络对于当前社会的重要性。这都是一种意义深远的隐喻修辞。类似这样的隐喻很多，譬如威利（Malcolm M. Willey）和赖斯（Stuart A. Rice）在《通信机构与社会生活》（*Communication Agencies and Social Life*）中就说："通讯线路就是神经线路，就是世界组织的一切社会方面赖以运转的神经网络。这一点显而易见"。② 作为这类隐喻的喻体的，则是人类的生物神经系统，它是由生物的大脑神经元、细胞、触点等组成的网络，用于产生生物的意识，帮助生物进行思考和行动。每一个神经系统都是依靠大脑神经突触连接的结构进行信息处理，这与网络社会依靠触点（接点）来建立连接并进行信息的交互传递，确实非常相似。这种生物神经系统的系统协同作用，最终形成了生物的意识并指导其行动与思考。

现代计算机科学模拟人类的生物神经系统，制造了人工神经网络，

---

① ［荷］简·梵·迪克：《网络社会——新媒体的社会层面》（第二版），蔡静译，清华大学出版社2014年版，第2、5、6页。

② Willey, Malcolm Macdonald, Rice, Stuart Arthur, *Communication Agencies and Social Life*, McGraw-Hill Book Company, Inc., New York and London, 1933, p. 2.

主要是通过对人脑的基本单元——神经元的建模和连接，探索模拟人脑神经系统功能的模型，并研制一种具有学习、联想、记忆和模式识别等智能信息处理功能的人工系统。而当前被广泛应用的手机、Pad 等移动便携设备，即被命名为智能设备（如 Smart phone、Intelligent device 等），装载了 App 等各类智能应用系统（Intelligent Applications），其"智能"性主要就在于其中的模块设计、软件设计是基于人工神经网络的功能建模而形成的，具有掌上电脑的功能。随着智能设备终端的不断升级——其更新换代的速度遵循摩尔定律，同时智能设备已成为现代人生活的标配。早在 2015 年，全球就有 87% 的网民拥有一部智能手机，而中国社会的智能手机保有量则达到了 9.5 亿台[①]，手机网民达到了 6 个多亿，负载了人工智能的智能手机就已经成为社会系统的重要的神经接点，串联形成了整个社会基于手机等智能设备的人工神经网络。

从这个意义上说，2005 年简·梵·迪克在撰写 *The Network Society：Social Aspects of New Media 2nd edition* 一书时，尚且仅是将作为修辞本体的"网络"喻为"社会系统的神经"，而发展到今天，移动社交网络与智能终端设备对社会的广泛普及与渗透，已经实实在在地形成了一个全社会联网的人工智能神经网络，移动社交网络本身就是一个人工智能神经网络了。手机等智能终端就是这个神经系统上的一个个智能接点。而把控手机社交网络社会的接点的，则是每一个手机社交媒体使用者。

这就意味着，智能手机社交网络所带来的社会结构变革，不仅仅是技术层面的，而是对整个社会系统的神经网络的更迭。这一智能的超级人工神经网络正在快速扩张和完形的过程中，在很大程度上，其对社会带来的变革将超过曼纽尔·卡斯特和简·梵·迪克等信息社会学家的预期。

[①] 中国智研咨询：《2016—2022 年中国智能手机市场专项调研及发展趋势研究报告》，中国产业信息网，http：//www.chyxx.com。

鲍德里克（J. L. Bordewijk）和梵·卡姆（B. Van Kaam）将人类的信息传播模式分为四种类型，分别是：训示模式、协商模式、注册模式、交谈模式。[①] 所谓训示，意为教导、教诲、训诫。在传统的大众传播时代，大众传媒的信息传播就属于训示模式，是一种单向的、由上而下传递的，科层制、组织化推进的信息流动，大众传媒及其从业者作为专业人士占据较高社会地位，而普通民众作为芸芸大众，被动接受媒体的信息教导，掌握信息传播权的一方与接受信息训示的一方处于不平等的社会地位。"在20世纪，训示模式在媒介传播中占据了最重要的地位。广播、电视和其他媒介……它们在社会中显示了强大的整合功能，因为它们是基于一个训示的模式运作的：传递给客户端的信息都来自一个中心信息源并由其决定信息传递的对象、时间和速度。"[②] 网络等新媒体的诞生改变了这一信息权力不平等的格局，作为信息接受一方得到了新媒体的赋权，开始在信息流动的过程中主动地参与协商、注册和交谈。信息不再被单个中心信息源所掌控。去中心化、去科层化、多中心，成为网络等新媒体的特征，而交谈与协商模式越来越可能成为人类信息传播的主流模式。

如今，信息客户端被人手一部的手机等智能设备接管，并正在形成基于人工神经网络与生物神经网络联合的智能社交网络，以手机为代表的智能设备客户端社交网络社会正在形成，笔者将之简称为手机社交网络社会。"手机社交网络社会"是基于移动互联网、社交媒体与手机等移动便携智能设备形成的，其信息流通方式已经较早期的"网络社会"更加复杂而精细。这不仅使得过去大包大揽式的、粗放式的、垂直型的、科层化的、训示传递的一般管理模式根本无法承载社会变迁的要

[①] 转引自［荷］简·梵·迪克《网络社会——新媒体的社会层面》（第二版），蔡静译，清华大学出版社2014年版，第9—10页。

[②] 同上。

求，而且，探索形成适应这一新的社会形态的社会治理模式，必然是人类社会不可回避的崭新命题。

二 手机社交网络社会的治理困境

自网络社会崛起，有关网络社会治理的讨论就不曾停歇过。曼纽尔·卡斯特的《信息时代：经济、社会与文化》三部曲，第一卷就是《网络社会的崛起》。他认为网络技术的发展使人类社会发生了剧烈的变化，它正在塑造一种与过去的农业社会和工业社会不同的人类社会文明，"网络社会既是一种新的社会形态，也是一种新的社会模式"。1995 年美国学者马克·斯劳卡（Mark Slouka）首次提出了"网络民主"（Cyber Democracy）一词。他认为，由于互联网络的快速发展，逐渐形成了"网络民主"，即可以理解为以网络为媒介的民主，或者是在民主中渗入网络的成分。① 这主要用以说明，民众对网络及其信息的采用、接触等具备了更多的主动权，会促进民众民主意识的增强，从而为民众对政府进行民主监督提供了重要手段。《网络共和国》的作者凯斯·桑斯坦指出，在网络社会，过去借由大众传媒串联起来、并发挥重要作用的公共论坛，正随着媒体公共空间的陨落而逐渐消逝，它们的地位正被一个个"传播圈子"所取代，形成了传播的一个个小团体。过去公共传媒大规模传播扩散的信息，如今都要经过不断的个人过滤，而人们的注意力往往过度投射于自己所关注的领域，只听甚至只关注他们自己的看法，导致了群体极化和回声效应。②

近年来，伴随微博、微信、App 等的兴盛与广泛运用，手机等移动

---

① Mark Slouka, *War of the Worlds: Cyberspace and the High-Tech Assault on Reality*, NY: Basic Books, 1995.
② ［美］凯斯·桑斯坦：《网络共和国：网络社会中的民主问题》，英维明译，上海人民出版社 2003 年版。

终端便携设备越来越占据了社会媒介系统的核心地位，基于个体的社交媒体已然颠覆性地改变了原有的、作为主流形态的、单向单一的大众媒介传播生态。正如前文所言，手机等智能终端是一种私人信息流通终端，被每一个人类生物个体所掌控，每一天信息的传播与发送，由私人把关、掌控并过滤。这种前所未有的个体赋权，对传播的社会整合模式和自上而下的训示式管理都是巨大的挑战，需要我们深入研究、探寻手机社交网络社会治理的理想模型，以应对手机社交网络给社会治理带来的全面挑战。

另外，兼具视、听、文、图等多媒介融合特性的社交媒体，已经成为思想文化的集散地和社会舆论的放大器，被普遍视为传播的"高风险场域"[1]，尤其增加了社会"失控"与政治"失控"的风险。当前的移动社交媒体本身还表现出丰富的样态与杂糅性，技术革新迅猛，不断地更新换代。由于手机社交网络社会的技术更迭与变化太快，天生具有不稳定性，加上社会转型变革，导致"公众情绪和意见的宣传、发泄和突发性危机成为这个社会的特征……而且，媒介网络的使用让社会关系变得脆弱、技术化和社会心理化"[2]。从 QQ、微博、微信等发展出的各类社交性沟通功能，往往蕴含了手机社交网络社会的变迁趋势，对现代社会治理带来全新课题，极大地挑战着政府与民众互动的原有模式。

一些研究认为，政府部门如不能有效使用社交媒体沟通民众，往往严重损害政府的声誉、形象，以及与民众的关系，而适应这一新的沟通渠道，是政府改善与民众关系、增进互信的必然选择[3]。比如罗马尼亚

---

[1] Verdegem, P., *The Digital Divide Revisited: a Typology and Profiling Instrument of ICT non-users*, Ica. 2011.

[2] [荷]简·梵·迪克：《网络社会——新媒体的社会层面》（第二版），蔡静译，清华大学出版社 2014 年版，第 41 页。

[3] Avery, E. J., Lariscy, R. W., *FEMA and the Rhetoric of Redemption: New Directions in Crisis Communication Models for Government Agencies*, The Handbook of Crisis Communication, Wiley-Blackwell, 2010, pp. 319–334.

传播学者 Paul Adrian 的实证研究发现：与民众沟通的低效与失败，会严重影响政党对基层民众的组织动员①。自 2009 年以来，美国、英国、澳大利亚等发达国家逐渐实施如"开放式政府行动"等战略，各级政府机构及各种公共部门娴熟运用 Twitter、Facebook 等各类社交媒体，作为政府与民众沟通及传播公共事件信息的首选渠道。美国传播学者 E. Metzgar，G. Hanson 等发现，在总统竞选及重大公共事件中，成功运用社交媒体影响舆论的关键是：把握参与互动的人群的特点，摸索对话沟通的恰当方式，以有效促进人们行为、态度的改变②③。耶鲁大学网络政治传播研究者 Navid Hassanpour 指出，当出现不利于政府或机构的负面新闻时，关闭网络、删帖等应对方式更容易诱发民众反弹，导致社会冲突激化，而通过"干扰式"传播——与民众沟通、互动、讨论、协商，并采取呼应民众需求的实际行动，才是化解危机的有效途径。④传播学者 Matthew J. Kushin 研究了组织与公众的对话传播（Dialogic Communication），指出：对微博类社交媒体进行互动的投入与传播收益显著正相关，善用微博类社交媒体与民众对话沟通，能促进各类异质群体的理解与融合，增进社会认同，对政府与民众建立长期互利关系具有重要意义。⑤

我国主要党政机构及公职人员在微博、微信等政务账号的建设运营方面已经进行了一段时间的摸索，但在实践经验与理论研究方面仍有很

---

① Paul Adrian, "The Use of New Media in Electoral Campaigns: Analysis on the Use of Blogs, Facebook, Twitter and YouTube in the 2009 Romanian Presidential Campaign", *Journal of Media Research*, 2011, 2 (10).

② Metzgar, E., "Social Media and the 2008 U. S. Presidential Election", *Journal of New Communications Research*, 2009.

③ Hanson, G., "Message from President", *Indian Journal of Virology*, 2010, 21 (1), pp. 2 - 2.

④ Hassanpour, N., *Transparency and Repression: An Explanation for the Democratic Civil Peace*, Social Science Electronic Publishing, 2011.

⑤ Yamamoto, M., Kushin, M. J., Dalisay, F., "Social Media and Mobiles as Political Mobilization Forces for Young Adults: Examining the Moderating Role of Online Political Expression in Political Participation", *New Media & Society*, 2013, 17 (6), pp. 880 - 898.

大不足，普遍存在定位不清、互动不足、表达不当、信息不畅、低效低能等问题。已有研究主要以服务型政府、协商参与、舆情监控、大数据治理等为视角，从执政能力、社会管理创新、网络民主、公民社会等方面讨论现有政务社交媒体的功效、问题及局限，具体讨论了平台建设、电子政务、信息发布方式、话语表达形式、公共服务效能，及传播特性、传播技巧与管理运作机制等问题，更多的还是从技术层面累积并探讨政务社交媒体的运行情况、问题与局限等。有关我国社交媒体的研究主要集中在政府如何掌控社交媒体舆情，社交媒体如何关乎公众舆论的形成等，有关这方面的研究逐渐成为焦点。

但是，社交媒体发展有其多样性与杂糅性，尤其是手机这一私人媒介，已经成为社交媒体的主要智能终端，对原有的社交媒体传播也带来了巨大的影响。与之相伴随的还有，社会人群在使用社交媒体过程中形成的各类"数字化鸿沟"、"知识鸿沟"、不同群体的使用区隔、地区差异等复杂现象往往得不到研究者的有效重视。另外，社交媒体本身的结构特性尤其是其所造成的读屏视听化、传播社交化、注意力稀缺化、信息圈层化、社会认同碎片化等，亟须得到深入的考察，并需要进一步研究社交媒体融合下的社会结构、文化心理、认知图式、价值认同等由外而内的深刻变迁对政府职能完善、社会治理升级、民众意识转换等造成的广泛影响。"手机社交网络社会"的到来，尤其需要深入系统地调研如何应对当前不定点突发的舆情危机、一些地域较突出的舆情困局、社会价值理念的对抗冲突、社会基本认同及社会信任等的普遍撕裂、社会共识的碎片化等焦点问题，尤需针对我国现实国情与特定历史发展阶段，扎扎实实进入田野开展政府与民众的社交沟通实践研究与价值认同研究，为政府机构的社交媒体平台实现善建、善用、善治、共享提供系统可行的有效良策。

三 政府传播走向政务社交传播

（一）政务社交媒体成为推进政府传播的新途径[①]

随着新媒体的发展，移动互联网的问世，赋予了政府进行社会治理和公共传播的新途径，赋予了公众实现信息接收与传播的新工具，先进的媒介技术形态也给公众参与公共事务与公共决策提供了技术支持。相比政府使用传统媒体进行的公共传播而言，在移动互联网时代，可同时应用于PC端与移动端的微博、微信、Facebook、Twitter等社交媒体迅速崛起，尤其在亚洲地区与太平洋地区，各类移动社交媒体的兴盛与繁荣，已经成为公民网络应用的主要途径，为政府与民众开展积极有效的信息互动提供了新的路径。越来越多的国家意识到在进行社会治理过程中运用社交媒体的重要性。人们期待政府机构能有效使用社交媒体，以促进与民众之间的沟通，推进电子政务，优化公共服务，降低治理成本，增进治理效率及政府透明度，改善政府管理方式等，更好地提升政府形象与政府绩效。

20世纪90年代，美国总统克林顿在执政期间就开始利用互联网等新兴媒体开展外交事务、传播对外政策以及发布政府信息。在2001年，小布什执政期间，美国专设了隶属于国务院信息资源管理局的"网络外交办公室"，用以改善国务院内部及其与外部沟通协调的方式，使美国的外交官和政府外事人员能够在任何地点、任何时间获取和交流相关信息。[②] 随着新兴的社交媒体平台的出现，美国政府开始将其作为政治造势的工具。2008年美国大选期间，奥巴马总统竞选团

[①] 本节部分内容作为阶段性成果之一，由负责人指导课题组成员郝文琦完成，以在线形式公开发表。详见郝文琦《政府社交媒体传播应用研究》，硕士学位论文，浙江传媒学院，2016年，中国知网。

[②] "Office of E-diplomacy", http://www.state.gov/m/irm/ediplomacy/.

队将 Twitter 作为草根竞选计划的中心平台，进而延伸至 Facebook、Myspace 等，并在 SNS 网站上设立少数群体的专属频道，建立社交网络自我营销部门与"我的奥巴马"社区，与民众即时在线沟通交流。上述社交媒体平台为奥巴马争取到了核心支持群体和边际少数族群，为其最后当选总统奠定了基础。由此收获上佳的政治营销效果，凸显了社交媒体的政治推进作用。在当选后，奥巴马大力推行"开放政府行动"（Open Government Initiative），[①] 要求提高政府信息的透明度，提高公众对政府事务的参与度，提高政府各部门的协作度，[②] 并提出了"E 外交"（E-Diplomacy）的新概念。奥巴马指出："我们必须寻求一项新战略，娴熟运用、平衡和组合美国实力的所有组成部分，即我们的军事和外交，我们的情报和执法能力，我们的经济和道义力量"，[③] 以探寻政治传播的新途径。国务卿希拉里在纽约大学演讲时，曾提到："美国需要运用能够运用的新媒体工具开展外交。"[④] 美国开展了"全民网络外交"活动，各政府机构纷纷注册社交媒体官方账号，作为新媒体的社交媒体逐渐成为政府与民众交流的新工具。截至 2011 年初，短短一年多时间，以联邦政府机构名义开设的 Twitter 账号就已超过 500 个。[⑤] 2012 年的研究表明，80% 的美国政府公共服务部门拥有社交媒体账号。[⑥] 截至 2012 年 8 月，美国众议员在 Twitter 拥有 371 个账号，拥有率达 85.3%，美国参议员拥有 92 个账号、拥有率

[①] 吴明霞：《论奥巴马政府的新媒体外交》，硕士学位论文，上海国际问题研究院，2012 年。
[②] https://www.whitehouse.gov/open/.
[③] "Remarks of President-elect Barack Obama Announcement of National Security Team", December 1, 2008, http://change.gov/newsroom/entry/key_members_of_obama_biden_national_security_team_announced/.
[④] 赵红凯：《浅析奥巴马政府的"E 外交"》，《现代国际关系》2010 年第 7 期。
[⑤] 王焕：《美国政府社交媒体研究——以美国联邦政府总务管理局的政府社交媒体应用体系为例》，《情报资料工作》2015 年第 6 期。
[⑥] Oliveira, G. H. M., E. W. Welch, "social media use in local government: Linkage of technology, task, and organizational context", Government Information Quarterly, 2013, 30 (4), pp. 397–405.

达92%。① 以上数据说明，美国政府设立社交媒体官方账号为建立与公民的良好公共关系，为更好地实行社会治理与公共服务提供了可能性。同时，奥巴马政府宣布白宫在Facebook、Twitter、Snapchat等开设主页，在Youtube建立网络视频频道、增设链接，打造了一个以白宫网为中心、各大社交网站为功能延伸的政府信息传播共享以及信息互动的网络化政府社交平台。②

不仅仅是美国，2010年前后，发达国家都纷纷意识到社交媒体的重要性，开始了本国政府政务社交媒体的开发利用与运营。《2014年联合国电子政务调查报告：电子政务成就我们希望的未来》(*United Nations E-Government Survey 2014：E-Government for The Future We Want*)显示，自2001年至今针对全球电子政务发展状况共发布了8份调查报告，绝大多数国家的门户网站提供"Facebook"或"Twitter"链接。在澳大利亚，政府网以公共咨询和社交网络两部分与市民进行互动。③ 在新加坡，政府于2011年6月颁布了《新加坡电子政务总体规划（2011—2015）》，强调培养公民的决策意识和参与度，尝试采用新方法征集民意、汇集民智。④ 韩国政府除主流社交媒体外，还使用Flickr、Blog，并在政府网站（http：//www.korea.net）上设立"社交媒体"专栏用以在线进行交流，方便公众网络参政。

在政务社交媒体应用与传播效果研究方面，在2011年数字政府国际会议（2011 Digital Government Conference）上，以"新时期政府创新挑战"为主题，与会者通过对6000名议员在Twitter发布的信息内容进行分析，探讨了政府议员使用社交媒体与公众沟通的情况。Bonson等人调查

---

① 朱星华：《从政府应用与产业融合的视角看社交媒体的发展——以美国社交媒体的发展及政府对其的应用为例》，《全球科技经济瞭望》2013年第5期。
② 相关数据来自笔者对http：//www.whitehouse.gov的在线田野观察。
③ 相关数据来自笔者对http：//www.australia.gov.au的在线田野观察。
④ http：//theory.gmw.cn/2014-09/26/content_13386165.htm.

了 15 个欧盟成员国政府社交媒体的应用情况，发现欧盟国家政府社交媒体工具的应用还存在很多问题，如没有充分呼应公民对政府信息沟通的诉求，政府机构也未因此在服务和绩效水平上的表现显著提高等。① 在第四届墨西哥政府门户研讨会上，Picazo-Vela 等人讨论了政务社交媒体的优势、风险和策略，认为政务社交媒体是长处与短处的辩证统一体，从六个概念层次：社会、体制、跨部门、组织结构、信息和数据、技术，进行讨论，指出政府运用社交媒体需要加强与公众的沟通、注重增进公共关系。② Rodrigo 和 Ramon 统计了墨西哥政府网站的电子政务建设，得出：现阶段 Web 2.0 工具的使用并没有达到实际预设的效果。③

随着社交媒体进入政务系统并逐渐适应，其所具备的信息高效交流优势开始在政府突发危机事件处理中得到显现，早期的研究主要集中于消防和警察部门。Thomas Heverin 和 Lisl Zach 调查研究了警察局所用社交媒体的信息发布内容、类型与传播效果的关系。④ Hughes 与 Denis 研究了消防与警察部门在 2012 年飓风 Sandy 危机期使用社交媒体的情况，发现很少有部门有效利用网络途径来应对危机。⑤ Procter、Denef 与 Latonero 研究了警方如何利用社交媒体传播危机信息、并与公众沟通的情况。⑥

---

① 转引自吴云《政务社交媒体研究进展》，《电子政务》2013 年第 5 期。
② Picazo-vela, S., Gutierrez-Martinez, I., Luna-Reyes, L. F., "Understanding Risks, Benefits, and Strategic Alternatives of Social Media Applications in the Public Sector", *Government Information Quarterly*, 2012, 29 (4), pp. 504-511.
③ Sandoval-Almazana, R., Gil-Garciab, J. R., "Are Government Internet Portals Evolving towards More Interaction, Participation and Collaboration? Revisiting the Rhetoric of E-government among Municipalities", *Government Information Quarterly*, 2012, 29 (S1), pp. 72-81.
④ Thomas Heverin Lisl Zach, "Twitter for City Police Department Information Sharing", *Proceeding of the American Society for Information Science and Technology*, 2011 (2), pp. 6-17.
⑤ Hughes, A. L., Denis, L. A. S., Palen, L., & a NDERSON, K. M., *Online Public Communications by Police & Fire Services during the 2012 Hurricane Sandy*, 2014.
⑥ 转引自谢起慧《危机中的地方政务微博：媒体属性、社交属性与传播效果——中美比较的视角》，博士学位论文，中国科学技术大学，2015 年，第 18 页。

Paquette 针对政府应用社交媒体应对危机的具体措施，提出了一个"3T"框架，认为政府使用社交媒体是要进行信息的传递（transfer）、翻译（translate）与改变（transform）。①

2010 年 12 月，美国政府就关注到社交媒体技术在危机处理中的应用价值，要求制定新的传播政策，根据公众参与治理的理念，来规范建立危机应对机构。② 美国国土安全部的科学技术指挥部（DHS S&T）成立了虚拟社交媒体工作组（Virtual Social Media Working Group，VSMWG），作为政府社交媒体危机应对的主要机构，并制定了相应的社交媒体战略，总结政府机构合理使用 Twitter、Facebook 的成功案例，通过联邦政府各级机构架构一系列社交媒体处理危机事件的指导体系，帮助地方政府通过学习优秀案例并实践于当地日常的突发性危机事件中。③ "波士顿马拉松爆炸案"就是美国政府应用社交媒体应对危机事件的成功范例。④

相比国外政府在政务社交媒体上的大力推进，我国各级政府也在做出不同程度的努力。2011 年开始，国内政务微博进入爆发式发展阶段，新浪总编辑陈彤讲道："如果说 2010 年是微博元年的话，那么 2011 年被称为中国'政务微博元年'。"⑤ 根据《2014 政务指数报告》，截止到 2014 年 12 月 31 日，新浪微博平台认证的政务微博达到 130103 个，较 2013 年底增加 29952 个，其中政务机构官方微博 94164 个，公务人员微博 35939 个。⑥ 刘璟曾就政务微博多向互动的功能，谈到其价值意义：

---

① Paquette, S., "Emergency Knowledge Management and Social Media Technologies: A Case Study of the 2010 Haitian Earthquake", *International Journal of Information Management*, 2011, 1 (31), pp. 6–13.
② 谢起慧：《美国政府危机应对中的社交媒体使用分析》，《中国应急管理》2015 年第 3 期。
③ DHS Launches Virtual Social Media Working Group, http://www.emergencymgmt.com/emergency-blogs/disaster-zone/dhs-launches-virtual-social-media-working-group-032311.html, 2014–09–19.
④ 第五章在案例对比研究中对此进行了具体分析。
⑤ 张意轩：《2011——"中国政务微博元年"》，《人民日报》（海外版）2011 年 12 月 13 日第 01 版。
⑥ 人民网舆情监测室，http://yuqing.people.com.cn/n/2015/0128/c364391-26465201.html。

"以去中心化传播和开放式网络形成的平等关系为基础,微博中的政府、官员与普通百姓不再是简单的'施'与'受'的关系,相反其角色是灵活的:微博之于政府,是低成本发布信息、塑造形象和获悉民意的工具;微博之于民众,则是迅捷获取政务讯息、表达诉求和政务监督的管道。"[1] 国内学界从不同学理层面探讨政府社交媒体传播的创新机制、传播方式、与公众的关系转变等。陈力丹和曹文星主要分析了微博问政的可能效果。[2] 陈先红、陈欧阳从组织—公众对话式关系上阐述了政务微博中的对话传播理念。[3] 程曼丽认为,新媒体带来的挑战会促使政府传播方式的改变,政府传播观念的创新等。[4] 同样,唐柳青从信息传播方式角度,谈到政务微博可以使公众更多参与到政府政策制定中。[5] 罗大蒙与邓雪红则从微博问政的局限和改善路径上进行了探讨。[6] 在关于社交媒体平台上公民政治参与的研究中,刘小燕认为:从网络问政到微博问政,再到社交媒体介入公共事件的"动议"释放,新兴网络平台已开始由平民走向官员,新兴媒体释放的"社会动议"反过来会作用于民众对公共事务的参与热情。[7] 朱春阳认为,"新媒体正在推动我国社会从传统秩序向现代秩序加速转型,……政府公共传播正面临一个从'独白'到'对话'的转变过程",应该"把政务微博打造成政府新媒体传播的桥头堡"。[8]

而在具体实证案例研究方面,对政府微博的传播运营和完善策略的

---

[1] 刘璟:《"微博问政":昙花一现,还是民主参与的契机?》,《社会科学报》2011年5月12日第003版。
[2] 陈力丹、曹文星:《微博问政的优势及其有效开展的途径》,《人民论坛》2011年第36期。
[3] 陈先红、陈欧阳:《政府微博中的对话传播研究——以中国10个政务机构微博为例》,《武汉理工大学学报》(社会科学版)2012年第6期。
[4] 程曼丽:《新媒体对政府传播的挑战》,《对外大传播》2007年第12期。
[5] 唐柳青:《微博时代的"电子政府"——政务微博在改变什么》,《今传媒》2012年第6期。
[6] 罗大蒙、邓雪红:《微博问政:类型、局限及其改善路径探析》,《攀登》2015年第2期。
[7] 刘小燕:《社交媒体在社会事件中的"动议"释放》,《山西大学学报》(哲学社会科学版)2013年第6期。
[8] 朱春阳:《新媒体时代的政府公共传播》,复旦大学出版社2014年版,第3、176页。

研究，多数以各省市的政府官方微博以及突发性事件为案例，进行了剖析。吴飞主编的《传媒影响力》一书中就"2003年非典事件"，论述了媒体应发挥舆论引导、消除民众恐慌的责任；蒋颖以"5·12汶川地震"为例提出媒体如何提高舆论引导能力的建议；① 王秋菊、师静以"2011年7月23日"动车追尾事件分析社交媒体微博的舆论波成因；② 同样是此事件，刘成璐、尹章池提出了微博舆论负效应的防范机制；③ 以2011年的"抢盐风波"事件为例，郭萍分析了微博舆论监督的作用和影响力；④ 陈云云就"上海踩踏事件"阐述了突发危机事件下不同舆论场的舆论引导策略；⑤ 董立人更是从政府对社交媒体"情绪化舆论"的控制出发，提出"政府应当对微博舆情有高水平的研判和引导能力，需要政府主导舆论"；⑥ 等等。

在突发性公共危机事件中，社交媒体的"放大""参与""监控"这三个特点，使突发性公共危机事件所产生的社会影响在广度、深度、强度上都较以往有很大不同。微博传播的兴盛与突发公共事件的增长产生了"叠加效应"。⑦ 在"青海玉树地震"事件中，以新浪微博为主的社交媒体，在地震发生1小时内有关话题信息超过一万条，救援队伍的进展、专家的现场分析、所需的物资和当地接受捐赠联系人的电话等信息源源不断；⑧"日本大地震"事件，"众多微博用户围绕如何妥善报

---

① 蒋颖：《试论媒体在突发性公共危机事件中的舆论引导——以5·12四川汶川特大地震为例》，《新闻界》2009年第4期。
② 王秋菊、师静：《从"7·23动车追尾"看微博舆论波的成因》，《新闻界》2011年第9期。
③ 刘成璐、尹章池：《微博在公共突发事件中的负面影响与对策研究——以"7·23"温州动车追尾事件为例》，《现代商贸工业》2011年第23期。
④ 郭萍：《从"抢盐风波"看微博在舆论监督上的作为》，《新闻传播》2011年第5期。
⑤ 陈云云：《突发性公共危机事件的舆论引导——以上海踩踏事件为例》，《东南传播》2015年第7期。
⑥ 董立人：《当情绪舆论遭遇政务微博》，《人民论坛》2012年第2期。
⑦ 夏德元、张燕：《突发公共事件中的微博传播问题》，《杭州师范大学学报》（社会科学版）2014年第6期。
⑧ 孤云：《微博将影响着新媒体发展：微博亲历玉树大地震》，《晶报》2010年4月18日。

道此次突发公共事件,在微博上开展了深入的讨论。这样的讨论,可以推动相关政策的完善,并有助于为民众以后面对类似事件积累经验",夏德元从微博传播规律方面论述了面对突发性事件,政府政策如何推进的途径。① 中国人民大学舆论研究所发布的《中国社会舆情年度报告(2013)》蓝皮书显示,微博"不仅成为重要的信息源、信息桥,而且成为社会舆论的主要策源地,其社会影响力和辐射力在不断提升。"②

尽管在2015年之后,微信的普及推动政府机构的微信公众号成为又一个政务社交媒体的端口,并一度成为人们讨论的热点,但是,第一阶段主要聚焦于政务微博的研究,已经对政府的社交媒体传播活动进行了深入广泛的探讨,基本上奠定了后续研究的基础框架,尤其是在平台搭建、策略对比、传播效果、传播方式以及突发事件的政府舆论控制等的研究,成果较多,思考较深。但从政府治理、公共服务层面入手,透析政务社交媒体与公众的公共关系与沟通,进而讨论"善治"的研究还是较少。善用社交媒体的"放大""参与""监控"的功能,对于助推基层政府在社会管理上的"善治"具有积极意义。深入讨论社交媒体时代政府如何通过与民众的积极理性沟通来协同推进社会治理的改进,仍是亟待研究的命题。

(二) 主流社交媒体成为政治传播与沟通的决胜场③

基于各类社交新媒体的政府传播渠道,已经逐渐取代传统媒体的优势。社交媒体成为颠覆传统的基于大众媒体的政治传播学的新兴力量。在传统的大众传媒时代,从罗斯福的"围炉夜话"到肯尼迪的"电视

---

① 夏德元:《突发公共事件中微博传播的若干规律》,《新闻记者》2014年第5期。
② 喻国明主编:《中国社会舆情年度报告(2013)》,人民日报出版社2013年版。
③ 该段落部分内容在成书前已成文并收录于相关论文集。详见袁靖华、周杭《社交媒体时代的视觉符号政治:传播机制与传播效用的考量——以2016年特朗普竞选美国总统为例》,首届研究生论坛优秀论文集,浙江传媒学院,2017年。

辩论",报纸、广播、电视等在决定美国总统竞选成功过程中承担了关键角色。但是,从 2008 年奥巴马的"Twitter 竞选"到 2016 年的特朗普"社交推文竞选",决定美国总统竞选成功的关键因素已经转换为社交媒体。

早在 20 世纪 90 年代初,网络媒体作为一种全新的媒介形式已经登上历史舞台,介入政治传播中。1996 年,美国共和党候选人布坎南第一次利用个人网站参与竞选。有媒体曾评论道:"决定总统大选结果的关键因素不是谁更懂政治,而是谁更懂网络。"在 2008 年美国总统大选中,奥巴马率先使用 Twitter、Facebook 等社交媒体并借此成功上位,成就了"互联网总统"的名声。2012 年,奥巴马在社交媒体投入约 4700 万美金,是竞争对手罗姆尼的 10 倍,他还雇用了超过 100 人的团队,专门负责运营他的 Facebook 与 Twitter 等社交媒体账户,拥有了超过 2100 万 Twitter 粉丝和接近 3200 万 Facebook 粉丝,远超罗姆尼。自此,社交媒体被认为是政治传播中具有颠覆性的媒体,将会带来政治传播的革命。这种"颠覆性"在 4 年之后以特朗普的"逆袭"再次得到印证。得社交媒体者得天下,似乎并非耸人听闻。

社交媒体成为政客们动员广大选民、博弈美国大选的新战场。社交媒体从文字、声音、图像等符号形式层面对传统的广播、电视、报纸等进行了重新整合,兼容了新闻报道、媒体评论、信息宣传、情感诉求等各项媒介功能,更加有助于进行立体化、全方面、个性突出、旗帜鲜明的竞争性政治传播,在政治选举中充分发挥了其动员民众的优势。2016 年美国总统大选,各个竞选团队均不得不把目光聚集在 Facebook、Twitter 和 Snapchat 等社交媒体平台上。皮尤调查在 2013 年的调查统计显示,Facebook 涵盖了美国成年网络使用者的 75%,65 岁以上的老年人使用量最少,但也超过 45%(如图 2-4、图 2-5)。

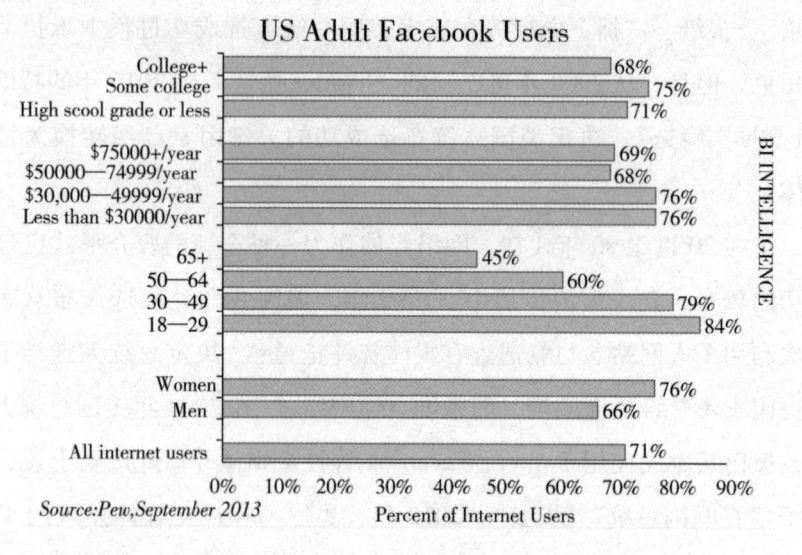

图 2-4　皮尤调查显示的美国民众社交媒体应用情况（一）

图片来源：http：//www.pewinternet.org/2015/01/09/social-media-update-2014/。

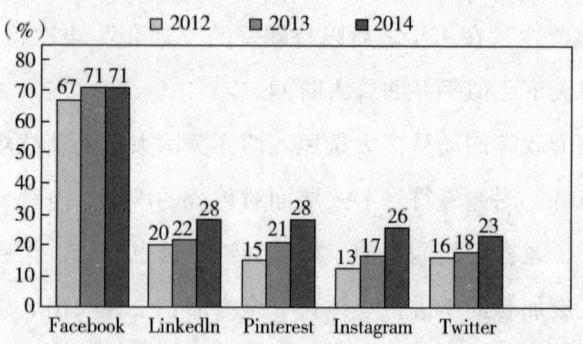

图 2-5　皮尤调查显示的美国民众社交媒体应用情况（二）

图片来源：http：//www.pewinternet.org/2015/01/09/social-media-update-2014/。

而根据 Informate 的调查显示，在新兴社交媒体平台如 Snapchat 上（功能与国内的腾讯微信比较接近），超过 60% 的用户处于 10—24 岁的年龄段，从而成为当下美国最年轻、最有活力的新兴社交网络。通过上述涵盖了老、中、青三代的各类社交媒体平台，政党们极力争取关键群体，赢得不同年龄层次、不同种族背景的选民对象。在高达近百亿美元的竞选经费中，有十分之一的美金流向新媒体，而且相关公司设立的政治项目专设部门，也不断通过收集和分析关键词、点赞量、评论量等数据，以此判断选民的风向。胜出方唐纳德·特朗普，更是亲自操刀，在一个个关键的选举节点上，发出直接而直率的推文，多次扭转竞选局势。我们的调查统计发现，相比于希拉里，特朗普在Facebook、Twitter等社交媒体平台上发表的言论，无论在文、图的数量上还是更新频率上均大幅领先。

在中国，移动互联网的快速发展对社会产生的影响并不局限于经济领域。喻国明等提出，"互联网正以惊人的速度、深度和广度推动着中国社会深层的结构变迁。过去10年间，互联网，尤其是移动互联网，已经打破了原有的社会结构、资本结构、地缘结构与文化结构，颠覆了原有的议事规则、权力格局和话语权分布，成为影响社会治理格局和规则的主导性力量"。"'关系赋权'作为一种新的范式迅速崛起，……它作用于社会资源、影响力、价值与机会的流转与分配，关系赋权通过激发个体价值与关系网络，赋予公众讨论、参与公共事务的机会、权力与能力，社会治理的环境与格局正在经历前所未有的变迁"，"深刻地改变了社会的权力格局，促使我们重新审视社会治理的逻辑"。[1] 社会治理在媒体赋权方面的转向以及传统媒体全面进入社交平台的融合转型已经刻不容缓，这不仅是媒体发展生存的必要，更是社会治理的需要。基于关系网络和关系为媒的移动互联网已经为社会治理的转型提供了基础硬件，并且一定程度上激发了被嵌入关系网络的个体的参与能动性，"通过互联网将人与人的连接激活、放大，这就是关系赋权的力量"。

---

[1] 喻国明、马慧：《关系赋权：社会资本配置的新范式——网络重构社会连接之下的社会治理逻辑变革》，《编辑之友》2016年第9期。

"在新的范式下，基于互惠互利、互相尊重、互相认可的协作成为价值生产的必要条件。"[①]

社交媒体的"放大""参与""监控"等功能客观上为助推政府在社会管理上实现"善治"提供了条件。一方面，社交媒体的广泛应用已成为当今社会的基础设施，其天然的去科层化结构，冲击了科层制下的传统管理模式，令传统的、自上而下的单向管理模式不再奏效，为社会从"管理"走向基于公共参与的"治理"提供了物质技术基础。另一方面，社交媒体的自媒体特性已成为每一个个体的公共参与途径，重大公共事件往往也是社交媒体平台上的舆情焦点和关注中心，任何单方行动或独断专行、自说自话式的传统管理方式都可能成为众矢之的，这就构成了社会治理走向"善治"的社会心理基础。

综上论述，本章的结论是：

1. 社交媒体的应用已经成为当下时代衡量一个社会文明进步水平的重要标志。社交媒体的参与、共享、共治等传播特征，也成为衡量社会治理是否"善治"的基本尺度。

换言之，衡量一个国家或地区的社会治理是否为"善治"，在很大程度上要看其政府有无充分善用社交媒体的参与性、共享性和共治性等传播特性。

2. 政府的社会治理转向只有主动呼应这一时代潮流，顺势而为，才能真正掌握主动权：主动与民众积极沟通，主动成为"善治"的主体，主导基于社交媒体平台的网络协同、公共参与的社会治理结构的建立与完善。这是现代基层政府的必然选择，也是一个国家走向社会治理现代化的必经之路。

这就需要进一步推动基层政府确立基于社会多方力量协作共治的社

[①] 喻国明、马慧：《关系赋权：社会资本配置的新范式——网络重构社会连接之下的社会治理逻辑变革》，《编辑之友》2016 年第 9 期。

会"善治"理念，建立并完善适应移动社交网络社会的新的社会治理范式。从这一新的治理理念和建设愿景出发，解决核心问题的关键是社交媒体时代基层的政府和民众的沟通问题。我们选取政务社交媒体作为研究的切入口，着力考察其沟通特性的建设，也正是基于这一"善治的社会"愿景而提出的。

第三章 社交：从传播理论回到沟通理论

社交，顾名思义是社会交往，基本特征在于人与人之间的交互性，英文是 interactivity，可以将这个词拆分成两个部分进行理解——interaction 和 activity，interaction 就是人与人之间的交流，activity 则是指社交媒体平台上用户产生内容的行为，是用户和社交媒体平台之间的交流。克莱·舍基（Clay Shirky）提出：新媒体时代的显著特征是移动化和社交化，人们通过社交媒体实现的分享力量正不断渗透到日常生活中。人们在社交媒体上的行为是为了满足某种需求，第一种就是获得信息的需求，第二种是社交的需求，第三种就是获得认同的需求。转发和分享其实是和人们的社交需求结合在一起的。"我转发的这条信息可能会引起我和朋友间的互动"，这种心理驱动表达了人们热衷于分享行为的动机，转发和分享的过程本身就满足了使用者的一种社交需求。

社交人是分享行为最有力的驱动者。传统的大众传媒的受众正逐渐被社交媒体培育为社交受众（Social Audience），其行为特征不是单纯的信息接收，而是将传播活动重点放在基于信息分享的社交行为，行为变革的关键是社交——与人交往、与人分享、参与社群；核心心理驱动是个体基于社会归属感、社会存在感与自我价值实现的各类"分享"。"分享与创造、实现自我认知价值,是网民使用移动互联网最基本的心理诉求。"① 分享既是利他的,也是利己的,是社交媒体时代人的在线社交行为活动的核心驱动引擎。

这一基础性的传播生态与主流的民众行为偏好,对当前如何进行沟通,从何种角度理解沟通,提出了新的课题。本章结合社交媒体时代政治传播的变革,提取关键变量,考察沟通与信任、与关系、与情绪情感、与媒介平台之间的关联性,为后文的调查与量化研究建立理论基础和实证调查研究的数据编码依据。

第一节 从传播回到沟通

一 社交媒体时代的政治传播

人类社会的政治传播肇端于古希腊时期的政治辩论与政治演讲,可追溯到古希腊思想巨擘柏拉图与亚里士多德对于修辞和辩论术的探究。在柏拉图的《法律篇》中,我们可以看到一些关于辩论技巧的精彩陈述。斯蒂文·查菲(Steven Chafee)认为,政治传播就是:传播在政治过程中所扮演的角色②。政治传播能够以多种形式存在,从大张旗鼓的政治宣传广告到以国家名义创造的象征符号或神话故事等隐性政治宣传,都是以传播一定的政治信息为目的的。

美国政治传播学者丹·尼谋(Dan Nimmo)和凯恩·桑德斯(K. R. Sanders)在其主编的《政治传播手册》导论中,将政治传播视为政治家、政府组织与公民三个互动环节中的一个环节,在三者间担当

---

① 彭波:《用互联网的方式搞定移动互联网难题》,"移动舆论场的舆论引导——成都论坛"学术研讨会论文,2014年12月17日。
② 转引自荆学民、施惠玲《政治与传播的视界融合:政治传播研究五个基本理论问题辨析》,《现代传播》2009年第4期。

中介或渠道作用，通过政治传播在正式的政府组织与公民的投票行为之间建立起联系，从而能够实现政治动员和传输政治影响力。① 丹顿与伍德将政治传播定义为："（公民或社会）关于公共资源（如税收）、政府权力（具体由谁来掌握司法权、立法权与行政权）与公共裁决权（奖惩制度）的分配所进行的决议。"② 这一定义最终落在"决议"这一行为上，强调了政治传播中的政治沟通和政治劝服的核心地位。这些概念在一定程度上解释了国家是如何有目的地应用传播手段博取公众同意与确保政治秩序正常运行的。

我国自古就有丰富的政治传播实践。古代关于政治言辞表述的探究在春秋战国时期诸子百家的论著中也时有精彩闪耀。当代的政治传播研究相对于西方国家来说起步较晚，中国港台学者率先在这方面进行了很多有益探索。台湾有两本较早的政治传播学专著，一本是祝基滢1983年出版的《政治传播学》，一本是彭芸1986年出版的《政治传播——理论与实务》。在大陆，率先开辟政治传播学研究的是浙江大学的邵培仁教授。1991年，邵培仁主编的《政治传播学》出版，最早对政治传播学的构成、历史、现状和趋势，政治传播学体系的内在机制和外部联系，以及政治传播学在政治活动、经济建设、行政管理、国际政治等领域的开发和利用进行了阐述，强调提出"政治是传播的主神经，传播是政治的控制器"。2002年彭怀恩出版了一本政治传播学专著《政治传播与沟通》。另有李元书主编的《政治体系中的信息沟通——政治传播学的分析视角》，荆学民所著的《政治传播简明原理》、郭晓科主编的《政治传播教程》等，后两本从学科建设的角度，对政治传播学作了系

---

① D. Nimmo, & K. Sanders (Eds.) *Handbook of Political Communication*, Beverly Hills California: Sage Publications.

② Robert, E. Denton, Gary, C., *Woodward*, PoliticalcommunicationinAmerica (Second Edition), New York: Praeger, 1990, p. 14.

统的归纳和整理,已是相对成熟的教科书。[1]

从上述研究成果看,关于政治传播的研究已经在国内成为重要的研究领域,而当前的研究潮流则主要聚焦于互联网新媒体的政治传播活动。其中关于政治话语策略及其应用的研究比较多。互联网给政治生态带来了各类变化,社交网络的出现给人类的政治传播带来了深刻的影响。随着"微信月度活跃用户"已达数亿,社交媒体也同时成为面向大众的传播平台。不仅微信群动辄达数百人,更有很多人的朋友圈有数千人之多。经过转发、不断扩散,瞬息之间受众就可能成千上万。人们借用群体智慧(collective Intelligence,或译集体智慧)来概括移动社交互联网的这种基于用户在线互动的知识与信息传播。[2] 里勒克尔(D. G. Lilleker)认为,随着新媒体的发展,政治传播成为一个"二维过程",并不仅仅是一个统治精英将一系列法令告知社会的过程,更重要的是能够使得来自社会的意见得到积极反馈并鼓励参与。[3] 霍夫曼将网络政治传播定义为:一个使用新媒体通过一维、二维或三维的方式进行同步或异步传播的过程。其中一维指"从政府到公众的传播,且不提供有效的回应与反馈";二维指"政治行动者与公众之间的传播,且包括直接的沟通与互动";三维指"公众之间关于政治议题的讨论与互动"。[4] 也有学者认为,网络政治传播分为两个过程,即政治信息在网络上的流通与政治意见在政治主体间的反馈,从表现形式上可分为网络舆论、网络动员、网络民意表达三方面。[5] 这些研究都注意到了互联网对政治传播活动的根本性影响,其最终目标是导向政府与民众之间的

---

[1] 荆学民、邹迪:《2015 年中国政治传播研究盘点》,《中国社会科学报》2016 年 1 月 6 日。
[2] Hassanpour, N., *Transparency and Repression: An Explanation for the Democratic Civil Peace*, Social Science Electronic Publishing, 2011.
[3] Lilleker, D. G., *Key Concepts in Political Communication*, London: Sage Publications, 2006.
[4] Lindeay, H., "Hoffman, Participation or Communication? An Explication of Political Activity in the Internet Age", *Journal of Information Technology & Politics*, 2012 (9).
[5] 张涵嫣:《试论网络政治传播》,《社会科学家》2009 年第 11 期。

"沟通"与"互动"。

在互联网的平台上，草根民众的活跃表达将该群体挪进了政治传播活动的行为主体行列中。移动互联网的低成本进一步降低了政治信息传播准入的门槛，个人只需通过手机就可以参与网络政治信息的传播过程，破除了大众传媒的独霸地位，将"受众"由信息传播中的"赤贫阶层"变为某种传播资源的拥有者；互联网的多向交互式传播特点，使网络传播的参与者在接收信息的同时，可以进行信息的生产、加工和发布，成为政治传播、信息传播的主体。① 据此，有学者甚至认为，在互联网这一带有人际特性而使个人可以便捷使用、展开跨境信息交流的新型大众媒介的技术支持下，个人不仅独立自主地成为传播信息的发布者，且还有可能成为全球传播中的舆论领袖，对全球社会政治、经济和文化生活产生重大影响。②

美国著名学者曼纽尔·卡斯特在《网络社会的崛起》中写道："网络建构了我们社会的新社会形态，而网络化的逻辑的扩散实质性地改变了生产、经验、权力与文化过程的操作和结果。"③ 托夫勒乐观地认为，信息技术将把政治民主推进到一个新的水平。他说："电子计算机给政治体系带来了难以数计的冲击。那些集中化的大型电子计算机也许将增加国家对个人的控制能力，但非集中的、小型的电子计算机网络却会增加个人的力量。"因此，计算机网络"可能是自有投票箱以来实行民主的最可依赖的工具"。④ 由此，草根民众从作为全球政治传播的单纯受众提升为同主权国家、共同体组织、政治领袖、政治精英等并立的主体。

---

① 程曼丽：《国际传播学教程》，北京大学出版社2006年版。
② 李智：《全球传播学引论》，新华出版社2010年版。
③ [美]曼纽尔·卡斯特：《网络社会的崛起》，夏铸九等译，社会科学文献出版社2006年版，导言。
④ [美]托夫勒：《托夫勒著作选》，贾旺等译，辽宁科学技术出版社1984年版。

研究者进一步指出，草根民众作为政治传播主体最显著的特点，第一是政治身份的模糊性。说草根民众是主体，但是究竟是"谁"（追究到自然人层面）却不能准确而清晰地确定。无论在传统媒介还是在新媒介中，国家、政党、社会共同体、政治领袖、意见领袖等都是以真实的身份出现的，有据可查的。这些主体往往以明确的政治目的"亮明身份"。与之相对，作为政治传播主体，草根民众的情形则较为复杂。在网络媒介诞生前，处于人际传播和传统大众传播中的个人，在参与政治传播活动时，其身份虽然相对"弱势"和"边缘"，但都是公开的，而在网络媒介中，个人的身份则是模糊的。虽然任何合法用户都可以通过通信线路在公共信息存储区里存取信息，向全社会自由发表言论，各抒己见，但是这些个体用户的真实身份往往都是隐匿的。一个人可以完全随心所欲地选择和扮演现实生活中不可能体验的角色。第二，政治内容的虚幻性。身份的隐藏带来的是所传播政治内容的虚假性，当然这并不是说草根民众所传播的政治内容都是虚假的，而是说"真实与虚假"无法对他们形成硬性的法律约束。正像卡尔森所言："在一种没有社会约束力的匿名状态下，人可能失去社会责任感和自我控制力。"[1] 在草根民众作为政治传播主体的过程中，其所传播的内容要不要"真实"或在多大程度上"真实"，并在法律的意义上对这种真实负责，已然成为一个严肃而又无法定论的政治问题，这个问题的解决同样也要伴随着政治民主的发展。

而作为政治传播核心性中介的"新媒介"在政治传播中担当着至关重要的角色，履行着不可替代的功能。社交媒体的传播方式在时间维度上是即时传播，在空间维度上是裂变传播。社交媒体已成为现代社会政治活动中越来越重要的传播工具。社交媒体打破了传统媒体线性传播格局，改变了传统政治传播生态。这一过程，伴随着政治传播在传播

---

[1] ［美］卡尔森：《表演与后现代》，《国外社会科学》1998年第3期。

者、传播中介、传播内容与传播效果等各个环节都发生了复杂而具体的变化。首先，政治传播的倡导者不再具有绝对优势，逐渐褪去封闭而坚硬的外壳，开始与流行文化联姻，呈现出一种日常化的样态，但同时面临过度戏剧化的危险。其次，政治传播的中介不再只是信息的制作者、守门人，转而成为平台的提供者，通过公共空间的搭建，使各类致力于改进民主的努力得到实现。最后，政治传播的受众看似拥有了更多的参与选择权，但同时面临着理性公民主体性缺乏的尴尬。[1]

对于新媒介的政治担当，学术界将之视为"新政治"时代的到来。美国学者本奈特在他的新著《媒介化政治：政治传播新论》一书中就"新媒体的影响"罗列出十大"趋势"：削弱政治体制，为仇恨言论提供新的平台，激发草根民主的新活力，使第三世界能够从痛苦的工业化阶段直接跃迁到信息经济社会，掠走孩子们的童年和人们的方位感，加速政府对国际性危机在深思熟虑之前做出快速反应的进程，疏离家庭成员间的关系，为企业的正常运转提供长期保障，扩大信息鸿沟，限制独裁政权对信息流的控制能力。[2] 还有研究者提出，政治传播中新媒介与政治的关联直接导致了"互联网政治学"的产生。美国学者安德鲁·查德威克2006年出版了他的《互联网政治学》，在这本著作中，他就"为什么是互联网政治学"回答道："在较短的发展历史中，互联网的政治化程度比以往任何时候都严重，而且这种趋势还会加剧。""这种政治化——对互联网加以控制的努力，连同服务于政治目的的科技应用——将是未来岁月中互联网发展的背景条件。政治行为体在努力提高使用互联网的方法，来加强它们的存在并使它们的行动合法化。"[3]

---

[1] 邵培仁、张梦晗：《全媒体时代政治传播的现实特征与基本转向》，《探索与争鸣》2015年第2期。

[2] ［美］兰斯·本奈特、W. 兰斯·本奈特、罗伯特·M. 恩特主编：《媒介化政治：政治传播新论》，董关鹏译，清华大学出版社2011年版。

[3] ［美］安德鲁·查德威克：《互联网政治学》，任孟山译，华夏出版社2010年版。

当年麦克卢汉认为:"媒介是社会发展的基本动力,也是区分不同社会形态的标志,每一种新媒介的产生和应用,宣告我们进入一个新的时代。"[1] 微博、微信等社交媒体融合了媒体、移动通信、互联网的特性和优势,满足了网民作为一个信息接收者同时也是信息发出者的双重身份要求,反映了信息传播"去中心化"的时代趋势,同时也不断考验着人们如何善用这一政治传播利器的智慧与能力。

二 追溯沟通的意义

社交媒体逐渐成为影响当前社会信息流通的最基本、最主要的传播基础力量。社交媒体基于人与人之间的关系网络进行信息交流与沟通的基本特性,决定了:在当前这个社交媒体时代的传播研究,在根本上不是一种大众传播的研究,而必须是立基于人与人之间的沟通与交流的沟通研究。回到乃至重建沟通理论,就成为研究必须要做的、不可或缺的基础理论工作。

关于沟通(communication),从来不仅仅只是信息的问题,也不仅仅是信息传递渠道的问题,甚至也不仅仅是信息内容的问题。沟通,绝不仅仅是"传播"而已。首先,需要从词义上辨析"沟通"(communication)这个词的本意。

"沟通"这个词语对应的英语单词是 communication 一词,这是一个历史意义丰富的词。人们经常将之翻译为:传播。Communication Theory 也往往被通译为传播学理论,Communication Studies 则被通译为传播学研究。但是在关于传播学的中外论争中,人们也开始越来越多地追溯到 communication 一词的原初意义和 communication 的学科根源上,认为将

---

[1] [美] 保罗·莱文森:《数字麦克卢汉——信息化新纪元指南》,何道宽译,社会科学文献出版社 2001 年版。

之翻译为"传播"有所不妥①。Communication 被翻译为"传播"并不是一个恰当的选择,"communication(交往或沟通)的同义词是'联合'(union),'联系'(connection),'粘连'(adhesion),'参加'(joining)和'接触'(touch)"②,communication 包含有信息传递与扩散的意义,但又有"沟通交流"的意思,这与"传播"一词仅限于发布和传递信息的含义难以相符。

从词源上说,根据《说文解字》的解释,"传"与"遽"互训,"传"主要指信息传通、传递、传达,如"传经布道""飞鸽传书";而"播"的原意是"播种",是将种子撒到地里,表示"撒也""扬也""布也"之义,引申为较大范围内的传递信息。在汉语中,"传""播"合用为一词,大约出现于1400年前,《北史·突厥传》有言:"宜传播天下,咸使知闻。"表示的是长久而广泛地宣传、传扬信息的意思。因此,"传播"一词更加符合表达大众传播的活动特性,但是不能够涵盖 communication 所表达的"沟通交流"的内涵意义。

根据思想史学者彼得斯的追溯,communication 的拉丁语意义是:告知、分享、使之共同;在14—15世纪引进英语之后,其词根 mun—与英语的丰厚(munificent)、共享(community)、意义(meaning)、德语的礼俗(Gemeinschraft)等词有了联系。在英语中,communication 有三层含义:给予或告知,迁移或传输,交换。到20世纪早期,传播学理论勃兴之际,有关 communication 出现了5种彼此纠缠的认识:communication 是公共舆论的管理;是语义之雾的消除;是从自我城堡中徒劳的突围;是他者特性的揭示;是行动的协调。③ 何道宽在译介彼得斯

---

① 袁靖华:《生态范式:走出中国传播学自主性危机的一条路径》,《江苏师范大学学报》(哲学社会科学版)2010年第3期。该文详细阐述了中外的相关论争过程。
② John Stewart, *Bridges Not Walls: A Book about Interpersonal Communication*, McGraw-Hill Inc., 1995, p. 31.
③ [美]彼得斯:《交流的无奈:传播思想史》,何道宽译,华夏出版社2003年版,第6—12页。

（John Durham Peters）的大著 Speaking into the Air：A History of the Idea of Communication 时，将 communication 翻译为"交流"，将书名译为《交流的无奈——传播思想史》。在该著中，彼得斯主要梳理了人类历史上关于"交流（沟通）"的观念沿革，但这是限于西方社会文化的 5 个历史时期的交流（沟通）观：1. 古希腊哲人柏拉图在《斐多篇》和《会饮篇》中的双向爱欲交流观；2.《圣经》中耶稣和使徒保罗的单向撒播观；3. 中世纪神学中的天使交流观；4. 近代哲学的精神交流观和 19 世纪招魂术的交流观；5. 现代传播理论中的交流观。彼得斯的研究认为："交流"是不可能的，不可能实现完美而理想的思想交流或者精神沟通。他不相信人与人之间能够"心连心"。他说："我认为，今天的任务就是要放弃交流的梦想，同时又保留它激发出来的好处。把交流当作心灵共享的观点是行不通的。"他最后的结论是：我们不应该问"我们能够交流吗？"而是应该问："我们能够相互爱护，能够公正而宽厚地彼此相待吗？"

另外，彼得斯又强调说："让我们重申，基本上可以说，与其说交流是语意问题和心理问题，不如说它是政治问题和伦理问题。在这个意义上，黑格尔和马克思、杜威和米德、阿多诺和哈贝马斯等思想家都认为，恰当的交流是健全社会的一个标志。""衡量交流的尺度应该是行为的成功协调。"① 在彼得斯的著作中，何道宽将 communication 翻译为交流，而将单向的交流称为"传播"。② 在传播学刚刚引进中国大陆时，communication 曾被翻译成"（思想）交通"（郑北渭译）。③ 刘海龙比较详细地追溯了 communication 进入中国语境后的语义变迁过程，主张对

---

① ［美］彼得斯：《交流的无奈：传播思想史》，何道宽译，华夏出版社 2003 年版，第 253、252 页。
② 何道宽：《译者前言》，［美］彼得斯：《交流的无奈：传播思想史》，何道宽译，华夏出版社 2003 年版，第 4—5 页。
③ 王怡红、胡翼青主编：《中国传播学 30 年》，中国大百科全书出版社 2010 年版，第 4 页。

应英语单词 communication 的中文译词"传播","应超越单向的意义,赋予其双向沟通的内涵"。他指出:①

> 一些研究者认为,"交流""沟通""交际"能够更贴切地表达出双向的意思,尤其是在人际传播、跨文化传播等强调传受方双向互动的领域,不少研究者放弃了"传播"一词。在传播学科以外,如哲学领域,communication 一词经常被译为"交往"而不是"传播"。比如德语的 kommunikation 在哲学领域内便约定俗成译作"交往",如哈贝马斯提出的"交往行为理论"。马克思更是在一般意义上使用这个词,它既包括特质方面的流动,也包括精神方面的流动,因此,陈力丹便将其中与现代意义上的传播相关的部分称之为"精神交往"。

笔者认为,从完整的意义上说,"沟通"与"交流"、"交往"意义接近,而且更加符合 communication 的本意。在古汉语中,"沟"和"通"分别是两个词。"沟",对应的繁体字是"溝",名词,形声,从水,冓(gōu)声。本义:田间水道。《周礼·考工记·匠人》中描述得很具体:"九夫为井,井间广四尺,深四尺,谓之沟。"在康熙字典中对其"【释名】:田间之水曰溝。溝,搆也。纵横相交搆也"。用来泛指一切通水道,如《尔雅》中说:"水注谷曰沟。"《庄子·庚桑楚》有言:"夫寻常之沟,巨鱼无所还其体,而鲵鳅为之制。"也包括人工挖掘的沟郭、沟渠、护城河等,《韩非子·说林下》有:"将军怒,将深沟高垒。"《史记·齐太公世家》曰:"楚方城以为城,江汉以为沟。""沟"后来的词性变化出来成为动词,表示挖沟的意思,如《管子·度地》:"地高则沟之,下则堤之,命之曰金城。"沟可表示沟贯之意,如《左

---

① 刘海龙:《中国语境下"传播"概念的演变及意义》,《新闻与传播研究》2014 年第 8 期。

传·定公元年》言："孔子之为司寇也，沟而合诸墓。"再进一步，沟还表示沟通、交流信息的意思，如《左传·僖公十九年》中说："〔梁伯〕乃沟公宫，曰：'秦将袭我。'"

再看"通"字，意义非常丰富。《说文》："通，达也。形声，从辵（chuò），甬（yǒng）声。念作 tōng，动词，本义：没有堵塞，可以通过。"《易·系辞》言："往来不穷谓之通。"《易·说卦》曰："推而行之谓之通。""坎为通。"从道路、渠道的相通发展为声音、语言、信息的相通，如唐代白居易《琵琶行（并序）》诗曰："凝绝不通声暂歇。"《玉台新咏·古诗为焦仲卿妻作》有言："主簿通语言。"汉代贾谊《过秦论》曰："通其意。"唐代李朝威《柳毅传》曰："信耗莫通。"进一步的，"通"还可以指涉社会、政治等的通达调和，推而行之、没有堵塞之意，如宋代范仲淹《岳阳楼记》有："政通人和。"《吕氏春秋·慎行论》言："以通八风。""通"也指物品层面的流通、互相交换之意，如《周礼·考工记序》："通四方之珍异以资之，谓之商旅。"《史记·货殖列传》："商而通之。""通鱼盐。""通"也表示交往、往来友好之意。如《左传·隐公元年》有言："惠公之季年，败宋师于黄，公立而求成焉。九月，及宋人盟于宿，始通也。"《汉书·季布传》："吾闻曹丘生非长者，勿与通。""通"还表示叙说、陈述。《汉书·夏侯胜传》曰："先生通正言，无惩前事。"颜师古注："通，谓陈道之也。"进而表示言语或文章通顺、流畅，如唐·韩愈《祭穆员外文》："我如京师，君居丧；哭泣而拜，言词不通。"

根据《汉语大词典》的解释，将"沟""通"二字合用为一词，有两层含义。一指挖沟使两水相通。《左传·哀公九年》曰："秋，吴城邗，沟通江淮。"杜预注："于邗江筑城穿沟，东北通射阳湖，西北至末口入淮，通粮道也。"二指使彼此通连、相通。徐特立《国文教授之研究》第一章曰："扬雄《方言》，服虔《通俗文》，刘熙《释名》，钱竹汀《恒言录》等，皆为沟通事物之名称而作。""沟通"被现代人广泛用为"彼此间意见的交流，或讯息的传递之意"。① 综上，"沟"与"通"，从指涉渠道、物品，进而指涉信息、言语、意见等的双向交换与传递，后来的词意是将二者整合在一起的，强调了双向互通交流之意，是最接近 communication 一词本意的中译词。

第二节　关于沟通的理论研究

当代著名哲学家理查德·麦基翁（Richard McKeon）认为："未来的历史学家在记载我们这代人的言行的时候，恐怕难免会发现我们时代沟通的盛况，并将它置于历史的显著地位。其实沟通并不是当代新发现的问题，而是现在流行的一种思维方式和分析方法，我们时常用它来解释一切问题。"② 确实，只要是言及人类社会的问题，几乎所有的学科都需要讨论沟通的问题。基于社会—媒介—沟通的理论三角，我们重点讨论了人际沟通理论、沟通行动理论、政治沟通理论等相关理论资源，力图从中汲取研究启发。

一　人际传播即人际沟通

对政府与民众之间这一对最主要的社会互动关系进行考察，离不开对具体参与沟通进程的人与人之间的关系的考察。社会关系本质上是人际关系的总和，"人际交往，……是社会关系的起点，也是社会关系的落脚点"。③ 人际沟通（Interpersonal Communication），也即人们通常翻译

---

① 《汉语大词典》（第6卷2），影印扫描版，汉语大词典出版社1991年版，第7985页。
② Richard McKeon, *Communication*, *Truth*, *and Society*, University of Chicago Press, pp. 89 - 98.
③ 陈力丹：《精神交往论》，开明出版社2002年版，第49、53页。

的人际传播，主要是研究人与人之间，基于语言与非语言符号进行的信息传递、思想沟通和情感交流过程，它是人类最古老、也是最基本的传播与沟通活动，一切其他形式的传播与沟通都是以人际传播为基础的。

库什曼的《人际沟通论》（知识出版社1989年译介出版），是20世纪80年代末从西方引入中国的一本普及型读物，论及人与自我观、人与人的友谊关系、两性关系、情感联结，人际关系的建立、发展、延续、维系、中止、修复等，还阐述了人际沟通与文化、社会、组织、跨文化的关系等。在医护、护理等高职职业培训中，"人际沟通"是一门基本的职业训练课程，侧重掌握具体沟通技巧，与人进行沟通的具体方式方法的应用型训练，是这一类论著的主要内容线索，如梅雨霖的《人际沟通》（中国轻工业出版社2009年版）、贾启艾的《人际沟通》（第2版）（东南大学出版社2006年版）、许玲的《人际沟通与交流》（第2版）（清华大学出版社2010年版）等。就依照人际沟通与交流活动开展的基本过程和规律，以训练学习者人际沟通的应用技能培养为主旨。进而发展出来的管理沟通理论，则是从组织管理的角度来讨论组织内的人际沟通问题，是基于组织心理学与人本主义管理理念与人际沟通理论之间的交叉而形成的，重点研究科层制组织中上下级关系、领导力、组织内部的激励机制、人际冲突的处理等具体的组织管理应用与策略等问题。如杰纳兹等的《组织中的人际沟通技巧》（中国人民大学出版社2011年版）等。

真正从沟通的学理层面阐述人际沟通问题的，主要有如下一些研究专著值得关注。

1971年，詹姆斯·麦克罗斯基（James C. McCroskey）、卡尔·拉森（Carl Larson）和麦克·纳普（Mark Knapp）共同出版了 An Introduction to Interpersonal Communication（《人际传播引论》，也被译为《人际沟通简介》）[1]，对人

---

[1] Mccroskey, J. C., Larson, C. E., Knapp, M. L., *An Introduction to Interpersonal Communication*, Prentice-Hall, 1971.

与人之间的沟通与传播活动进行了较早的系统阐述。

早期的学者广泛吸收了哲学、语言学、符号学、文化人类学等多方面人文社科理论的影响，反对简单的、机械的信息论，反对将人与人之间的沟通与传播仅视为信息的传播交流。基于人文主义的传统，人际传播研究往往将沟通视为人际传播活动的行为基础，将人与人之间的关系视为沟通与传播活动的核心内容。所谓关系，是建立在沟通双方对彼此行为与态度倾向的期望之上的相互作用方式。人与人之间进行沟通的过程，往往也是一个进行关系定位的过程，即一个人如何看待与之谈话的对象并如何由对方来感知自身和看待他人。① 因此，关系作为核心，影响到传播的活动及其态度。关系的定位过程，是参与沟通的个体控制人与人之间的互动的性质、类型，掌握关系紧密或亲密程度，选择自己的情感或思想的表达方式的过程。

1986年，麦克罗斯基（James C. McCroskey）、里奇蒙（Virginia P. Richmond）和斯图尔特（Robert. A. Stewart）又合作出版了 *One On One: The Foundations of Interpersonal Communication*（《一对一，人际传播的基础》）一书，将人际传播定义为：一个人运用语言或非语言信息在另一个人心中引发意义的过程。② 将人与人之间的沟通着力于在心中引发意义，这就强调了沟通的心理效应和解释效应。

人际传播本质上应该是人际沟通与心灵的交往，应该直达人们的心灵深处，直达精神领域，注重意义的创造和有意义的交往。王怡红所著的《人与人的相遇：人际传播论》，2003年由人民出版社出版，作者提出：人际传播是"我与你"相遇、相知与相交的过程。人际传播中的人是在言说与倾听交替存在的对话中沟通心声的人。该著作从日常使用的

---

① ［美］斯蒂文·小约翰：《传播理论》，陈德民、叶晓辉译，中国社会科学出版社1999年版，第450—452页。

② James C. McCroskey, Virginia P. Richmond, Robert, A., Stewart: *One On One: The Foundations of Interpersonal Communication*, 1986 by Prentice-Hall, Inc., p. 2.

语言、沉默、倾听、协商对话式的"我—你"关系、个体传播者的独特性等重要方面，细致地描述了人际传播在现代社会中的诸种表现，集中探讨了人类传播中的对话思想，涉及了当代人际传播及其研究领域所面对的各个主要问题，是国内首部系统论述人际传播的原创性著作，对前述基于关系与意义创造的人本主义研究路径是一个很好的继承与发展。①

社会关系是人际关系的聚合，人际关系是社会关系的具体反映。丹尼尔·贝尔认为，现代社会的发展是一种矛盾和困境的纠合，"首要目标是处理人际关系。"② 人与人之间如何通过各类渠道、媒介与信息，建立交往，进行沟通，从而达成共识是当下社会的共同难题与挑战。社会心理学家舒茨（William Schutz）在其专著《人际行为的三维理论》（*A Three-Dimensional Theory of Interpersonal Behavior*）中，提出了人际需求的三维理论，认为人与人聚集在一起有三种基本需要，即包容需要、支配需要和情感需要。③ 语言传播学者约翰·斯图尔特（John Stewart）的人际传播著作《桥，不是墙》（*Bridges Not Walls*：*A Book about Interpersonal Communication*）从人的特性角度考察人际传播，根据是否尊重并表达个体差异属性，将人际传播区分为人格关系的传播、准人格关系的传播、非人格关系的传播。④

犹太哲学家马丁·布伯（Martin Buber）早在1923年出版的小册子《我与你》（*I and You*）中就提倡用"对话"的方式改善人际传播，不因意见分歧而拒绝交流。提倡人与人的沟通，是我与你心灵与心灵上的碰撞，是人性的深入沟通交流，而不只是单纯的信息交换过程。他在

---

① 王怡红：《人与人的相遇：人际传播论》，人民出版社2008年版。
② [美] 丹尼尔·贝尔：《资本主义文化矛盾》，赵一凡、蒲隆、任晓晋译，生活·读书·新知三联书店1989年版。
③ William Schutz, *FIRO*: *A Three-Dimensional Theory of Interpersonal Behavior*, New York, NY: Rinehart, 1958.
④ John Stewart, *Bridges Not Walls*: *a Book about Interpersonal Communication*, McGraw-Hill College, 1999.

1997 年与罗杰斯（Carl Rogers）的那次著名对话中再次强调了对话的心理治疗作用：对话是一种邀请，对话的相互性是在一种不完全平等的关系中发展的，因为社会生活中人与人之间不可能有绝对公平的关系，对话双方只有瞬间体验到这种相互性的共同关系，我与你相遇的瞬间，心意相通，就是人际沟通的意义所在。①

除了强调关系和意义，研究者们还强调了人际交往中的情境问题与符号问题。"情境"概念最早由美国社会学家 W. I. 托马斯（William Isaac Thomas）与 F. W. 兹纳涅茨基（Florian Znaniecki）合著的《身处欧美的波兰农民》（The Polish Peasant in Europe and America）一书中提出，后来德国心理学家 K. 莱温（Kurt Lewin）在其基于心理生态学（Psychological Ecology）理论的物理—心理场中进一步研究了心理环境问题，并用公式表示行为与情境的关系：B = (P, E)。式中 B 为行为，P 为个体，E 为情境；二者构成函数关系。情境是一种社会化的产物。社会心理活动直接受社会情境的作用，一般意义上的社会环境只有经过情境才对社会心理起作用。同一行为、同一刺激在不同社会情境下，会产生不同的心理反应。社会心理学最关心的是个体与具体环境的关系，个体对具体环境的定义，这一具体环境其实就是行为发生的具体情境。1923 年，在《不适应的少女：行为分析的案例和观点》（The Unadjusted Girl: With Cases and Standpoint for Behavior Analysis）一书中，托马斯用求新奇、求安全、求感应、求声誉 4 种愿望分析了不同少女们的态度和价值取向，以说明不同社会情境的界定对人的心理和行为的影响。1927 年托马斯在《行为模式与情境》一文中，进一步说明了社会情境对行为研究的重要性。1948 年美国社会学家卡尔（Lowell Juilliard Carr）在其著作《情境分析：社会学导论的观察方法》（Situational Analysis: An Observational

---

① *The Martin Buber-Carl Rogers Dialogue: A New Transcript with Commentary*, Albany: State University of New York Press, 1997.

Approach to Introductory Sociology）中提出把"情境社会学"作为社会学分支学科，着力研究人类在各种特殊社会文化情境中的心理和行为。社会心理学家 G. W. 奥尔波特（G. W. Allport）在对社会心理学下定义时，将社会情境分为 3 类：即真实的情境、想象的情境与暗含的情境。真实的情境是指人们周围存在的他人或群体，个体与他人或群体是处于直接面对的相互影响之中；想象的情境是指在个体意识中的他人或群体，双方通过传播工具间接地发生相互作用；暗含的情境是指他人或群体所包含的一种象征性的意义，个体与具有一定身份、职业、性别、年龄等特征的他人或群体发生相互作用，也是一种影响个体行为的社会情境。①

传播情境也是与社会和历史背景不可分离的，人际交往的双方总是植根于"具有修辞效果的意义共同体"中，受到社会历史所形成的共同体固有的规则、习俗、语言等方面的普遍影响。人际传播活动总是在具体的情境中展开的。参与交往的人数、彼此间的距离或亲近程度、所使用的渠道以及反馈的情况等，都会影响到传播情境。② 传播所发生的具体的情境，或曰场合，尤其关键的是形成了具体的角色与规则，从而直接影响到人们之间具体会怎么样交往沟通，以及具体沟通一些什么内容。

另外，传播要基于符号来实现，人际交往亦然。符号互动论（Theory of Symbolic Interaction）强调符号在人际交往中的重要作用。查尔斯·霍顿·库利（Charles Horton Cooley）提出了"镜中自我"（the looking glass self）的概念，强调自我是在同他人的互动中产生的，个体形成自我身份意识是一个不断参照他人为镜的过程。③ 库利的"与他人互动"以形成自我的思想，得到芝加哥社会学派的代表人物乔治·赫伯特·米德（George Herbert Mead）的进一步发扬："人们通过与他人的交往

---

① 李剑华、范定九主编：《社会学简明辞典》，甘肃人民出版社 1984 年版。
② Sarah Trenholm, *Human Communication Theory*, 1991 by Prentice Hall, Inc., pp. 16–21.
③ [美] 库利：《人类本性与社会秩序》，包凡一、王源译，华夏出版社 1989 年版，第 107、118 页。

获得有关自我的概念，自我概念又直接影响和制约着人际交往，两者相辅相成。"① 米德着力在微观的人际互动层面考察人的社会化与自我认同过程，提出一个人要成为一个自我，必须成为一个共同体的成员，个体认识自我的过程同时也是形成对所属共同体的认同的过程。② 在这个过程中，米德着力强调了语言（符号）在自我与社会的持续互动过程中的基础作用，强调正是语言（符号）才使得自我成为可能，通过符号的中介，"个人的自我能够按社会态度和自我对话……把人类社会有组织的行为模式内在化"③。此后，他的学生布鲁姆等将米德的思想总结为符号互动理论。

人际传播和人际交往必然是以符号为中介的。传播是"由参与者间不同程度地共享意义和价值而导致的符号行为（symbolic behavior）"④，传播的核心概念包括：符号行为、共享的意义、价值、参与者。"人类传播离不开共同的符号系统"⑤。米德始终关注日常生活中符号意义的创造与转换，认为符号乃是社会生活的基础。人类生存的世界"是一个人造的符号世界，这个世界的创造和维系依赖于人类通过符号进行传播的能力……根本不存在没有符号系统的传播"⑥ 人们通过语言、文字、手势、表情等符号的交换实现人际沟通，日常人际交往活动都是以符号为中介的行为。"意义是通过交流产生的"，参与互动的行为者根据他所处的情

---

① 转引自芮必峰《人类社会与人际传播——试论米德和库利对传播研究的贡献》，《新闻与传播研究》1995 年第 2 期。

② [美] 乔治·H. 米德：《心灵、自我与社会》，赵月瑟译，上海译文出版社 1992 年版，第 142—144 页。

③ G. H. Mead, *Mind, Self and Society*, edited With Introduction by C. W. Morris, Chicago：University of Chicago Press, 1934, p. 263.

④ Don R. Faules, Dennis C. Alexander, *Communication and Social Behavior*: *a Symbolic Interaction Perspective*, Cambridge, MA: Addison-Wesley Pub. Co., 1978, p. 5.

⑤ 邵培仁：《米德：美国传播学的鼻祖》，《徐州师范大学学报》（人文社会科学版）2001 年第 2 期。

⑥ 转引自芮必峰《人类社会与人际传播——试论米德和库利对传播研究的贡献》，《新闻与传播研究》1995 年第 2 期。

境和他的行动方向来选择、检查、中止、重组符号,并改变意义。① "符号互动论将传播置于社会学解释的中心"②,"是一种将传播置于人性如何形成和变化的中心的理论观点"。在"符号互动"的视角下,传播是一种现实得以生产、维系、修正和转变的符号传递过程。③ 研究传播就是为了考察各种有意义的符号被创造、理解和使用这一实实在在的社会过程。④

基于符号互动论中的"交换"思想,美国学者迈克尔·E. 罗洛夫(Michael E. Roloff)所著的《人际传播:社会交换论》,从功利主义和经济理性的角度出发,认为:人际传播是一个社会交换过程,人际传播的动力来自自我利益的实现,因此人际传播源自利益交换的需要,是处于关系中的甲乙双方为相互提供资源或协商交换资源而进行的符号传递过程,他进而研究了人际传播的 5 种社会交换,阐述了关于人际关系的发展、人际冲突的产生及其解决方法的基本观点。⑤

综上,人际沟通与传播的理论思考为我们讨论政府与民众的沟通与关系问题,提供了重要的理论参照,其中:关系、意义、情境、符号与交换是关键的考察变量。

二 沟通行动与对话理论

(一) 沟通行动理论与沟通的理想情境

从理论的理想角度思考人与人的关系愿景,尤其是人作为政治动物

---

① [美] 乔治·H. 米德:《心灵、自我与社会》,赵月瑟译,上海译文出版社 1992 年版,第 71—76 页。
② [美] 罗杰斯:《传播学史:一种传记式的方法》,殷晓蓉译,上海译文出版社 2002 年版,第 176 页。
③ [美] 詹姆斯·W. 凯瑞:《作为文化的传播——"媒介与社会"论文集》,丁未译,华夏出版社 2005 年版,第 12 页。
④ 同上书,第 8、18 页。
⑤ [美] 迈克尔·E. 罗洛夫:《人际传播:社会交换论》,王江龙译,上海译文出版社 1991 年版。

的社会关系，哈贝马斯提出了沟通行动理论。沟通行动理论也常被翻译为交往行动理论。哈贝马斯认为，以往对行动的研究侧重于行动者本身的目的合理性，但是个人的行动是社会性的，是需要和他人互动的，而非个体的。他提出了"沟通行动"这一概念：

> 沟通行动是人们之间的一种用语言进行沟通的行动。沟通的目的是行动者为了协调相互的行动而进行的，这种行动以语言为中介，通过相互沟通而达到。①

从人的存在看，"沟通"是人性的一种本质，或者说人与人之间的相互理解是人存在的基本要求。哈贝马斯认为，人与人之间能够达到相互沟通、理解，从而使社会能够重新建立共识、协调，是挽救现代社会的整合危机的重要解决途径。

沟通行动以语言为中介，"语言沟通可以被当作一种行为的协调机制"，语言是达成全面沟通可能的主要媒介。沟通行动理论力图"说明言语行为在什么情况下可以达到自己的目的，言语有效性基础是什么，揭示沟通行动得以顺利进行的条件是什么"。哈贝马斯企图以"沟通理性"代替现实狭义的"理性"概念。人使用语言与他人沟通，但这只是一种手段，其目标是满足自己的欲望，特别是感观层面的欲望。哈贝马斯认为，应该以"沟通理性"替代这种满足私欲的目的理性。②

"沟通行动的合理化是在理想的言谈情境下通过对话而获得相互理解实现的。"实现言语表达的有效性，除了最起码的可领会性要求，就是说言语者必须选择一个可让对方领会的表达以便让听者理解，还需要的前提是："所作陈述是真实的；与一个规范语境相关的言语行为是正

---

① 杨善华主编：《当代西方社会学理论》，北京大学出版社1999年版，第172页。
② 同上书，第169—191页。

确的；言语者所表现来的意向必须是言出心声的。"① 即言语行为的真实性、正确性和真诚性。真实性要求陈述的内容是真实存在的；正确性要求言语者要选择一种本身是正确的话语；真诚性要求真诚的表达以便使听者能够相信说话者的话语。换言之，哈贝马斯其实是假设了关于语言在沟通中具备有效性的三个宣称，以规范沟通过程中语句的使用与语言行为：第一是真理宣称——在认知层面的沟通过程中，我们期望所使用的句子能够反映外在世界的事实，并且透过这些认知句子把相关的事实告诉别人；第二是正当宣称——语言使用者和别人沟通时，要遵守支配着人与人沟通的社会规范，人际的关系很大程度上是由这些规范构成的；第三是真诚宣称——语句的使用是希望别人相信这是真诚地表达我们内心的想法和感觉的。②

沟通行动理论强调生活世界是沟通行动得以实现的背景和前提。生活世界和沟通行动是两个相辅相成的概念，沟通行动是在生活世界进行的，生活世界使人类理性地进行沟通成为可能。哈贝马斯认为，生活世界包括文化、社会和人格三种结构，沟通行动能够促进这三种结构的转变和发展。首先，在文化层面上，沟通行动将彼此的文化互相交流，产生新的文化。其次，在社会层面上，沟通行动不但能够调节不同的认识和行为，并且有助于促使社会协调和整合。最后，在人格层面上，沟通行动可以实现社会教化的目的，促进个人自我观念的整合与建构。③

沟通行动除了要求行动参与者有沟通资质，还需要理想的言语情境，人类使用语言沟通过程的"理想沟通情境"，它包含了如下具体条件：1. 对话各方有平等对称的地位和权利；2. 任何与问题相关的论据都应该受到重视；3. 每个沟通参与者都具有平等的权利，实施表达性

---

① ［德］尤尔根·哈贝马斯：《沟通行动理论》第一卷，洪佩郁、蔺青译，重庆出版社1994年版，第95—101页。
② 杨善华主编：《当代西方社会学理论》，北京大学出版社1999年版，第169—191页。
③ 同上书，第182—193页。

言语行动；4. 每个人都有同等的权力实施调节的言语行动；5. 不给讨论设定时间界限；6. 沟通行动的参与者对言语的有效性要求采取假设的态度；7. 沟通结构排除一切强制。①

哈贝马斯的沟通行动理论，强调言语的有效性和相互理解、达成共识的重要性。沟通是被合法调节的、使社会达到统一并实现个人同一性与社会化相统一的合作化的、合理的内在活动。沟通行动的目标就是达成相互"理解"，行动的参与者能够达成共识。哈贝马斯的沟通行动理论无疑是从至高的理想主义高度对人与人之间的关系建构提供了一个理论思考的方向，而且其核心观点与人际传播理论研究的人本主义传统可以说是一脉相承，彼此可做参照，并且为此提供了基于观察者和参与者双方视角的"双重视角"，对我们深入研究政府与民众之间的沟通行动问题，提供了高起点的思考路径。但同时，沟通行动理论也是从理论的自足性角度，对沟通提出了一个现实中难以实现和企及的理想高度。而人类沟通行为具体的实现过程恰恰是千疮百孔、未能尽如人意的。

（二）对话理论和邀请式修辞

对话被认为是与人类文明一样悠久的活动。相关的理论思考源远流长。古代的哲学家、思想家如孔子、苏格拉底、柏拉图等，都以对话的途径来追寻知识和真理。王怡红撰文总结了当代对话理论研究，尤其是马丁·布伯（Martin Buber）、米哈伊尔·巴赫金（Mikhail Bakhtin）、戴维·勃姆（David Bolm）等人的对话思想。她认为，"对话以人际交流的最高品质，促成人与人之间的相互理解、相互信任，消弭人类因差异而引起冲突的可能"。②

马丁·布伯强调对话的平等、纯净和理想。他把"对话"看作"人与人的相遇，或者说，一种关系"。他反对缺少对话精神的独白式、

---

① 杨善华主编：《当代西方社会学理论》，北京大学出版社1999年版，第182—193页。
② 王怡红：《对话之于人类传播的意义》，《中国传媒报告》2003年第4期。

自我中心式的传播,而强调真正的对话是"转向他人"的,要求人带着自己的心灵探寻,带着尊敬和自我尊敬,倾听他人。在对话中,人既是言说者,更是参与者和倾听者,只有这样,人类才能直面差异、尊重差异,实现真正地相遇。[1]

而米哈伊尔·巴赫金则强调了对话的必然性。他从文学批评入手,倡导一种对话体的复调叙事,以区别于独白式的叙事。对话就如同音乐中的"多声部",他推崇这种由各具独立意识和独有价值的多重声音组成的复调叙事。由文学创作延伸开来,他把"整个人类文化视为大型对话","对话是人类生活的普遍现象"。他强调对话是人类生存的本质,"一切都是手段,对话才是目的。单一的声音什么也结束不了,什么也解决不了。两个声音才是生命的最低条件,生存的最低条件"。他认为,人类所有的行为都具有对话的特性,即对话性,"对话性是具有同等价值的不同意识之间相互作用的特殊形式"。"人们生活,意味着相互交往,进行对话和思想交流,人的一生都参与对话,人与人的这种关系,应当渗入生活的一切有价值的方面。"由此形成的是一个观点多元、价值多元、体验多元的真实而又丰富的现实世界,没有哪一种声音能够压制或盖过另一种声音。[2]

戴维·勃姆强调对话具有创造性。他著有《论对话》一书,追溯了对话的词源由来:"对话"(dialogue)一词来自希腊语的"dialogos"。"logos"的含义是"语词"或"语词的含义"。"dia"的意思指"通过"或"经由"(through)。因此,对话的原初意义指的是:语词所创造的意义流动的过程,即"意义的溪流在我们之中,通过我们和在我们之间流动"。对话的过程,就是意义的溪流在参与对话的人们之间不

---

[1] [德] 马丁·布伯:《我与你》,陈维纲译,商务印书馆2015年版。
[2] [俄] 米哈伊尔·巴赫金:《文本、对话与人文》,白春仁等译,河北教育出版社1998年版,第188—221页。

断流淌的过程，它使所有对话者都能够参与和分享这一意义之溪流，并因此能够在群体中萌生新的理解和共识。它能够起到类似"胶水"或"水泥"的作用，从而把人和社会黏结起来。因此，不用惧怕对话中有不同的意见，人们相互之间通过对话，各抒己见，彼此的意见不断交流，意义的交互推进了人与人之间的理解，总是有达成一致的可能的。而且，他强调，在对话的过程中，正是差异的相互碰撞，激发出了新的思想创造。他反对以信息为中心的传播观。认为大众传播往往是"单纯的信息传播"，因而也是一种抽离了意义的"技术的对话"，一种虚假的对话，阻碍了意义的流动，只会让人类越来越深陷于困境当中。而真正的对话，不是依赖于"技术"，不是以信息为中心，甚至是没有目的，也不求输赢的。真正的对话，应该是借由"意义的流动和建构"，求同存异，是分享和参与，是一个不断创造意义的过程。①

对话理论作为传播理论中具有哲学思想高度的理论资源，与传统的基于控制论的传播学思想显然很不一样。在传播学的理论渊源中，一直以来控制论的传统占据了主流，"这一传统首先将传播视为信息处理的过程，主要解决的是这一过程中出现的噪音干扰、超负荷、功能障碍等问题。其所使用的主要词汇包括发送者、接收者、信息、反馈、多余信息和系统等"。②而人类传播理论的其他传统，包括修辞学传统、符号学传统、现象学传统、社会心理学传统、社会文化传统等，多多少少都与对话的思想资源有些关联，显然，它们都并不满足于以信息为中心的控制论传播模式。

斯蒂芬·李特约翰对此进行了总结：修辞学的传统强调说话人要"充分利用逻辑和情感上的吸引力"来吸引听众；符号学传统"把传播看作沟通不同的个人世界的桥梁，……将主体性视作理解和沟通的障碍"；现象学

---

① [英] 戴维·勃姆著，李·尼科编：《论对话》，王松涛译，教育科学出版社2004年版。
② [美] 斯蒂芬·李特约翰：《人类传播理论》（第七版），史安斌译，清华大学出版社2004年版，第16页。

传统"崇尚真正意义上的人际关系","传播被视为通过交流和对话实现个人体验的共享过程……它体现了人类对于相互接触、尊重和共同立场的需求和对差异性的认可";此外,社会心理学的传统集中探讨的是传播过程中的"表达、互动和影响",而社会文化传统"将传播视为社会的黏合剂";等等。① 如果站在对话的角度看人类的传播行为,传播是基于对话的沟通过程,尤其是修辞学、符号学和现象学等思想资源可以给多元差异性凸显的现代社交网络社会很多的启发。这当中,当代的"邀请式修辞"理论,与对话理论相通,对于具体的对话实践过程很有指导意义。

"邀请式修辞"理论认为,人与人之间基于平等、尊重进行对话,不要试图去控制和说服,"所有说服或影响对方的尝试都是一种暴力形式"——如果"以高人一等的姿态去实施强制性的改变,实际上践踏了他人的价值"。并且"邀请式修辞"强调,在推进共识的谈话中,首先应该是邀请别人进入自己的世界,从而获得理解。如莎莉·米勒·吉尔哈特提出,谈话的过程,需要三个外部条件:第一要有一种开放的姿态,尽量避免伤害、贬低对方,表达出愿意探讨不同意见的保障;第二是要尊重对方的价值,听取和重视他人的意见;第三是要有一种自由的氛围,让人们享有自主的选择权。"邀请式修辞"表达出了一种包容异见的修辞方式,斯蒂芬·李特约翰认为"包容"这个词"很好地概括了人们相互交流的最理想的方式。包容意味着一种开放的态度——邀请、提供和倾听"。吉尔哈特提出,在实践传播和交流时,"包容"有六个组成元素。第一个是认可,这意味着应当倾听;第二个是寻找共同立场,找到与对方的共同点;第三个是视角的共享,表现出开放的态度;第四个是让步的意愿;第五个是见证;第六个是提出共享的要求。② 只有这

---

① [美]斯蒂芬·李特约翰:《人类传播理论》(第七版),史安斌译,清华大学出版社2004年版,第15—16页。
② 同上书,第266—267页。

样，双方经过对话和交流，才能够更好地深入了解对方的立场，从而实现更好的沟通，更能够达到相互理解，包容差异，达成共识。

三 政治沟通理论

从政治学研究看，沟通是现代政治生活与社会治理的重要内容与基本环节，也是直接影响社会治理绩效与政治生活品质的基本要素。根据政治学百科全书中的概念界定，政府对民众的统治就是一种"包括信息和情报的收集、储藏和传播在内的庞大的沟通过程"。[①] 而政治沟通是"赋予政治过程以结构和意义之信息和情报的流动"，它"不只是精英对其民众发送信息，而且还包括全社会范围内以任何方式影响政治的整个非正式沟通过程"。[②][③]

政治沟通理论（Political Communication）主要研究政治信息的输入—输出过程，以及政治态度、政治心理、民意发展、政治决策及反馈等。"政治沟通是政治主体通过一定的媒介传递、交流政治信息的过程。"[④] 一个完整的政治沟通过程需要信息发送者、接收者、信息、沟通渠道、信息反馈等五个基本要素并存且有机结合，才能建立一个良好的政治沟通过程。[⑤] 卡尔·多伊奇的政治沟通理论、戴维·伊斯顿的政治系统论及阿尔蒙德的结构功能主义等，是政治沟通的代表性理论。

哈佛大学政治学教授卡尔·多伊奇（Larl W. Deutsch）从维纳的控

[①] ［英］戴维·米勒、韦农·博格丹诺主编：《布莱克维尔政治学百科全书》，邓正来等译，中国政法大学出版社 2002 年版，第 592 页。

[②] 同上。

[③] Bealey, F. W., *The Blackwell Dictionary of Political Science*, Oxford, UK: Publishers Ltd., 1999, p. 249.

[④] 王浦劬：《政治学基础》，北京大学出版社 2005 年版，第 147 页。

[⑤] 许一飞：《政府回应网络民意的政治沟通模型、特征、问题及路径选择》，《行政论坛》2015 年第 4 期。

制论出发,结合信息论,提出了政治沟通理论,作为一个重要的理论流派受到了西方政府和学界的高度重视。① 卡尔·多伊奇将政治沟通喻为"政府的神经"。他最为著名的专著《政府的神经:政治沟通和控制的模式》(*The Nerves of Government: Models of Political Communication and Control*),是 20 世纪美国政治学领域最有影响力的著作之一。在《政府的神经》《政治与政府》等论著中,多伊奇系统阐述了他的政治沟通理论。

在多伊奇看来,所谓政治沟通主要是对政治信息的接受、选择、储存、传送、分析和处理过程,包括对"反馈信息"的接收和处理。其基本的构成要素包括:政治信息、发送者、接收者、沟通渠道、信息反馈等五个环节,与传播学奠基人拉斯韦尔提出的 5W 模式类似。如图 3–1:

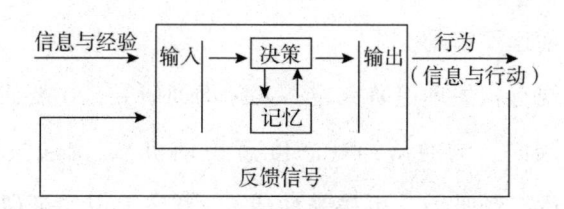

图 3–1 卡尔·多伊奇的政治沟通模型

不过,多伊奇的关注焦点,主要在于政治信息在政治系统中输入输出的控制过程。多伊奇吸纳了控制论之父维纳提出的"沟通造就组织"的命题,把建立一个有效的信息沟通体系作为改善政治系统的生存能力的一项重要任务。他将政府/政治系统看作一个沟通系统,把沟通视为政治系统的神经,政治决策的枢纽,在政治系统的运行过程中占据了极

---

① 国内学者谢岳的专著《当代中国政治沟通》基于多伊奇所开创的政治沟通理论,主要针对中国的社会政治语境,探讨了我国的政治沟通机制,包括当前政治沟通的功能、政治沟通的通道、文件制度的沟通功能、信访制度的沟通功能等问题。

其重要的地位。只有沟通顺畅，政治系统运行才顺畅，一个国家或政府的沟通通道的沟通效能，决定了它对社会的凝聚力和整合力。而一个不能进行有效沟通的政治系统，最终会由于信息超载与混乱等引发政治系统的紊乱乃至崩溃。[1]

正是多伊奇的开创性工作，将对政府行为的政治学研究，从权力转向了信息，转向了传播行为的研究。他的政治沟通理论，强调"将政治系统看作一个由目标导向的自我驾驭系统"[2]。尽管也注意到系统对信息的反馈过程，与外部的信息交换过程，但主要还是局限于将政府机构作为一个自控的组织系统，讨论其如何进行各类信息处理的过程。其视点聚焦在该系统内部如何处理来自各方面（包括外部的）的信息交换。而对政府与民众之间的信息交换关系和相关信息交流探究不足，缺乏重视和关注。信息自然是沟通的主要内容与载体性的呈现，但把沟通局限于信息是远远不够的。

综上，从现有相关理论研究看，人际沟通研究，主要研究具体的沟通能力：沟通倾向、沟通认知（态度意识动机）、沟通技能（语言表达、非言语表达、倾听力、可接受性等）。方法上以实证研究、心理学测量为主。组织管理沟通研究，侧重研究领导力、沟通效率、沟通机制等，以组织内部管理为主。方法上以个案研究、调查较多。政治沟通研究，侧重沟通能力、沟通意识、沟通机制制度建设等。方法上实证量化研究不足，思想理论探讨较多。政府与民众的沟通，既是基于人际沟通基础上的社会政治沟通，也是基于政府组织管理沟通基础上的与组织外部公众的关系沟通，它离不开人际沟通的基本能力，也离不开组织内部的机制建设，更关系到政府与民众之间的关系问题。

---

[1] Karl, W., Deutsch, *The Nerves of Government: Models of Political Communication and Control*, New York: Press, 1966, pp. 88, 89, 150, 162.
[2] 胡位钧：《政治沟通：当代中国政治制度研究的新途径》，《复旦政治学评论》2002年第1期。

第三节　政民关系研究:双主体

政府与民众的沟通,不仅仅是信息层面的,而且更是关系层面的。政府与民众的关系是国家与社会关系的具体体现。政府指广义上的政府,如行政机构、立法机构、司法机构以及党委机关。它是公共权力的行使机构。而民众泛指民众个人以及与民众相关的社会群体和组织。"政府与民众关系作为一对基本的政治关系,是国家与社会关系的具体化。政府与民众间的互动关系及其发展是衡量一个国家政治发展的重要标尺之一。"[①]

在多伊奇等人的研究中,有关政府与民众的沟通,主要涉及的还是局限于政治沟通系统中的"反馈"部分。与多伊奇将沟通主体局限于政府/政治自控系统不同,本研究认为,需要将政府与民众的沟通研究,看作同时是关于政府与民众的关系的讨论,着力于研究双方之间作为沟通行动的双主体的关系建构。而且,政府和民众的关系,是具体时空条件下的关系,是关系当前社会稳定和谐与繁荣发展的最主要关系。政府与民众的关系处于相互作用、相互影响的状态,政—民关系的内涵可界定为:通过政府的整体组织行为、政策、取向等及其成员个人行为、作风等,而与社会团体、公民、以及自治性组织等之间产生的某种联系或相互作用、相互影响的状态。关系与沟通总是基于双方面的,沟通塑造关系,同时也是关系的呈现。而关系则对沟通提供了基础的限定性条件。因此,极有必要从政府与民众的互动视角来建设性地架构政府治理与民众参与的双向交互关系模型。

[①] 刘远亮:《网络政治传播对当代中国政治发展的影响——基于政府与民众关系的分析》,《天津行政学院学报》2013年第4期。

一 不对等关系

沟通塑造关系，而关系则对沟通提供了基础的限定性条件。不同角色关系限定了不同的沟通行动和沟通方式的选择。有研究者提出，"公众主要以四种角色直接与政府管理发生关系：公共服务消费者（顾客）、受管制者、参与者和诉讼者。社会更关注政府的公共服务效率和公共服务能力"。[①] 上述四种角色其实限定了政府在与民众打交道时的沟通行为是有所不同的。作为公共服务消费者的民众，要求政府提供公共服务，双方是服务供需买卖的对等关系；作为受管制者的民众，则是政府管制下的被动角色；作为参与者的民众，则是参与政府社会治理的主体，具有主体能动性；而作为诉讼者的民众，则是从法律规约的角度来确定政府与民众之间的沟通行为。显然，民众作为受管制者与政府管理发生关系时，双方处于最突出的不对等关系中，民众是完全被动而弱势的。

把民众作为公共服务消费者的这种角色，最有代表性的是以珍妮特·V. 登哈特（Janet V. Denhardt）、罗伯特·B. 登哈特（Robert B. Denhardt）为代表的新公共服务理论，而且同时还吸收了民众在与政府管理发生关系的过程中同时作为参与者的可能性。新公共服务理论提出，政府或政府官员的首要任务是帮助公民明确表达并实现其公共利益，而不是试图去控制或驾驭社会，是"服务而非掌舵"，即不要把民众作为受管制者。"新公共服务是建立在与公民对话的基础上"，具体包括4个重要观点：1. 政府的职能是服务，而不是掌舵。公务员日益重要的义务就是要帮助公民表达和实现他们的公共利益，而非试图通过控制或"掌舵"使社会朝着某一方向发展。2. 服务于公民，要把服务对

[①] 黄小勇：《中国政府与公民的关系：现状与思考》，《国家行政学院学报》2001年第5期。

象看作具有公民权的公民,并且要在公民之间建立对话和合作。3. 公共利益是目标。这个目标不是要在个人选择的驱使下找到快速解决问题的方案,而是要创造共享利益和共同责任。4. 重视公民权。公民对社会管理和发展有知情、参与、监督等公民权利。[1] 新公共服务理论为扭转民众与政府之间的不对等关系,提供了一种重要的理论参照。

还有研究者从力量强弱对比的角度,提出了政府与民众的四种关系(如表3-1)。

表3-1　　　　　　　政府与民众的四种组合关系[2]

公民的作用与地位 \ 政府的作用与地位	强	弱
强	强—强模式	弱—强模式
弱	强—弱模式	弱—弱模式

结合表3-1中所示的分析框架,我们可以发现:如果在线下现实中,出现的是"强政府—弱社会"的关系,政府往往具有强大的执行效能,处于强势地位,在一定程度上排斥了公民参与社会治理的可能性。而在线上网络出现的"弱政府—强社会"关系:一方面是民众自主表达意识、挑战政府权威意识、利益维护意识大大增强;另一方面是政府因循守旧不能很好地适应网络传播,往往成为被在线质询与批评的对象。显然,无论是线下现实中的"强政府—弱社会",还是线上网络上的"弱政府—强社会",这两种双方不对等的位势,都不利于双方开展平等互利的沟通。如何建立相对称的平等关系,是开展对称性的沟通互动的重要前提。

在 Douglas M. Mcleod, Gerald M. Kosicki, Jack Mcleod 合著的《政治

---

[1] [美]珍妮特·V. 登哈特、罗伯特·B. 登哈特:《新公共服务——服务而不是掌舵》,丁煌译,中国人民大学出版社2004年版。

[2] 林莉、刘祖云:《政府与公民关系的组合模式:一种逻辑分析的进路》,《理论探讨》2010年第3期。

传播效果范畴的再审视》中，研究者对过去关于政治传播的一厢情愿的效果期待进行了反省，提出：需要从彼此双方平等互动的沟通视角来考察传播的效果，而不仅仅着眼于各类传播行为。① 对政治传播研究的反省，说明了研究者开始越来越重视从双方的关系视角来审视传播活动中的"沟通"问题。相比传播学领域，政治学研究者看似更加强调"沟通"与关系问题。俞可平就提出："与民众沟通和联系的主要目的，就是为了使政府更加体现民众的需要和愿望，增进民众与政府之间的相互信任。"② 而哈贝马斯的沟通行动理论则强调：沟通的目的不是单纯传递信息，而是双方彼此的接受与理解，以逐步增进彼此的信任及认同。③

只有当沟通双方处于相对等的位置和力量对比情势下，平等的沟通才具有实现的可能。也只有在平等沟通的情况下，双方彼此的接受与理解，彼此的信任及认同才有可能实现。从霍布斯、洛克发展到卢梭的社会契约理论认为，政府与公民关系实际上是以契约形式体现的政府与公民间的权力交换关系④，民众将社会管理的权力交托给政府，政府行使的是来自民众的赋权，双方是平等互信的信托关系。

针对政府和民众之间的不对等关系现实，探讨政府和民众的沟通问题，首先需要确立沟通的双主体性，即沟通主体不仅是政府，还应该包括原本被置于政治沟通系统之外的民众。在沟通主体的研究上，基于政府往往处于比较强势的现实地位，需要强调政府在与民众的沟通中应采取主动姿态和开放姿态，同时不局限于政府的研究，而应该进行政府—民众双主体的相关关系的研究，并且需要致力于推进双方均能发挥对等

---

① Bennett, W. L., Lyengar, S., "A New Era of Minimal Effects? The Changing Foundations of Political Communication", *Journal of Communication*, 2008, 58 (4), pp. 707 – 731.
② 俞可平：《政治传播、政治沟通与民主治理》，《现代传播》2015 年第 9 期。
③ [德] 尤尔根·哈贝马斯：《沟通行动理论》第一卷，洪佩郁、蔺青译，重庆出版社 1994 年版，第 49 页。
④ [法] 卢梭：《社会契约论》，何兆武译，商务印书馆 2003 年版。

优势进行平等对话沟通的可能性途径。

二　公共关系

随着群体性事件频发，维权抗争研究成为学界关注政府与民众关系时的焦点问题。在已有的关系研究中，基于抗争视角、对抗视角、维权视角等的解释框架，揭示了民众作为社会权利主体之一的重要诉求，但是对解决关系障碍与关系困局尚缺乏有效的解释性、建设性效力。在已有的解释框架中，一定程度上受到西方理论话语范式的强大影响，甚至直接搬用，有可能在一定程度上脱离了我国现实的制度与文化环境，从而对现实缺乏更具有指向性的指导作用。譬如著名的中国问题研究专家裴宜理就曾指出："在最近关于此类事件（此处指维权事件）的文章中，我们可以发现一种被英美的人权话语深深影响的规范性腔调。"[①]理论话语方式的片面性，影响了研究结论的本土适应性与现实针对性。

公共关系学主要从关系角度来研究政府与民众之间的公共关系，也涉及沟通问题。沟通是维护和改善关系的重要中介变量。这种关系与政府—民众的角色认知、角色期待、民众对政府的信任、对政府的绩效评价等密切相关。近年来，除了公共管理、政治学、传播学与社会心理学的研究介入，民众关系管理（Citizen Relationship Management, CRM）是受客户关系管理（Customer Relationship Management, CRM）启迪而出现的一种行政管理理念和模式。从公共关系的角度，将政府机关及其代表者与其公众的关系视为平等互利的关系。认为政府作为提供社会公共服务的供给方，必须与服务对象民众进行沟通交流，充分而全面地了解各类服务对象的需求细节。政府改善民众的可接近程度、增加与民众

---

① 裴宜理：《中国人的权利观念———从孔子到毛泽东延至现在》，《国外理论动态》2008年第2期。

的交互渠道是实施民众关系管理的基础。政府公共关系（Government Public Relations 或 Public Affairs），是一般公共关系原理在政府行政管理工作中的运用，是以各级政府为主体，以广大内外公众为客体的一种特殊类型关系的公共关系。① 政府公共关系是政府为了争取公众对政府工作的理解和支持，运用各种有效的传播途径和沟通手段与社会各界进行良性互动，以塑造良好的政府形象，赢得公众信任，获得公众支持的所有活动。② 唐钧认为，政府公共关系是以政府部门和公务员为主体，社会公众为客体，用于塑造良好形象和获得公众支持为目标的活动，传播和沟通是政府公共关系的最基本途径。政府公共关系可以划分为：常态公共关系，建构关系和塑造形象为主；危机公共关系，修复关系和修复形象为主。詹文都认为：政府公共关系是政府为了更好地运用其职能，运用传播手段与社会公众建立相互了解、相互适应的持久关系，以期在公众中塑造政府的良好形象，争取公众对政府工作的理解和支持的一系列活动。③ 美国著名的公共关系管理专家詹姆斯·格鲁尼格（James E Grunig）指出：公共关系的中心任务是确保主客体之间的对等性对话，政府公共关系应是政府与群众的一个对等关系的信息传播，双方在沟通中得到并达至一个平衡和双赢的区域。④ 总之，政府公共关系研究强调通过沟通，重构政府与民众的关系，目的是推进民众有序参与公共决策，提高社会治理效率，改善政府形象，增进彼此的互信和共识。

通过社交媒体，开展与民众的多层次对话，是政府进行公共关系建设的重要步骤，有助于增进政府决策者在信息多元化社会中的迅速反应能力和对变动趋势的感知能力，帮助政府做出更加科学民主、适合民意

---

① 廖为建：《政府公共关系》，中国人民大学出版社2010年版，第56页。
② 同上书，第13页。
③ 詹文都：《政府公共关系》，华南理工大学出版社2005年版，第2页。
④ 詹姆斯·格鲁尼格1996年在中国演讲发表的观点。转引自吴剑敏《社会化媒体时代政府公共关系优化策略研究》，硕士学位论文，华中师范大学，2012年，第2、5页。

的决策。梵·迪克（J. Van Dijk）和德沃斯（L. De Vos）等将传播中的互动界定为由低到高的四个层次，分别是：传播活动的双方在空间上共存；具有共时性；交互双方的互动控制；互动参与者在传播内容和相互理解上实现互动。[1] 对话是人与人之间进行互动的重要活动形式。论坛、微博、微信等自媒体与各类对话形式的沟通，重新激活了政府与群众之间的直接联系。

但是，政府与民众之间如何通过社交媒体进行直接的对话与沟通，需要建立制度和法律的有效保障，在沟通主体的权利、义务、程序等方面建立规范与行为边界。因为沟通的不规范性，导致沟通效果具有很大的不确定性。另外，政治沟通的文化建设与政治伦理均有待逐渐培育，行为的不成熟、言语的缺乏理性，传播素养、政治与法律素养等参差不齐，沟通秩序混乱、无序现象的存在与干扰，操纵和恶意炒作也屡见不鲜，等等。这些现实困扰都对建立健全良性互动的社交媒体对话沟通构成了重大的阻碍。

三 利益相关关系

任何一种关系的形成都有一个历史演变的过程，政府与民众之间是什么样的关系，既有其内在的历史逻辑，同时又受到现实诸多因素的影响。政府与民众的关系，是历史性关系与现实性关系共同作用下的、动态变化的状态。既有过"鱼水情""一家亲""血肉相连"的亲密的历史关系，也有冲突、抵触的现实关系。当前，政府与民众的关系需要适应社会变革的现实，也要适应关系双方对自己以及对方的角色功能定位的需要。无论是在历史的时间维度上还是在现实的空间维度上，关系双

---

[1] Dijk, J. A. G. M. V., Vos, L. D., "Searching for the Holy Grail Images of Interactive Television", *New Media & Society*, 2001, 3 (4), pp. 443–465.

方对彼此的角色期待与认知差异，都是影响双方关系的关键因素。① 以怎样的理论框架来界定彼此沟通中的关系、角色与定位，需要考虑到所受到的历史、现实的共同影响。

在具体的沟通案例中，可以通过界定利益相关者来确定沟通参与的主体，进而明确在具体现实情境下彼此的关系、角色与定位。在公共决策过程中的沟通，其利益相关者的界定有两个标准：一是能够提供解决问题的有用信息；二是能够通过接受决策或者促进决策执行，影响决策执行。② 在当下，公众对自身利益的关注是参与政治沟通、参与公共决策的主要动力来源。一个政治系统要能够有效地运转，必须敏锐地捕捉民众的诉求，"人民的福利是最高的法律，且是公正的和根本的准则"，③ 尤其是要积极呼应民众的利益表达，以便得到大部分社会成员的认同，从而能够保持社会稳定。

约翰·克莱顿·托马斯（John Clayton Thomas）曾指出："将公民参与作为现代公共管理不可分割的有机组成部分是一个比较新的思想或观念，是20世纪末叶的管理创新。"④ 在网络政治传播的作用下，广大民众对待政府的心理倾向和行为方式发生了转变，更加主动地参与政治事务的讨论，更加注重对自身权利的争取与维护，表现出了积极公民的特征。⑤ 网络时代的民众通过表达自身利益，对政府提出了越来越明确而具体的诉求，这种来自民众的呼声表达了民众对政府的心理期待，体现了民众的现实需要。从角色期待上看，政府和民众分别扮演了

---

① 王二平、周洁：《政府与民众的关系——公共管理的核心问题》，全国心理学学术会议，2012年。

② [美]约翰·克莱顿·托马斯：《公共决策中的公民参与：公共管理者的新技能与新策略》，孙柏瑛等译，中国人民大学出版社2005年版，第1页。

③ [英]洛克：《政府论》（下篇），商务印书馆1964年版，第97页。

④ [美]约翰·克莱顿·托马斯：《公共决策中的公民参与：公共管理者的新技能与新策略》，孙柏瑛等译，中国人民大学出版社2005年版，第1页。

⑤ Kevin A. Hill, John E. Hughes, *Cyberpolitics: Citizen Activism in the Age of the Internet*, Lanham: Rowman & Littlefield Publishers, Inc., 1998, p.42.

公共产品市场的供需角色，"政府被视为公共产品的供给方，而民众则是公共产品的需求方"。① 按照一般均衡理论，供需均衡点就是行政效率的最佳点，现代政府是作为代表人民利益存在的民主政府，政府和民众在根本利益上是一致的。然而在现实中，因为政府的行政活动而引起与民众之间的矛盾冲突屡见不鲜，政府未能够及时有效地呼应民众的心理期待，双方之间出现了供需错配，民众的心理期待落空，老百姓就可能成了"老不信"。

组织心理学用"心理契约"这个词来表达行动双方的心理期待，一种隐含的、非正式的、未公开说明的相互愿望，它们同样是决定人们态度和行为的重要因素。心理契约的本质是对无形的心理内容的义务遵守的期望。政府与民众之间的心理契约，则是指双方关系中存在的一系列的彼此期待的主观信念，是双方相互期望的集合。民众把自己的生活安定以及幸福等委托给政府时，在心理契约中必然要求政府有良好的声誉，值得信赖，不能辜负民众的期望。民众内心对政府有很高的要求和期望。政府应该值得"信任"，民众期望能得到政府的尊重、信任，期望政府守信用、兑现诺言，践行并维护公平正义。另外，政府对民众的心理期望是诚实、守信用、为社会服务等。② 从人际正义的角度来理解，民众对政府的人际正义感知（受到尊重与感受公平感等），对其对政府的满意度有着直接的显著的影响。③ 对民众的抱怨的处理，正是需要明确意识到这一心理契约的"期望"心理，积极有效地处理好民众的抱怨，可以直接有效地提升民众对政府的满意度，也直接影响民众对政府的积极行为意向。

---

① 丁煌：《西方行政学说史》，武汉大学出版社1999年版，第32页。
② ［英］波特·马金、凯瑞·库帕、查尔斯·考克斯：《组织和心理契约》，王新超译，北京大学出版社2000年版，第3页。
③ 袁靖华：《论媒介正义的概念及其维度——基于拉斯韦尔"5W"传播模式》，《国际新闻界》2012年第4期。

四　多点互动的扁平关系

社交媒体所塑造的新的传播生态环境，成为促动当前政—民关系变化的新要素，并且将过去单向的线性关系转向为多点的网络关系建构，从而对如何处置双方关系提出了新的要求。

一般而言，传统大众传播时代的政治沟通被视为自上而下的意见传递机制，美国政治学家卡尔·多伊奇（Carl Deutsch）将之比作"多阶梯式的瀑布流"，"舆论以多阶梯方式向下流淌，就像瀑布被一系列水潭切断一样；最上面的水潭由经济和社会精英组成，接下来是政治和统治精英的水潭、大众传播媒介的水潭、意见领袖的水潭，最后是人民大众的水潭"。[1] 随着新兴的社交媒体成为舆论主场和广大民众表达意见的最主要平台，普通公众对社会公共事务的主动参与成为越来越凸显的趋势，颠覆了自上而下的阶梯式意见流动形式。普通民众与政府机构及其成员的直接对话得以实现，传统的信息中介者、信息过滤者、舆论守门人，等等，传统的大众传媒以及传统权势集团等社会话语权掌控者，不再能够如以往一般发挥作用。社会舆论的生成机制被改变，"底层水潭和上层水潭之间对话的壁垒极大减少，底层民众的意见得以形成影响力巨大的舆论进而影响上层精英决策"。[2] 笔者据此进一步提出：由此生成的，将是一个"多点交叉回环水系式"的新的意见生成机制，并且形成了多向的、可逆的互动式传播。

与"多阶梯式的瀑布流"不同，这种多点互动的传播，以扁平化挑战科层制，意见的生成不再是单向的、自上而下的，而是有可能直接

---

[1] 引自［美］乔·萨托利《民主新论》，冯克利等译，东方出版社1993年版，第97—98页。
[2] 刘小燕、崔远航：《作为政府与公众间距离协调机制的网络政治沟通研究》，《新闻大学》2013年第2期。

跳脱科层制组织——无论是传媒组织抑或政府机构组织——的上下阶梯壁垒,在同一水平面上,在不同的意见交叉聚合点,民众的意见与政府的意见、媒体的意见等都得到呈现,并且相互之间可以建立起交叉回环的水道进行沟通,构成一种多点互动的扁平化传播。

之所以说这是一种多点互动的扁平化传播,源于一种类似蜘蛛网式的水平化水系建构,能够"去中心化""去科层化"。人们根据兴趣、利益等导致的不同关注程度,聚集在若干传播节点周围,注目于若干事件,一旦某一公共事件引发了人们的关注兴趣,则有关事件的信息极容易通过围观、转发、评论等各种社交方式迅速扩散。这种水平向的扩散犹如涟漪一般向四周扩散,形成不断放大的传播效应,可以在社会不同阶层中获得广泛的传播影响。

多点互动,一方面是指随着兴趣、利益等聚合形成了不同的传播中心点,另一方面是指每一个社交媒体的用户都是潜在或者事实上的传播节点。每一个节点都是直接的传播者与接收者,也是中介者。这样,信息在蛛网一般的多节点上一旦爆发,就可能接通了整个回环的电路,可以瞬间爆发出巨大的能量。传统的信息中介者、信息过滤者、舆论守门人等,包括传统的大众传媒以及传统权势集团等社会话语权掌控者,传统新闻机构、专家学者、政府官员等精英阶层,也作为社交媒体用户,成为其中的若干传播节点,不再能够一厢情愿地管制社会舆论的生成。正是在这个意义上,不同层级的政府与民众之间、政治领袖与社交用户之间,双方之间是基于节点与节点的直接交流,能够跨越中间的科层中介和过滤,这样,他们的社交关系就成为多点互动的扁平关系。

换言之,多点互动的扁平化传播将社交媒体时代的民众塑造成为信息社会的"信息公民",他们具有自媒体的特性。而政府必须适应这一变化,成为能够与"信息公民"对话的、适合"信息公民"自媒体话语特性的、能够超越科层制进行多点互动的扁平化传播的传播主体。基于公共利益的共享性，兼之民众权利意识与表达意识不断增强，自上而下的"替/为民做主"的"管制"模式需要进行重大调整。通过参与式协商合作建立有效沟通机制，完善基于多方利益协调的"善治"型社会治理与双主体对称关系下的平等对话，成为必要的选择。

第四节　沟通：基于信任的对话

一　信任

（一）作为社会基轴的信任

一个社会的流畅运转依赖于信任。信任被视为"思辨社会型构，特别是当代社会的概念性基轴"。① 对信任问题的学术研究可推溯到齐美尔、多依奇、卢曼、爱森斯塔德、科尔曼、福山等，他们都对信任做过研究，从不同视角考察了信任的产生、建构、功能等。

德国社会学家齐美尔说，"信任是社会中最重要的综合力量之一"。从社会资本角度，信任（trust）是从一个规矩、诚实、合作的行为所组成的社区中所产生的一种期待，而社会资本则是在社会或其下特定的群体之中、成员之间的普遍信任程度。② 因此，信任是社会形成共同体的基石。福山将信任界定为："所谓信任，是一个社团之中，成员对彼此常态、诚实、合作行为的期待，基础是社团成员共同拥有的规范，以及个体隶属于那个社团的角色。"这里所指的规范可能是深层的价值观，也可能包含世俗的规范。"所谓社会资本，则是在社会或其下

---

① 叶启政语，见［美］弗兰西斯·福山《信任——社会道德与繁荣的创造》，李宛蓉译，远方出版社1998年版，中文版序。

② ［美］弗兰西斯·福山：《信任——社会道德与繁荣的创造》，李宛蓉译，远方出版社1998年版，第35—39页。

特定的群体之中、成员之间的信任普及程度。"福山认为社会内部的自愿结合能力是一种"自发社会力"（spontaneous sociability），表现为一个社会内部成员之间信任程度的高低，构成了社会文化基础而影响整个社会的福祉。①

从政治学角度，"政治信任（political trust）指的是民众对于政府或政治系统能够按照他们的期望而运作的信念和信心，相信政府会制定符合民众利益的政策并提供符合他们预期的结果"。作为机构信任（trust in institutions，区别于人际信任）的一种，政治信任是衡量民众与政府之间关系的重要指标。实践中，它既体现着政府执政的合法性或正当性，同时又是政府政策有效性的基础。政治信任的高低又直接决定了民众在与政府互动中所采取的行为策略是"合作"抑或"对抗。"② 政府与民众之间的信任关系既是双方沟通顺畅的重要保障，同时也是沟通的目的。"政府与公民的信任关系是建立在公众对政府的合理期待以及政府回应基础上的一种互动、合作的关系。公众对政府的不信任会阻碍正常的、积极的解决问题的方式而发展出各种不正常的社会问题。"③ 因此，对于政府而言，来自民众的信任意味着政府的社会资本。越多获得民众的信任，政府越能够顺利地进行社会治理，保持社会稳定。而失信于民，无疑会使政府的社会资本账户赤字，造成灾难性后果。

沟通与信任是密切相关的，信任是社会联结的基本前提。当信任程度下降，人们之间的社交性也会衰败下来，从而社会资本整体下降，社会的联结性就差。信任作为一种社会资本，它是权力，是能力，也是凝聚力。因信任而具备人心齐聚的力量。弗朗西斯·福山曾说："信任能

---

① [美]弗兰西斯·福山：《信任——社会道德与繁荣的创造》，李宛蓉译，远方出版社1998年版，第35—39页。
② 张书维、景怀斌：《民众为什么不信任政府？—政治信任前因及对合作/对抗行为的影响》，全国心理学学术会议，2012年。
③ 张成福、孟庆存：《重建政府与公民的信任关系——西方国家的经验》，《国家行政学院学报》2004年第3期。

使任何一个群体或组织的运转变得更加有效。"人与人的信任连接是社会运转畅通，实现整个社会治理良善的关键环节。在研究民众与政府的沟通问题时，信任是一个主要的参考变量。

（二）深陷信任危机的社会

社交媒体的广泛普及极大程度上推动了人与人之间，人与政府之间建立直接的信息交流的可能性，但是顺畅有效的互动与沟通并不会因此而自动获得。如果"忽略了一项关键因素：信任，以及信任感背后的基础——群体共有的伦理规范"①，或者说人们对共同的价值规范的认同与共识，上述愿景是无法实现的。

现代治理理论认为，随着现代社会的多元化进程，政府不再是国家唯一的权力中心，权力的合法性来源于公众认可，各种机构（包括社会的、私人的）只要得到公众认可，就可以成为社会权力的中心。② 即"执政的合法性是指由民众对于公共权力体系的认可价值，体现为社会成员对执政党、政府政治制度及其运行过程所构成的政治体系的自觉服从和自觉认同"。③ 有研究者认为"中国社会正在面临一场极其深刻的社会信任危机，……称之为中国社会的'全民不信任运动'。这种缺乏互信的状态，已经危及了社会秩序，危及政府本身的存在合法性"，"使得各种社会互动（人与人之间、政府与人民之间、国家与社会之间）进入一个恶性循环"。④ 如学者朱虹提到，信任危机带来的社会心理恐慌是中国人幸福感与安全感丧失的根源之一，也是当代中国人最深刻的"中国体验"之一。中国社科院社会学研究所发布的《中国社会心态研究报告（2012—2013）》指出，中国社会的总体信任进一步下

---

① ［美］弗兰西斯·福山：《信任——社会道德与繁荣的创造》，李宛蓉译，远方出版社1998年版，第34页。
② ［美］格里·斯托克：《作为理论的治理：五个论点》，《国际社会科学》1999年第2期。
③ 江泽民：《关于改进党的作风》，《人民日报》2000年12月30日第1版。
④ 郑永年、黄彦杰：《中国的社会信任危机》，《文化纵横》2011年第2期。

降,人与人之间的不信任进一步扩大,只有两到三成人信任陌生人。而且,民众对政府官员的信任情况很不容乐观。[1]

学者郑也夫在《信任论》里写到,中国社会依然是"低度信任社会"。[2] 2011年中国社会科学院发布的《社会心态蓝皮书》还显示,沟通和上访是中国民众解决冲突和矛盾的主要策略,采取法律手段解决矛盾和冲突的比例很低。有研究者认为,政府与公众之间存在"信任鸿沟"。一方面,公众并不相信政府会公平公正、符合诚信要求地处理突发公共事件;另一方面,政府在处理突发公共事件时与公众沟通的不及时、不真诚等行为影响了政府自身的诚信形象及公众对政府的信任水平。[3] 信任危机的普遍存在已经成为当下的严峻现实,是社会治理迈向"善治"的主要障碍之一。如何通过及时有效的沟通,大力提高政府与民众之间的相互信任,提高社会整体的信任指数,需要广泛、深入、系统、持续的研究。

二 沟通与信任

(一)乐观的一面:沟通越多,信任越多

已有相关研究,多有讨论沟通与信任的相关关系。一般认为,沟通有助于加深信任。较多的定量研究支持相对乐观的观点,即沟通越多,信任越多。研究者普遍认为,沟通是影响政府公信力的重要因素,缺乏良好的沟通往往导致政府公信力的丧失。因此,增进沟通并提高沟通成效,有助于提高政府公信力。Johnson、Kaye通过对网络政治信任的研

---

[1] 王俊秀、杨宜音:《中国社会心态研究报告(2012—2013)》,社会科学文献出版社2013年版。

[2] 郑也夫:《信任论》,中国广播电视出版社2006年版。

[3] 何子英、陈丽君、黎灿辉:《突发公共事件背景下的有效政府沟通与政府公信力——一个新的分析框架》,《浙江社会科学》2014年第4期。

究就发现，使用和接触在线的政治信息往往是与信任相伴的，使用得越多，信任也就越多。[①] 在开展电子政务方面，一个交互功能做得比较好的媒体往往更容易获得网民们的信任，并且使得网民们更愿意表达自己的想法和参与网上的讨论。[②]

黎灿辉等以突发公共事件为切入口，构建了一个有效政府沟通与政府公信力之间的关系模型和分析框架，即一个以政府诚信为中介变量、以政府沟通为前因变量的关系模型，提出了应对和处理突发公共事件时有效政府沟通的五个维度（及时性、准确性、透明性、参与度、回应度）。[③] 有效政府沟通与政府公信力之间存在正相关关系，有效政府沟通是提高政府公信力的重要途径。"政府公信力是社会秩序的信用核心，是政府治理的合法性基础及其治理绩效的关键影响因素。""政府诚信建设一方面取决于政府治理绩效的根本改善，另一方面依赖于有效的政府沟通行为和机制，其中尤以突发公共事件中的政府沟通行为和危机处理方式最具关联性。""有效政府沟通与政府公信力提升之间具有越来越明显的高度相关性。"[④] 上述研究力图确证这样一个基本的假设：在政府与民众之间，有效的沟通频率越高，沟通成效越好，政府公信力越高，二者间有显著的正相关关系。

笔者结合前述研究归结出两个变量：沟通频率与沟通成效，并且以此为参照，建构测量量表，归结出有效的政务社交媒体沟通特性的五个

[①] Johnson, T. J., Kaye, B. K., "Using is Believing: The Influence of Reliance on the Credibility of Online Political Information among Politically Interested Internet Users", *Journalism & Mass Communication Quarterly*, 2000, 77 (4), pp. 865 - 879.

[②] Welch, E. W., Hinnant, C. C., Moon, M. J., "Linking Citizen Satisfaction with E-government and Trust in Government", *Journal of Public Administration Research and Theory*, 2005, 15 (3), pp. 371 - 391.

[③] 黎灿辉、陈丽君：《突发公共事件视野中的政府沟通和政府公信力关系研究》，·全国心理学学术大会，2009 年。

[④] 何子英、陈丽君、黎灿辉：《突发公共事件背景下的有效政府沟通与政府公信力——一个新的分析框架》，《浙江社会科学》2014 年第 4 期。

基本策略维度——即时性、准确性、透明性、参与度、回应度，形成沟通特性因子。

（二）反向效果：基层的低度信任

但需要注意的是，上述研究是有其具体案例情境的局限的。诚然，在很多时候，"政府保持与公众的良好沟通成为是否取信于民、是否有效地解决公共事件的必要前提。在信息网络化、社会风险化和公民知情权、参与权意识不断强化的新形势下，我们迫切需要通过实证研究验证政府沟通对政府公信力的促进作用及相互关系，解答如何判断和评价政府沟通的良好性、有效性"。[1] 但是，在具体的不同情境条件下，已有的实证研究却提供了相互矛盾的佐证。

Gaber 提醒人们在政治传播中有一种值得注意的悖反现象，那就是沟通对政治信任的反向效果，人们沟通得越多，彼此的政治信任反而会越低。[2] W. Timothy Coombs 的研究则较为微观，他通过问卷调查发现，在危机沟通中使用视频或使用印刷品公布信息在效果上几乎没有实质性的区别。[3] 刘小燕、崔远航等提出，"人际信任模型中的 'X 的信任增强 Y 的可信性'，或互惠的信任模型，并不能在政府与公众的沟通中成为有效的信任生成模型"。但他们强调，借助政务微博与民众直接对话等有效的网络政治沟通，不仅能够在单个事件中拉近政府和公众之间的距离，"并且有利于形成较为持久的新媒体环境和新的社会环境中政府和公众的相互政治信任"。[4]

---

[1] 黎灿辉、陈丽君：《突发公共事件视野中的政府沟通和政府公信力关系研究》，全国心理学学术大会，2009 年。

[2] Gaber, I., "Exploring the Paradox of Liberal Democracy: More Political Communications Equals Less Public Trust", *The Political Quarterly*, 2009, 80 (1), pp. 84 – 91.

[3] Coombs, W. T., Holladay, S. J., "Further Explorations of Post-crisis Communication: Effects of Media and Response Strategies on Perceptions and Intentions", *Public Relations Review*, 2009, 35 (1), pp. 1 – 6.

[4] 刘小燕、崔远航：《作为政府与公众间距离协调机制的网络政治沟通研究》，《新闻大学》2013 年第 2 期。

在田野访问中我们发现，基层政府在与民众沟通时面临的一个重大困扰是信任问题：

> 有很多时候，我们往往费尽口舌，跑断腿，一趟趟上门做工作，可人家就是不信任我们，觉得我们可能是有什么企图要占他便宜。这个事情如果是对他有利的，他就会有疑问说：有这么好的事情吗？这个事情如果有可能触动到他的什么利益，那就更加不得了了啊。所以，现在基层做工作不好做，有的老百姓总以为我们这些干部好像总有什么便宜好贪的。（王 XC，男，山东 SG 县政府，副科级干部）

对此，有学者曾提出："中国当前面临着有效行政与低度信任的悖论。"[①] 一方面，各级政府加强互联网平台建设，完善政府新闻发言人制度，建立重要政府信息及热点问题定期发布机制，"两微一端"等网络技术应用与有效行政融为一体，增大了加强二者联系紧密程度的潜在能力。然而另一方面的事实是，基层政权与社会公众间彼此信任度不高，成为频频引发矛盾冲突的焦点因素。这说明"联系紧密"或者"沟通频繁"，与"沟通有效"或者"增进信任"之间还有很长一段路要走。实证研究曾随机抽取 100 个公安微博及其 1000 条主帖和 7000 余条跟帖为对象，考察 Web 2.0 环境下政府机构的线上对话沟通可能拥有的积极效果。研究发现，"对话沟通程度更高的公安微博拥有的社会联接更多，公众参与度更高，但对话沟通对公众信任的影响力相对有限"。[②] 而《人民日报》曾于 2011 年 11 月 3 日发表评论文章说，历数

[①] 南京大学王建华教授在上海行政学院"社会转型—政党转型"国际理论研讨会的发言，2014 年 9 月 23 日。

[②] 张明新、张凌、陈先红：《Web 2.0 环境下政府机构的对话沟通与社会资本——基于对公安微博的实证考察》，《现代传播》2014 年第 10 期。

近些年来各地发生的群体性事件,都有着类似特点:原本只涉及相关部门的单体事件,却发展成当事人与非利益关系者共同参与的群体性对抗,其背后的诱因,往往是群众对当地政府及其工作人员缺乏信任。该评论文章指出,这些群体性事件有着高度相似的运行逻辑,警示我们必须关注基层干群关系中的"信任危机"。

社会学的多项实证研究均普遍发现,信任在不同层级的政府之间分布并不均衡,在中国,政府级别越高,民众对其信任程度越高。[①] 有道是"中央是恩人,省里是亲人,县里是好人,乡里是恶人,村里是仇人"。整体上,公众对政府的信任度是沿政府行政级别依次呈下降状态,处于最底端的基层政府公信力最低。然而,一般而言,底端的基层政府部门与民众的沟通相对上层政府部门要更多,为什么反而信任程度更低呢?是不是说明,在基层的政府传播与民众沟通中有着特殊的影响因素在发挥作用?是什么影响了沟通与信任之间的积极对应关系?"造成基层政府公信力相对低的原因是多方面的,最直接的原因可能是基层政府是与民众直接打交道的政府层级,处于各类矛盾的一线,如税费时代的基层政府即直接承担向农民收税、收粮和开展计划生育的工作。"[②] 确实,基层社会处在各类问题和矛盾的最前线,面临各种最直接的矛盾与冲突。一旦社会整体信任程度降低,基层的政府与民众的冲突会更加激化。"实际上,在基层政府公信力流失的背景下,一旦出现公共危机事件,基层政府难以依靠其自身的信息传播系统与民众进行沟通、交流和解释。当公众对基层政府缺乏基本的信任时,官民之间的互动就很难有诚意、有理解、有宽容、有理性、有共识、有合作。"[③]

[①] 薛立勇:《政府信任的层级差别及其原因解析》,《南京社会科学》2014年第12期。
[②] 欧阳静:《提高基层政府公信力关键在增强沟通能力》,《中国社会科学报》2012年2月27日第B3版。
[③] 同上。

基层政府尤其是基层干部，实质上直接担当了党和政府的形象代言人。其能力、作风、行为等，都影响着当地群众对基层政府的评价、态度、信任。因此，锁定基层政府和基层公务人员作为我们研究调查的人群，极具必要性和现实针对性。

三 社交媒体的心理机制

（一）CMC沟通对信任的影响

从实现沟通，到获得信任，要经历一系列心理活动，而且二者之间往往不是线性关系。当前的社会政治实践也告诉我们，不能静态地、孤立地来看待政—民沟通与信任的问题。政府—民众之间的信任关系是一个动态变迁的过程，并受到周边多个相关变量的影响。虽然基层政权与社区民众沟通最频密，但在缺乏信任的情况下，信息技术带来的沟通便利如使用不当，可能反而会弄巧成拙，加深分歧的鸿沟。从何种角度，如何认知政府—民众的沟通，除了已有的从传播学、政治学等角度来开展的政治传播研究和政治沟通研究等，我们显然还需要针对当前的社交媒体的特性，从人与人的CMC沟通交往的社会心理视角，来看待这一沟通问题。

随着计算机科学的兴起，人与人的沟通有了新的中介，这就是网络与计算机技术。互联网技术所带来的新生社会空间是一个网络空间，虚拟空间，但也是对现实社会空间影响力越来越大、越来越深刻的空间。作为一种人类心理过程与心理社会性发展的新型空间，包括计算机科学家在内的研究者们提出了CMC沟通研究，认为要着力讨论这种发生在网络空间的、以计算机为中介的人际沟通（Computer-mediated Communication, CMC）。CMC沟通是人与人通过互联网、并使用文本化的信息及副语言（paralinguistic）来进行的一种人际沟通方式，它与现实社会中直接面对面的人际沟通（Face to Face Communication，FTF）显然有很大区别。那么这类以新兴媒介为平台的人际沟通是帮助人们得到了更好的沟通还是让情况变得更糟呢？对此，出现了两派观点的争论与交锋。

在网络社会兴起时，有一派基于技术进步主义的乐观态度认为，新技术帮助人们更加便捷地交流，地球村的实现，减少了信息不对称与闭塞，交流不畅导致的人们之间的分歧将随之消减。借由新的媒介技术，社会得以更加开放地、顺畅地交流，社交媒体尤其提供了更多、更快、更及时的信息，从而可以促进分歧的弥合，推动社会共识的出现。但是，经验的观察与体验让越来越多的人提出了质疑：信息的高速而广泛的流动，并不必然推进人与人的沟通更加顺畅并能够达成共识，人与人之间对共识的"认同"未必是网络媒介新技术演进必然的乐观结果。

因此，另一派基于对技术进步主义的怀疑而发出的悲观的观点认为，在新媒介技术提供了越来越多的信息渠道和信息的情况下，表面上，信息虽然是充分了，但并不意味着分歧和极化就会自动消失。恰恰相反，网络媒体以及社交媒体都在造成"极化"现象。[1] 一些研究者认为，之所以当前社会的价值观割裂与政治分歧与冲突如此突出，恰是因为互联网崛起后，尤其是社交媒体算法变得越发个性化后，与过去一对多的大众传播的媒介环境不同，个性化的自媒体提供的媒介环境变成了一个高度定制化的信息环境[2]，人们选择性地接受信息变得更普遍；信息渠道的多元，使人们得以形成相对清晰的立场，成熟的判断，导致他们主动去斩断不必要的联系，重塑了自己的社交关系和信息获取习惯。从这个层面上来说，交流是无法催生出共识的，它只会使双方已经固化

---

[1] Garrett, R. K., "Echo Chambers Online? Politically Motivated Selective Exposure among Internet News Users", *Journal of Computer-Mediated Communication*, 2009, 14 (2), pp. 265–285.

[2] Himelboim, I., McCreery, S., & Smith, M., "Birds of a Feather Tweet Together: Integrating Network and Content Analyses to Examine Cross-ideology Exposure on Twitter", *Journal of Computer-Mediated Communication*, 2013, 18 (2), pp. 40–60.

的分歧暴露得更加彻底。① 因此，如果有些分歧不可避免——事实上也往往如此，也许人们更应该努力去寻找这样一个问题的答案：在何种条件下，基于网络媒介技术下怎么样的交流才可以最大限度地消弭分歧？

移动社交网络媒体上信息激增且交叉重复，加大了信息噪音、冗余信息，造成有价值信息的传递强度衰减。"数字化鸿沟、理性对话的匮乏、信息海量导致的信息接收超载，都在影响着沟通效果，"制约了社交媒体作为公共对话空间的效果。这些因素使得在社交平台上开展理性互信的沟通会遭遇多重困扰。② 另外，信息网络技术为民众提供了多元化的信息获取与投送渠道，打破了前网络时代信息垄断的传统格局，深层次、多元信息平台的出现使得民众不再单靠政府获取、投送信息。民众不仅可以通过政府官方网站、微博、微信公众号等平台获取并投送信息，还可以选择个人信赖的第三方信息服务平台，这种纵横交错的信息互通格局加上互联网具有"无中心""去权威"的特征，可能会放大民众原本对政府的不信任。再加上现实生活中，人们普遍存在对基层政府的低度信任，民众很有可能在信息化条件下愈加产生远离政府、质疑政府的思维倾向。这意味着，过去一味追求通过"紧密联系群众"而达到"党群干群和谐"的工作模式越来越需要适应新的媒介技术环境，需要转换为深入的、平等的、多维立体的、相互尊重的、开诚布公的交流，需要的是基于"价值认同""增进相互理解"的沟通，以最终实现"政—民互信"。

综上，社交时代，理想的政府与民众的关系是建基于政—民沟通上的相互信任关系。通过有效深入的沟通，重新建立双方信任，是维系双方关系的基础。随着社交媒体的广泛应用，政务微博、政务微信公众

---

① Peters, J. D., *Speaking into the Air: A History of the Idea of Communication*, University of Chicago Press, 1999.
② 袁靖华：《微博的理想与现实——兼论社交媒体建构公共空间的三大困扰因素》，《浙江师范大学学报》（社会科学版）2011年第6期。

号、党政客户端 App、抖音/快手政务号等多种形式的网络工具纷纷上线。政府广泛采用了多样的网络社交手段，来推进与民众的接触和交流。检验这种形式的交流其成效如何，关键就是看政府是否通过这些工具逐渐积累起了民众对政府的信任。所以，我们需要进一步研究各类社交媒体的使用在多大程度上以何种方式可能增进了有效的沟通与信任。

政—民沟通与信任之间的相关关系问题，不仅要考量二者是何种性质的相关，还应该考量到信息的属性、议题的特点，以及特定的沟通语境，包括沟通依赖的媒介平台，乃至具体的社会文化环境，而不是仅仅单纯考量二者是不是相关或者如何相关。脱离了具体的社会语境和政治沟通语境的相关性讨论是一个陷阱，研究者应该注意规避。

（二）情感情绪的扩大效应

信任，是个人价值观、态度、心情及情绪、个人魅力、媒介等交互作用的结果，是一系列心理活动和行为活动复杂交织下的产物。对政府的信任，则还受到社会环境、政治环境、媒介环境、文化传统等多方面的影响。过去往往单纯从社会功能主义角度理解，认为地方政府绩效提升是提高基层政府公信力的有效手段。然而，近年来越来越多地围绕地方建设项目出现的民众抗议行动，则表现出绩效与信任之间的脱钩，一些地方政府为推进当地经济建设绩效开展的招商引资、项目规划、改革等，却往往"难得民心"，甚至引发民众的抗议。

其中尤以 PX 项目、垃圾焚烧厂、火电厂、危化品爆炸泄漏等"环境群体性事件"的高发最为突出。从 2007 年以来，有关这方面群体性事件的抗议活动，从南到北，席卷了中国的主要城市，包括大连、北京、厦门、广州、苏州、杭州、宁波、昆明、成都等。本课题组在开展该项研究期间，浙江余杭中泰垃圾焚烧厂建设选址引发的重大风波就是一个显证。为了解决"垃圾围城"的环境困扰，推进整个地区的环保工作，当地基层政府规划建设一个大型的垃圾焚烧厂，引起了当地民众的极大恐慌。由于在规划建设过程中，当地政府既缺乏广泛深入地沟通民众，也没有及时地了解民意，化解民怨，结果在当地引发了万余人集结的群体性抗议事件。在事件爆发前后，普通民众在微博上的表达最为活跃，通过舆情监测系统发现，"期间，普通用户发布了595条博文，中高级达人发布了467条博文，名人发布了397条博文"①。而且，这类抗争性的表述往往采用了具有较强感染力的悲情叙事和愤怒情绪，在社交媒体上更容易引起普遍的同情和共鸣。②

一再爆发的群体性事件，以及经常与其如影随形的舆情危机，一再说明，政府机构稳固合法性，不仅仅依靠执政绩效与意识形态。当政府的社会建设绩效的提升，不再能够有效提高与民众的关系及民众对政府的信任的时候，什么才是突破双方不信任关系困局的有效途径？"维持政党的执政合法性不但要依靠政党的执政绩效和意识形态，保持与民众良好的沟通状态也是其中不可或缺的一环。"③ 在多元文化兼社会转型的过程中，如何开展有效的沟通，这是当前摆在基层政府面前的重大现实难题。

社会多元化的转型要求政府在为社区民众提供公共服务时也须进行"供给侧改革"。而开展供给侧改革的依据则是如何更好地理解并满足民众的心理诉求与现实需求，了解民情民意。而且，由于社交媒体的社交特性和放大效应，还需要特别注意到其中的情感情绪因素所发挥的重要作用。

政府与民众双方信任关系的影响因素会随着社交平台具体传播情境

---

① 方爱华：《环境群体性事件中微博舆论场研究——以"杭州垃圾焚烧事件"为例》，硕士学位论文，浙江传媒学院，2015年。
② 郭小安、刘明瑶：《媒介动员视角下"表演式抗争"的发生与剧目——以"中青报门口访民集体喝农药事件"为例》，《现代传播》2016年第5期。
③ 俞可平：《政治传播、政治沟通与民主治理》，《现代传播》2015年第9期。

的变化而发生变化。针对社交媒体的人际交往特性，应该重点关注到的就是沟通与情感情绪的关系。社交媒体平台形成的"舆论"，很大程度上反映的是公众的情感偏向与情绪聚合下的产物，并且受到人们在心理上的团体归属感的影响。

John Bollen 等通过研究发现，微博能够有效地反映出集体情感的趋势，体现有关现实世界中各种事件的公众情绪，微博中的情绪表达也因此已经成为预测公共舆论的重要线索。[1] Alison Hill 等的研究表明，微博上，情绪化表达就像瘟疫一样有可能瞬间感染网络，对公共舆论产生重要影响。[2] 对危机事件传播的情感表达更容易引发普遍的社会关注。[3] 公共事件的发展往往与微博中负面情绪的积累有着非常密切的关系。[4]

基于大数据的实证研究也证实了这一点。在微博上，"愤怒"情绪的传播效力往往是更加强大的。北京航空航天大学软件开发环境国家重点实验室的先进网络分析研究小组（Group of Advanced Network Analysis, GANA）通过对微博的情感分类和波动分析，研究各种情绪在社交网络上的传播机制。结果发现：愤怒情绪的相关性最大。这表明，愤怒情绪更易在社交网络中传播。[5] 所以，舆情当中出现的情绪化表达、站队现象、偏于一端甚至群体极化等，都可以看到这种情感性因素在社交媒体平台的普遍性与影响性。杨国斌就认为，网络事件的发生和扩散，依赖的是能够激发网民的嬉笑怒骂、喜怒哀乐等情感的表现形式和内

---

[1] Bollen, J., Pepe, A., Mao, H., *Modeling Public Mood and Emotion*: Twitter Sentiment and Socio-economic Phenomena, [2009-08-11], http://arxiv.org/abs/0911.1583.

[2] Hill, A., Rand, D., Nowak, M., et al., *Emotions as Infectious Diseases in a Large Social Network*: The SISA Model, Biological Sciences, 2010, 8 (2), pp. 33–45.

[3] 谢金林：《情感与网络抗争动员——基于湖北"石首事件"的个案分析》，《公共管理学报》2012 年第 1 期。

[4] Mike Thelwall, Buckley K. Paltogloug, "Sentiment in Twitter Events", *Journal of the American Society for Information Science & Technology*, 2011, 62 (2), pp. 406–418.

[5] 北京航空航天大学许可教授的大会发言："大数据分析与微博的心情搜索系统"，中山大学"第二届大数据传播"学术研讨会，2015 年 11 月 28 日。

容，是一个"情感动员"的过程。①

网络信息传递过程中的情感动员或者情绪鼓噪说明，信息层面的沟通是外在的、实体性的，而内在的、隐含的沟通则是离不开情感、情绪和关系的。透过外在的实体性的信息层面，元意义上的沟通，所隐含的本质是基于关系的主观心理活动过程。

当前的政府微博和微信，在与民众的情感沟通上显然是非常匮乏的。而情感沟通是建立关系的最有效途径。人与人沟通，不仅是思想的传递与反馈，以求增进理解、达成共识，而且还是情感的传递与反馈，以求感情的融洽、关系的和谐。Wigand 认为，与个人微博和企业微博不同，政府微博应主要发挥四种功能：拓展沟通的触角、更新信息、发布和分享信息、与外界建立良好的关系与协作。② 但在实践中，Bortree 和 Seltzer 的研究表明，政府着重强调的是微博在信息发布和分享方面的功能，而很少有政府机构会利用微博等新媒体来创建与外界的对话关系。③ Lubna Alam 等通过对澳大利亚政府微博的实证研究也发现，政府微博用得最多的是发布消息，更新关于他们自己或其他机构活动的消息或转发其他消息。④

在政府与民众开展沟通的过程中，要想真正提高沟通品质、改善政—民关系，一味偏重信息传递，而忽视情感关系的沟通互动，显然是远远不够的。作为民众聚合栖息的主要社会交际平台，社交媒体的信息功能与情感关系功能同等重要，至少也应该得到同样的重视。政府与民

---

① 杨国斌：《悲情与戏谑：网络事件中的情感动员》，《传播与社会学刊》2009 年第 9 期。

② Wigand, F., "Twitter Takes Wing in Government: Diffusion, Roles, and Management", DGS 2010, *Proceedings of the 11th Annual International Conference on Digital Government Research*, San Diego, May 17 – 20, 2010, New York: ASME, 2010.

③ Bortree, D., Seltzer, T., "Dialogic Strategies and Outcomes: An Analysis of Environmental Advocacy Groups´Facebook Profiles", *Public Relations Review*, 2009, 35 (3), pp. 317 – 319.

④ Alam, L., Lucas, R., Tweeting Government: A Case of Australian Government Use of Twitter, DASC 2011: Proceedings of the Ninth IEEE International Conference on Dependable, Autonomic and Secure Computing, Sydney, December 12 – 14, 2011, New Jersey: IEEE, 2011.

众的沟通过程,即政府行政部门及其人员与外部环境主体(媒体、公众)之间的传递和理解过程,① 具体而言则应该是双方在信息、思想、观点和情感等方面的传递和理解过程。这就要求人们必须进一步意识到:通过社交媒体进行的沟通行为,沟通主体不仅要注重信息传播的有效性,而且要注重传播过程中的情感累积效应,注意特定情绪的传染效应。

还要进一步拨开情感情绪等表层的心理因素,意识到对沟通以及信任关系的建立发挥最深层的隐含影响的,是价值认同。沟通最终的效度是指向价值认同的问题的。表层的情感因素是基于叙事策略的调用激起围观者的情感共鸣,进而由"同情心"发展到"同理心",引发心理认同感,从而在深层次上影响到人们的价值判断。

四 小结

综上研究讨论,我们从社会背景、传播环境、媒介生态、沟通语境、对话理论、社会关系、社会心理等多个不同的理论研究视角进行了探讨,从中汲取研究启发。根据本研究的目标设定,上述研究从不同的侧面对我们开展政务社交媒体平台上的政—民沟通研究具有重要的参考价值。但是也存在显著的不足,即缺乏一个清晰的、系统的关于"沟通事实"及其各个构成元素的理论框架;缺乏从沟通双主体的视角进行的主体关系研究,而且相关的实证研究也比较少。

因此,本研究针对具体的当下中国社会语境,提出了基于沟通的5W研究框架思路,并确定具体研究路径,分别调查了基层政府与基层干部、作为社交优众的高知青年民众,他们各自对于政务社交媒体、对于双方沟通问题与信任问题的具体认知状况;分别就政务微博、微信公

---

① [美]斯蒂芬·P. 罗宾斯、玛丽·库尔特:《管理学》(第7版),孙健敏等译,中国人民大学出版社2004年版。

号、政务服务网等开展了针对具体信息内容和关系连接路径的文本分析研究。通过上述实证研究,为我们深入揭示当前政务社交媒体平台的政—民沟通所存在的困局,探寻具体的解决路径和现实针对性策略,提供了扎实的研究基础。

在开展具体调查研究前,我们先是整合了前述研究讨论和理论推演过程,根据本研究的框架设计与研究目标,集中聚焦于关于政务社交媒体沟通性这一核心研究问题,进而提出了如下的系列研究假设:

H1. 政务社交媒体的沟通特性,对民众对基层政府的整体评价有显著的积极影响;

H2. 政务社交媒体的沟通特性,对民众信任和认可政府官员有显著的积极影响;

H3. 政务社交媒体的沟通特性,对民众主动选择政府及其媒体平台有显著的积极影响,对民众选择其他个人化的社交媒体具有显著的消极影响;

H4. 政务社交媒体的沟通特性,对政民沟通的整体绩效有显著的积极影响;

H5. 政务社交媒体的沟通特性,对基层政府的形象有显著的积极影响;

H6. 政务社交媒体的沟通特性,对基层政府与民众的关系有显著的积极影响;

H7. 政务社交媒体的沟通特性,对民众信赖基层政府有显著的积极影响;

H8. 政务社交媒体的沟通特性,对民众的正面社会治理感知有显著的积极影响,对民众的负面社会治理感知有显著的消极影响;

H9. 网络民众的积极情绪反应,对基层政府公务人员主动积极地回应民众有显著的积极影响;网络民众的消极情绪反应,对基层公务人员主动积极地回应民众有显著的消极影响；

H10. 政务社交媒体的沟通特性，对民众对主流媒体的信任度有显著的积极影响；

H11. 民众对主流媒体的信任度，对民众对个人社交媒体的信任度有显著的消极影响；

H12. 民众对主流媒体的信任度，对民众对政府官员的信任和认可有显著的积极影响；

H13. 民众对个人社交媒体的信任度，对民众对政府官员的信任和认可有显著的消极影响。

下面的两个章节的调查研究，将主要针对上述研究假设，进行调查研究与实证检验，以深入认知政务社交媒体的沟通特性建设及其政府—民众的关系建设。

第四章 社交优众

——高知青年民众的社交媒体应用调查

实现顺畅的政治沟通，需要参与沟通的双方彼此信任、相互理性对待。多项研究指出，随着媒介渠道的多元化，人们对社会和他人的信任程度反而下降了，越是受教育程度高的人对政府和媒体的批判与怀疑越突出。[①] 在中国，对大学本科及以上学历的高知青年群体的广泛社会调查发现：这一群当代社会精英对政府与媒介的政治信任程度并不低，但娱乐化、自我中心、实用功利的偏好则更加突出。尤其表现出"事不关己，高高挂起"等伴随着更加自我中心的行为取向，[②] 这对于积极推进公民素养建设、增进社会整体信任、促进社会治理完善等可能存在消极意义。

高知青年民众，代表着社会理性的中坚力量，在与政府的沟通中，是更加能够开展理性对话的主要群体。选择高知青年民众作为调查对象，既是出于现实的社会治理需要，同时也是基于社交媒体传播环境的客观要求。在关于社交媒体用户的调查中，作为社交用户主体的"社交优

[①] Johnson and Kaye, "A Vehicle for Engagement or a Haven for the Disaffected?" Bonchek, From Brooiicast to Netcnst; Katz, "The Digital Citizen", W/mf, December 1997, pp. 68 - 82, 274 - 275.

[②] 张树辉：《当代大学生政治冷漠现象探析》，《中国青年政治学院学报》2002年第6期。

众",具有如下特征:18—34 岁年轻人占比 53.8%,呈明显的年轻化趋势,24 岁以下人群使用率最高,占比 33.7%。调查发现:中国大多数年轻人常使用微信、QQ 空间,兼容性、趣味性、流行性对他们使用移动互联网应用有最突出的积极影响[①]。这部分群体在社交媒体上活跃度最高,喜欢各种分享、晒。而以大学生等为主体的高知青年民众正是这样的社交优众的主要构成部分。田野访问也发现,不少青年学生以及青年教师喜欢在网上发言,评点时事政治,表现比较踊跃。通过对高知青年民众的调研,可以一斑窥全豹,了解到民众作为政务社交媒体传播对象的基本诉求,和民众作为接受者主体对政务社交媒体的感知与评价。

第一节 描述性统计分析

基于本课题的研究目的,我们于 2015 年 11 月至 2016 年 2 月开展了问卷调查。以高校专科生、本科生、研究生、青年教师为调查对象,为表述的方便,将之统一命名为高知青年民众。调查选取地在长三角,分别选取了高职高专院校、普通本科院校、省属重点高校、国家 211 重点院校、国家 985 重点院校各 1 所进行抽样调查。发放问卷 2000 份,回收 1817 份,问卷回收率 90.85%,最后获取有效问卷 1451 份。

调查对象有效样本的年龄段分布情况:18 岁以下占比 1.9%,18—22 岁占比 87.9%,23—27 岁占比 8.1%,28—35 岁占比 0.8%,35 岁以上占比 1.2%。受教育程度的分布情况:高中中专职高占 2.9%,大专占 1.9%,本科占 82.6%,研究生占 12.5%。有效样本的家庭住址省属地,广泛

---

① Trisha, T. C. Lin, Li Li, "Perceived Characteristics, Perceived popularity, and Playfulness: Youth Adoption of Mobile Instant Messaging in China", *China Media Research*, Vol. 10, No. 2, 2014, pp. 60 – 71.

分布于全国 31 个省级行政单位（宁夏为"0"故未列入）。由于取样地是长三角高校，所以浙江和江苏的归属地样本比例比较高。如图 4-1：

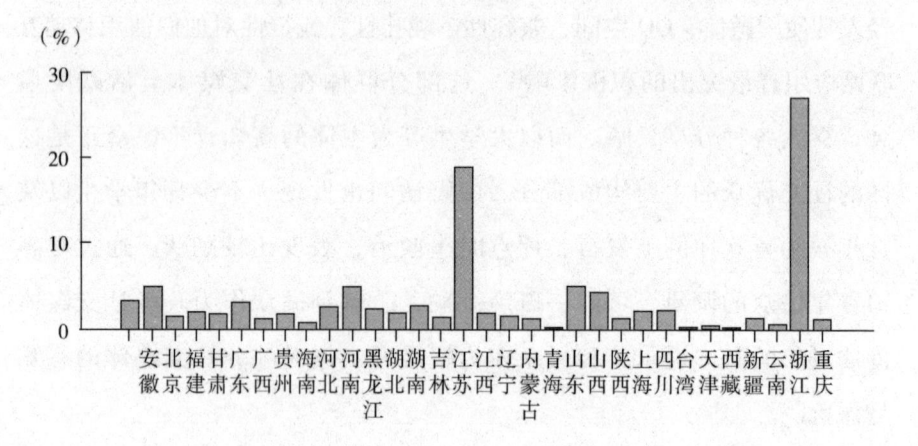

图 4-1 调查样本家庭住址归属地

一 高知青年民众媒体应用调查

（一）高知青年民众的媒介接触情况

关于高知青年民众的社交媒体应用情况，在有效样本中，高知青年民众平时用微信的比例最高，有高达 71.7% 的人几乎每天都用微信，其次是 App 的使用，67.6% 的人几乎每天用 App。平时用 QQ 的比例也较高，有 60.0% 的人几乎每天用 QQ。几乎每天用微博的比例为 45.9%，低于 50%，而且还有接近 20% 的人平时不用或者很少用微博。微博作为社交媒体在高知青年民众中的接触率已经相对式微。

通过均值统计，可以更加清晰地看出高知青年民众对社交媒体普遍有较频繁的接触（采用李克特 5 分量表，1＝从不使用，2＝很少使用，3＝有时偶尔使用，4＝经常使用，5＝几乎每天使用），如图 4-2。

为提高测量的概括性，对高知青年民众关于 QQ、微博、微信、App 等的平时接触使用情况进行降维处理，具体降维过程与因子分析方

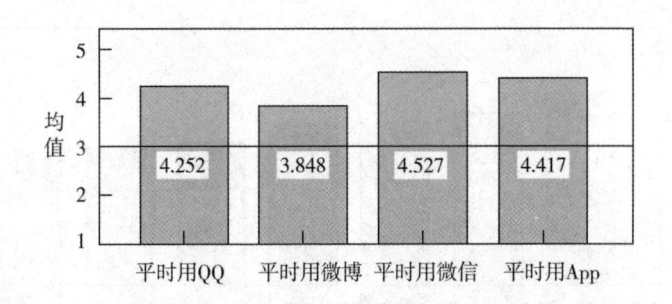

图 4-2 高知青年民众的社交媒体接触

柱状图数据:平时用QQ 4.252,平时用微博 3.848,平时用微信 4.527,平时用App 4.417

法概述如下:采用 SPSS19.0 进行因子分析,采用主成分分析法,自动抽取特征值 >1 的因子。首先完成原有 4 个变量的相关系数矩阵及其检验,发现每个变量的相关系数都较高(超过 0.5 > 0.3,且单边检验值 = 0.000 < 0.05),说明各个变量之间具有较强的线性相关,能够从中提取公共因子;信度检验克朗巴哈 α 系数为 0.609,说明问卷内部一致性可接受。KMO 和 Bartlett 的统计检验结果,这 4 个指标的效度检验 KMO 值为 0.640 > 0.6,巴特利特球状检验(Bartlett Test of Sphericity)的卡方值为 640.467,自由度为 3,p = 0.000 < 0.001,在 0.000 的水平上显著,表明这 4 个指标适合进行因子分析。最后自动提取获得 1 个公共因子,累计方差贡献率为 60.089%。通过 SPSS19.0 进行因子分析得到的这 1 个公共因子,适合命名为:高知青年民众的社交媒体接触。

高知青年民众在社交媒体上具体进行哪些互动行为?描述性统计结果如图 4-3 所示:

高知青年民众浏览微博微信的频率最高,其次是在朋友圈的聊天交际行为,最后是点赞、阅读公众号、评论、发微博微信、转发等交互活动,且每一项都达到了 3 分值以上(采用李克特 5 分量表,1 = 从不,2 = 很少,3 = 有时,4 = 经常,5 = 几乎每天)。

为提高测量的概括性,对高知青年民众在社交媒体上具体进行的

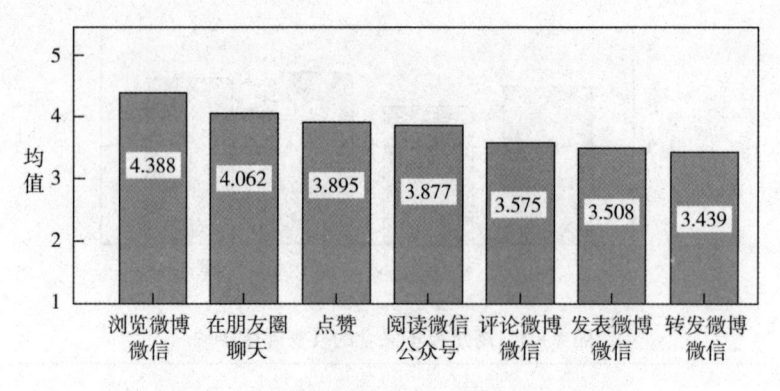

图 4-3 高知青年民众的社交媒体互动行为

上述互动行为进行降维处理，通过 SPSS19.0 进行因子分析，自动提取获得 1 个公共因子，适合命名为：高知青年民众的社交媒体互动行为。[①] 因子分析的具体情况如表 4-1：

表 4-1 高知青年民众社交媒体互动行为的因子分析结果

成分矩阵[a]

	成分	共同度	解释的总方差	
	因子社交媒体互动行为		特征值	解释方差的贡献率（%）
在朋友圈聊天	0.746	0.556	4.395	62.780
浏览微博微信	0.785	0.615	0.817	11.672
阅读微信公众号	0.737	0.544	0.491	7.009
点赞	0.783	0.613	0.460	6.574
转发微博微信	0.814	0.662	0.322	4.604
评论微博微信	0.852	0.726	0.290	4.139

[①] 采用 SPSS19.0 进行因子分析，自动抽取特征值 >1 的因子。首先完成原有 7 个变量的相关系数矩阵及其检验，发现每个变量的相关系数都较高（超过 0.5 > 0.3，且单边检验值 = 0.000 < 0.05），说明各个变量之间具有较强的线性相关，能够从中提取公共因子；信度检验克朗巴哈 α 系数为 0.900，说明问卷内部一致性可接受。KMO 和 Bartlett 的统计检验结果，这 7 个指标的效度检验 KMO 值为 0.889 > 0.6，巴特利特球状检验（Bartlett Test of Sphericity）的卡方值为 5710.018，自由度为 21，p = 0.000 < 0.001，在 0.000 的水平上显著，表明这 7 个指标适合进行因子分析。主成分分析法，提取 1 个公共因子，累计方差贡献率 62.780%。

续表

成分		共同度	解释的总方差	
因子社交媒体互动行为			特征值	解释方差的贡献率（%）
发表微博微信	0.824	0.678	0.226	3.222

注：Cronbach's Alpha = 0.900；提取方法：主成分分析法。a. 已提取了1个成分。

高知青年民众在社交媒体上关注的内容情况（从不关注1分，非常关注10分，根据关注程度，1—10分自由赋值）。如图4-4、表4-2所示：

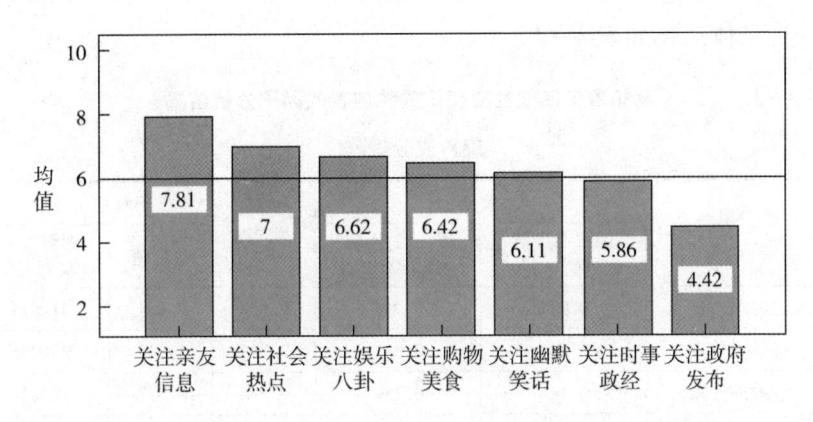

图4-4 高知青年民众在社交媒体上关注的内容

表4-2 高知青年民众在社交媒体上关注的内容——描述统计结果

	N	极小值	极大值	均值	标准差
关注亲友信息	1415	1	10	7.81	2.153
关注社会热点	1416	1	10	7.00	2.295
关注娱乐八卦	1414	1	10	6.62	2.475
关注购物美食	1411	1	10	6.42	2.465
关注幽默笑话	1408	1	10	6.11	2.567
关注时事政经	1411	1	10	5.86	2.543
关注政府发布	1402	1	10	4.42	2.333
有效的N（列表状态）	1390				

从均值分布情况看，高知青年民众在社交媒体上关注最多的是亲友生活状态信息，其次是社会热点新闻，再次是娱乐八卦、购物美食、幽默笑话等，这些信息的关注情况都超过及格线 6 分值。相比而言，关注最少的是时事政治经济信息和政府/官员信息的发布。

为提高测量的概括性，对高知青年民众在社交媒体上具体关注的内容情况进行降维处理，通过 SPSS19.0 进行因子分析，自动提取获得 2 个公共因子，适合分别命名为：因子 1，高知青年民众社交媒体生活休闲信息关注；因子 2，高知青年民众社交媒体社会公共信息关注。[1] 因子分析具体情况如表 4 - 3：

表 4 - 3　　　　高知青年民众社交媒体关注内容的因子分析结果

旋转成分矩阵ª

	成分		共同度	解释的总方差	
	因子 1 生活休闲信息关注	因子 2 社会公共信息关注		特征值	解释方差贡献率（%）
关注时事政经	0.017	0.912	0.833	2.931	41.871
关注社会热点	0.205	0.837	0.743	1.617	23.095
关注政府发布	0.144	0.759	0.596	0.717	10.237
关注购物美食	0.777	0.181	0.636	0.565	8.076
关注亲友信息	0.610	0.291	0.457	0.498	7.120
关注娱乐八卦	0.813	0.045	0.663	0.415	5.932
关注幽默笑话	0.787	0.006	0.620	0.257	3.671
Cronbach's Alpha	0.745	0.808			

注：Cronbach's Alpha = 0.765；提取方法：主成分分析法。旋转法：具有 Kaiser 标准化的正交旋转法。a. 旋转在 3 次迭代后收敛。

---

[1] 采用 SPSS19.0 进行因子分析，自动抽取特征值 >1 的因子。首先完成原有 7 个变量的相关系数矩阵及其检验，发现每个变量的相关系数都较高（超过 0.5 > 0.3，且单边检验值 = 0.000 < 0.05），说明各个变量之间具有较强的线性相关，能够从中提取公共因子；信度检验克朗巴哈 α 系数为 0.765，说明问卷内部一致性可接受。KMO 和 Bartlett 的统计检验结果，这 7 个指标的效度检验 KMO 值为 0.739 > 0.6，巴特利特球状检验（Bartlett Test of Sphericity）的卡方值为 3162.771，自由度为 21，p = 0.000 < 0.001，在 0.000 的水平上显著，表明这 7 个指标适合进行因子分析。主成分分析法，提取 1 个公共因子，累计方差贡献率 64.965%。

对上述两个因子，通过累计均值比较分析发现，高知青年民众对生活休闲信息的关注程度（累计均值＝6.74）要显著高于对社会公共信息的关注（累计均值＝5.76）。

而高知青年民众在社交媒体上关注的对象（从不关注1分，非常关注10分，根据关注程度，1—10分自由赋值），最关注的是家人/朋友，其次是明星/网红，这两项的关注度超过及格线6分值，再次是对媒体的关注，均值为5.99，非常接近6分值。对政府官员的关注度最低，均值3.42，对专家学者的关注度也比较低，均值4.72。如图4－5所示：

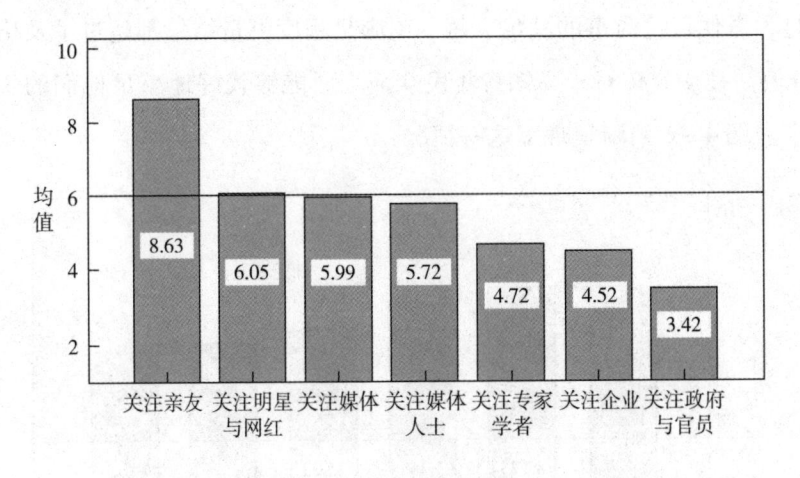

图4－5　高知青年民众在社交媒体关注的对象

通过接触和使用社交媒体，主要满足了高知青年民众的哪些需要？（最不满足1分，最满足10分，根据满足程度，1—10分自由赋值）描述性统计结果分析如表4－4所示：

表4－4　　　　高知青年民众接触和使用社交媒体的满足感

描述统计量

	N	极小值	极大值	均值	标准差
及时获知信息	1418	1	10	8.15	2.177

续表

	N	极小值	极大值	均值	标准差
生活休闲娱乐	1416	1	10	8.12	2.012
人际交往	1419	1	10	7.75	2.178
分享观点意见	1419	1	10	7.20	2.335
主动参与社会	1417	1	10	6.77	2.438
方便议论时事	1417	1	10	6.57	2.477
有效的 N（列表状态）	9914				

其中，获知信息的满足程度最高，生活休闲娱乐的满足程度其次，再次是人际交往的满足，复次是分享观点意见的满足，主动参与社会的满足，方便议论时事的满足。每一项满足程度测量结果都超过了及格线6分值。社交媒体对于高知青年民众而言，能够较好地满足他们的主要需求。图 4-6 清晰呈现了这一情况：

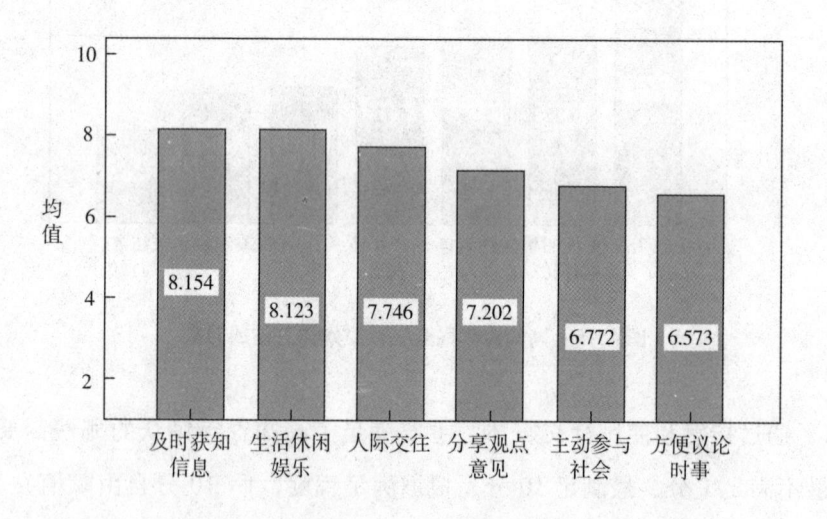

图 4-6 高知青年民众社交媒体使用满足需求的均值情况

为提高测量的概括性，对接触和使用社交媒体主要满足了高知青年民众的哪些需要情况进行降维处理，通过 SPSS19.0 进行因子分析，自动提取获得了 1 个公共因子，适合命名为：高知青年民众社交媒体使用满足。① 因子分析具体情况如表 4-5 所示：

表 4-5　高知青年民众社交媒体使用满足情况的因子分析结果

成分矩阵ᵃ

	成分	共同度	解释的总方差	
	社交媒体使用满足		特征值	解释方差贡献率（%）
及时获知信息	0.761	0.579	3.578	59.633
主动参与社会	0.811	0.657	0.815	13.590
方便议论时事	0.796	0.634	0.584	9.730
分享观点意见	0.833	0.694	0.421	7.021
人际交往	0.703	0.495	0.354	5.899
生活休闲娱乐	0.720	0.518	0.248	4.127

注：Cronbach's Alpha-0.864；提取方法：主成分分析法。a. 已提取了 1 个成分。

关于高知青年民众对政务社交媒体的使用接触情况，统计发现，在有效样本中，高知青年接触政务社交媒体的比例普遍较低。51.8%的人从不关注党政客户端 App，33.8%的人很少关注，合计超过85%，经常和几乎每天关注的比例合计仅为3.5%。政务微信公众号的关注情况也类似，从不关注和很少关注的比例超过75%，经常和几乎每天关注的比例合计为5.7%。对政务微博的关注情况，略好一些，经常和几乎每天关注的比例合计为6.3%，但从不关注和很少关注的比例也超过了70%。

通过均值统计，可以更加清晰地看出高知青年民众对政务社交媒体普遍缺乏关注（采用李克特5分量表，1 = 从不关注，2 = 很少关

---

① 采用 SPSS19.0 进行因子分析，自动抽取特征值 >1 的因子。首先完成原有 6 个变量的相关系数矩阵及其检验，发现每个变量的相关系数都较高（超过 0.5 > 0.3，且单边检验值 = 0.000 < 0.05），说明各个变量之间具有较强的线性相关，能够从中提取公共因子；信度检验克朗巴哈 α 系数为 0.864，说明问卷内部一致性可接受。KMO 和 Bartlett 的统计检验结果，这 6 个指标的效度检验 KMO 值为 0.828 > 0.6，巴特利特球状检验（Bartlett Test of Sphericity）的卡方值为 3884.507，自由度为 15，p = 0.000 < 0.001，在 0.000 的水平上显著，表明这 6 个指标适合进行因子分析。主成分分析法，提取 1 个公共因子，累计方差贡献率 59.633%。

注，3＝有时偶尔关注，4＝经常关注，5＝几乎每天关注）。如图4-7所示：

均值柱状图：
- 是否关注党政客户端：1.678
- 是否关注政务微博：1.978
- 是否关注政务微信公众号：1.857

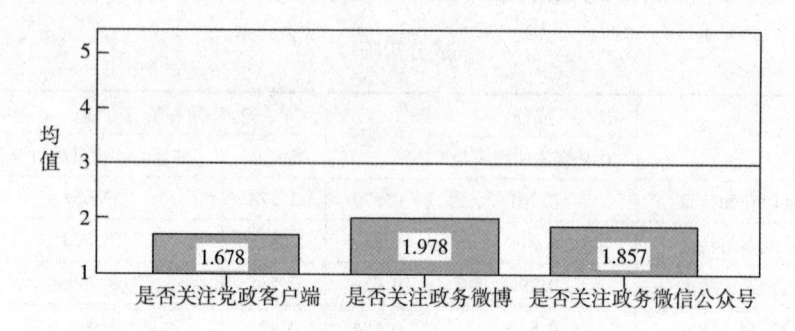

图4-7　高知青年民众的政务社交媒体关注情况

为提高测量的概括性，对高知青年民众对政务社交媒体的使用接触情况进行降维处理，通过 SPSS19.0 进行因子分析，自动提取获得了1个公共因子，适合命名为：高知青年民众政务社交媒体关注。[①] 因子分析具体情况见表4-6。

表4-6　高知青年民众政务社交媒体关注情况因子分析结果

成分矩阵[a]

	政务社交媒体关注	共同度	特征值	解释方差贡献率（%）
是否关注党政客户端	0.837	0.701	2.182	72.733
是否关注政务微博	0.859	0.738	0.441	14.695
是否关注政务微信公众号	0.862	0.743	0.377	12.572

注：Cronbach's Alpha-0.812；提取方法：主成分分析法。a. 已提取了1个成分。

---

① 采用 SPSS19.0 进行因子分析，自动抽取特征值＞1 的因子。首先完成原有3个变量的相关系数矩阵及其检验，发现每个变量的相关系数都较高（超过 0.5＞0.3，且单边检验值＝0.000＜0.05），说明各个变量之间具有较强的线性相关，能够从中提取公共因子；信度检验克朗巴哈 α 系数为 0.812，说明问卷内部一致性可接受。KMO 和 Bartlett 的统计检验结果，这3个指标的效度检验 KMO 值为 0.714＞0.6，巴特利特球状检验（Bartlett Test of Sphericity）的卡方值为 1440.949，自由度为3，p＝0.000＜0.001，在 0.000 的水平上显著，表明这3个指标适合进行因子分析。主成分分析法，提取1个公共因子，累计方差贡献率 72.733%。

(二) 高知青年民众的媒体/媒介信任情况

为了解高知青年民众对媒体/媒介的信任情况，我们设计了"发生重大突发事件，您倾向相信下列媒介发布的信息吗？"这一问题进行测量，并采用了 10 分制进行赋值，完全不相信记 1 分，完全相信记 10 分，根据信任度，1—10 分自由赋值。对有效样本的描述性统计结果显示，高知青年民众对媒体/媒介的信任情况，随着媒体播发平台受众规模的递减而递减。均值统计结果如表 4-7：

表 4-7　高知青年民众媒体/媒介信任情况——描述性统计

	N	极小值	极大值	均值	标准差
多大程度相信中央电视台信息	1412	1	10	8.12	2.089
多大程度相信新华社信息	1409	1	10	7.89	2.113
多大程度相信《人民日报》信息	1407	1	10	7.83	2.084
多大程度相信市场化主媒信息	1410	1	10	7.10	1.995
多大程度相信事发当地媒体信息	1404	1	10	6.48	2.005
多大程度相信事发地政府政务微博信息	1403	1	10	6.37	2.100
多大程度相信事发地政府微信公众号信息	1399	1	10	6.21	2.108
多大程度相信事发地政府党政客户端信息	1397	1	10	6.15	2.180
多大程度相信微博微信大 V 信息	1396	1	10	4.92	2.135
多大程度相信 QQ 微信朋友圈信息	1392	1	10	4.18	2.183
有效的 N（列表状态）	1368				

在发生重大突发事件时，高知青年民众倾向于更加相信中央级媒体的信息，如中央电视台、新华社、《人民日报》等传统的国家级主流大型媒体。其次是市场化的报纸等主流大众传播媒体。再次是事发当地的媒体，包括事发地的政务社交媒体。上述三类媒体的信任度都在 6 分及格线以上。而对于网络上微博微信大 V、QQ 微信朋友圈等发布的此方面信息，其信任值较低，在 6 分以下。

图表呈现可以更加清晰地看出这种随媒体传播层阶下降而出现的信任递减现象，如图 4-8：

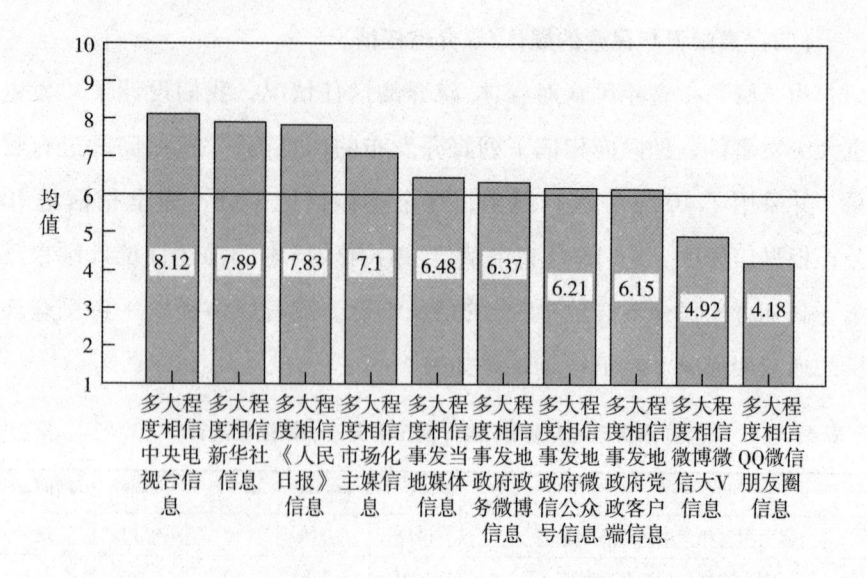

图4-8 高知青年民众媒体/媒介信任情况——均值统计

　　为提高测量的概括性,对高知青年民众对媒介的信任情况进行降维处理,通过SPSS19.0进行因子分析,自动提取获得了2个公共因子,适合命名为:因子1,高知青年民众信任主流媒体(包含政务媒体);因子2,高知青年民众信任个人社交媒体。① 因子分析具体情况如表4-8:

　　对上述两个因子,进行累计均值比较分析,发现:高知青年民众对主流媒体(包括对政务媒体)的信任程度(累计均值=7.02)要显著高于对个人社交媒体的信任(累计均值=4.55)。

---

　　① 采用SPSS19.0进行因子分析,自动抽取特征值>1的因子。首先完成原有10个变量的相关系数矩阵及其检验,发现每个变量的相关系数都较高(超过0.5>0.3,且单边检验值=0.000<0.05),说明各个变量之间具有较强的线性相关,能够从中提取公共因子;信度检验克朗巴哈α系数为0.895,说明问卷内部一致性可接受。KMO和Bartlett的统计检验结果,这10个指标的效度检验KMO值为0.861>0.6,巴特利特球状检验(Bartlett Test of Sphericity)的卡方值为11750.822,自由度为45,$p=0.000<0.001$,在0.000的水平上显著,表明这10个指标适合进行因子分析。主成分分析法,提取1个公共因子,累计方差贡献率为71.582%。

表 4-8　高知青年民众媒体/媒介信任情况的因子分析结果

成分矩阵ᵃ

	成分		共同度	解释的总方差	
	因子1信任 主流媒体	因子2信任 个人社交媒体		特征值	解释方差的 贡献率（%）
多大程度相信新华社信息	0.719	-0.463	0.732	5.425	54.245
多大程度相信中央电视台信息	0.737	-0.475	0.769	1.734	17.336
多大程度相信《人民日报》信息	0.782	-0.439	0.803	0.968	9.675
多大程度相信市场化主媒信息	0.699	-0.018	0.489	0.612	6.118
多大程度相信事发当地媒体信息	0.806	0.138	0.669	0.344	3.437
多大程度相信事发地政府 政务微博信息	0.874	0.141	0.784	0.326	3.262
多大程度相信事发地政府 微信公众号信息	0.888	0.141	0.809	0.258	2.576
多大程度相信事发地政府 党政客户端信息	0.863	0.152	0.768	0.148	1.483
多大程度相信微博微信大V信息	0.478	0.690	0.705	0.127	1.275
多大程度相信QQ微信朋友圈信息	0.297	0.736	0.630	0.059	0.592
Cronbach's Alpha	0.923	0.779			

注：Cronbach's Alpha=0.895。提取方法：主成分分析法。a.已提取了2个成分。

（三）高知青年民众对政务社交媒体的评价情况

对政务社交媒体沟通特性的评价情况，根据已有研究，设计了关于基层政府政务社交媒体应用的5个维度，即基层政务媒体的准确性（准确发布信息）、公开性（信息公开透明）、及时性（及时与民众沟通）、回应性（积极回应民众）、参与性（让民众充分参与）。通过对高知青年民众的调查发现，他们对基层政府的政务社交媒体在上述5个方面的评价普遍较低，只有"准确发布信息"达到了基准线以上，其他4个维度都低于3分值（采用李克特5分量表，1=完全不认同，2=大部分不认同，3=不认同与认同各半，4=大部分认同，5=完全认同），尤其是在沟通的及时性、参与性、回应性等方面，得分更低。

均值统计可以清晰呈现出高知青年民众对基层政府的政务社交媒体沟通特性评价情况。如图4-9所示：

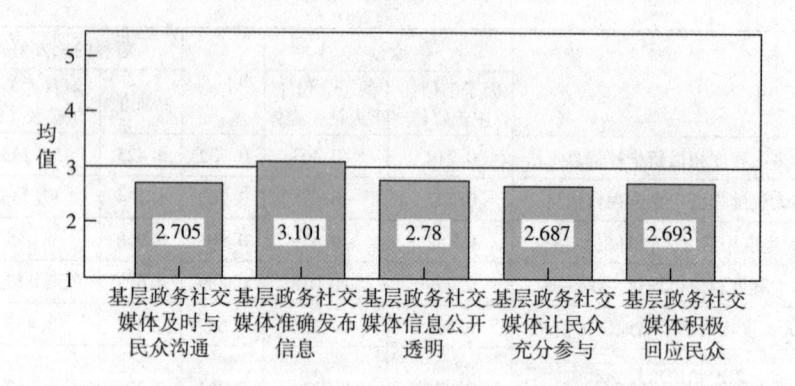

图4-9　高知青年民众对基层政务社交媒体沟通特性的评价——均值

	基层政务社交媒体及时与民众沟通	基层政务社交媒体准确发布信息	基层政务社交媒体信息公开透明	基层政务社交媒体让民众充分参与	基层政务社交媒体积极回应民众
均值	2.705	3.101	2.78	2.687	2.693

为提高测量的概括性，对高知青年民众对政务社交媒体沟通性的评价情况进行降维处理，通过SPSS19.0进行因子分析，自动提取获得了1个公共因子，适合命名为：高知青年民众评价政务社交媒体沟通性。[1] 因子分析具体情况如表4-9：

表4-9　高知青年民众评价政务社交媒体沟通性的因子分析结果

成分矩阵[a]

	成分	共同度	解释的总方差	
	评价政务社交媒体沟通性		特征值	解释方差的贡献率（%）
基层政务社交媒体及时与民众沟通	0.845	0.714	3.705	74.106

---

[1] 采用SPSS19.0进行因子分析，自动抽取特征值>1的因子。首先完成原有5个变量的相关系数矩阵及其检验，发现每个变量的相关系数都较高（超过0.5>0.3，且单边检验值=0.000<0.05），说明各个变量之间具有较强的线性相关，能够从中提取公共因子；信度检验克朗巴哈α系数为0.895，说明问卷内部一致性可接受。KMO和Bartlett的统计检验结果，这5个指标的效度检验KMO值为0.877>0.6，巴特利特球状检验（Bartlett Test of Sphericity）的卡方值为4796.475，自由度为10，p=0.000<0.001，在0.000的水平上显著，表明这5个指标适合进行因子分析。主成分分析法，提取1个公共因子，累计方差贡献率为74.106%。

续表

	成分	共同度	解释的总方差	
	评价政务社交媒体沟通性		特征值	解释方差的贡献率（%）
基层政务社交媒体准确发布信息	0.814	0.663	0.473	9.451
基层政务社交媒体信息公开透明	0.889	0.791	0.349	6.983
基层政务社交媒体让民众充分参与	0.885	0.784	0.258	5.158
基层政务社交媒体积极回应民众	0.868	0.754	0.215	4.303

注：Cronbach's Alpha = 0.912；提取方法：主成分分析法。a. 已提取了1个成分。

（四）高知青年民众的媒介表达平台选择

相关研究普遍认为，高知青年民众对自身的权益意识以及维权意识、自主表达意识都较一般人群更加突出。因此，在自身遇到利益损害时，他们会向什么对象求助或者会选择什么样的媒介平台发布信息、表达意见与诉求呢？我们设计了"如果您发现某项政策对您的利益有很大损害，您会采取下列行动维护自身权益吗？"这一问题进行测量，肯定不会记1分，肯定会记10分，根据可能采取的程度，1—10分自由赋值。对有效样本的描述性统计结果显示，高知青年民众在维护自身权益时，最可能选择的平台是微博和微信，首选发帖发微博表达，其次是求助朋友圈，最后是反映到新闻媒体、@当地政府政务微博、直接找当地政府、@当地政府政务微信公众号，也有可能选择忍耐，集会抗议的可能性最低。描述性统计结果如表4-10：

表4-10 高知青年民众的媒介表达平台选择——描述性统计结果

	N	极小值	极大值	均值	标准差
发帖发微博表达	1403	1	10	5.62	2.959
求助朋友圈	1401	1	10	5.40	3.099
反映到新闻媒体	1401	1	10	5.27	2.710

续表

	N	极小值	极大值	均值	标准差
@当地政府政务微博	1399	1	10	5.23	2.787
直接找当地政府	1395	1	10	5.00	2.853
@当地政府政务微信公众号	1393	1	10	4.81	2.711
能忍则忍	1364	1	10	4.15	2.897
参加游行集会抗议	1357	1	10	2.67	2.308
有效的N（列表状态）	1319				

图表呈现可以更加清晰地看出高知青年民众在维护权益时可能选择的媒介平台及其表达行为，如图4-10：

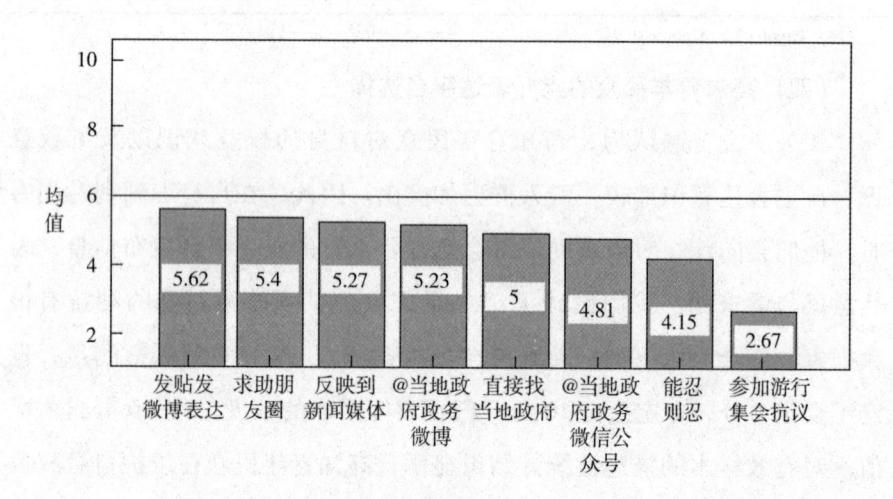

图4-10 高知青年民众的媒介表达平台选择——均值

为提高测量的概括性，对高知青年民众在自身遇到利益损害时可能的求助对象与维权行为情况进行降维处理，通过SPSS19.0进行因子分析。第一次因子分析结果，将8个测量指标全部输入，自动提取特征值大于1的因子，共获取了3个因子，因子分析相关指标均符合统计要求，但是其中两个测量指标"能忍则忍""参加游行集会抗议"虽然构成了第三个因子，但其Cronbach's Alpha检验值为0.103，没有通过信度检验，因此不符合要求，必须予以剔除。第二次因子分析，将另外6个测量指标用以因子分析，自动提取获得了2个公共因子，适合命名为：因子1，高知青年民众求助政务媒体和政府维权；因子2，高知青年民众通过社交媒体表达维权。[1] 因子分析具体情况如表4-11：

表4-11 高知青年民众维护权益的媒介表达平台选择——因子分析结果

旋转成分矩阵ª

	成分		共同度	解释的总方差	
	因子1 求助政务媒体和政府维权	因子2 通过社交媒体表达维权		特征值	解释方差的贡献率（%）
求助朋友圈	0.084	0.895	0.808	3.110	51.839
发帖发微博表达	0.227	0.878	0.822	1.288	21.467
反映到新闻媒体	0.756	0.248	0.632	0.744	12.404
直接找当地政府	0.807	0.067	0.656	0.395	6.582
@当地政府政务微博	0.819	0.270	0.744	0.303	5.057
@当地政府政务微信公众号	0.835	0.195	0.735	0.159	2.651
Cronbach's Alpha	0.838	0.783			

注：Cronbach's Alpha=0.803；提取方法：主成分分析法。旋转法：具有Kaiser标准化的正交旋转法。a. 旋转在3次迭代后收敛。

对这两个因子，通过累计均值进行比较分析，发现：高知青年民众在自身利益受损时，更倾向于通过社交媒体进行表达维权（累计均值=5.51），而求助政务媒体和向政府求助维权的可能性相对略低（累计均值=5.08）。

---

[1] 采用SPSS19.0进行因子分析，自动抽取特征值>1的因子。首先完成原有6个变量的相关系数矩阵及其检验，发现每个变量的相关系数都较高（超过0.5>0.3，且单边检验值=0.000<0.05），说明各个变量之间具有较强的线性相关，能够从中提取公共因子；信度检验克朗巴哈α系数为0.803，说明问卷内部一致性可接受。KMO和Bartlett的统计检验结果，这6个指标的效度检验KMO值为0.691>0.6，巴特利特球状检验（Bartlett Test of Sphericity）的卡方值为3935.151，自由度为15，p=0.000<0.001，在0.000的水平上显著，表明这6个指标适合进行因子分析。主成分分析法，提取1个公共因子，累计方差贡献率为73.306%。

二 高知青年民众对基层政府的认知

首先了解高知青年民众在日常线下实际生活中与基层政府有没有打过交道,以便了解他们对基层政府公务人员的直观印象。统计结果显示,日常生活中,最近一年内,经常与基层政府打交道的并不多,21.3%的人有时乃至常与基层政府打交道,43.7%的人很少与基层政府打交道,34.9%的人从不与基层政府打交道。均值统计结果为1.92,频率较低。柱状图显示频率情况如图4-11:

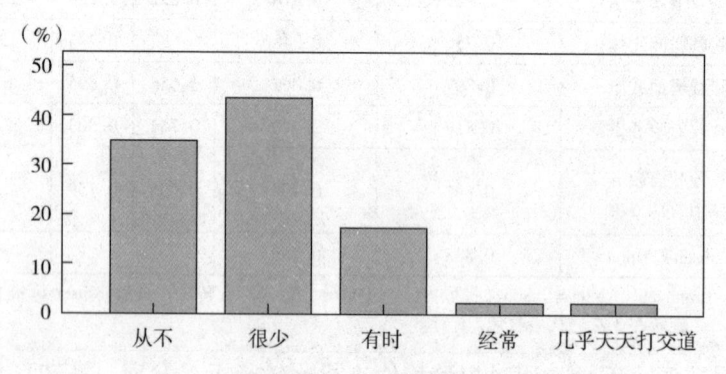

图4-11 高知青年民众与政府直接打交道情况

(一)高知青年民众对基层政府工作的满意度

从7个方面测量高知青年民众对基层政府工作的满意度,分别是依法办事、服务态度、工作作风、执法公正、官民关系、办事效率、廉洁反腐等7个方面。描述性统计结果如表4-12所示:

表4-12 高知青年民众对基层政府工作的满意度——描述性统计

	N	极小值	极大值	均值	标准差
依法办事满意度	1416	1	10	6.00	2.357
服务态度满意度	1420	1	10	5.99	2.331
工作作风满意度	1417	1	10	5.88	2.292

续表

	N	极小值	极大值	均值	标准差
执法公正满意度	1415	1	10	5.86	2.315
官民关系满意度	1414	1	10	5.72	2.311
办事效率满意度	1413	1	10	5.57	2.348
廉洁反腐满意度	1406	1	10	5.56	2.418
有效的 N（列表状态）	1398				

对该描述性结果进行的图示情况如图 4-12，图表呈现可以更加清晰看出高知青年民众对基层政府各方面工作的满意度。以 6 分为及格线，高知青年民众对基层政府工作的满意度，虽然没有一项达到及格线，但是已经非常接近 6 分值。基层政府通过努力是有可能达到 6 分以上满意度的（见图 4-12）。

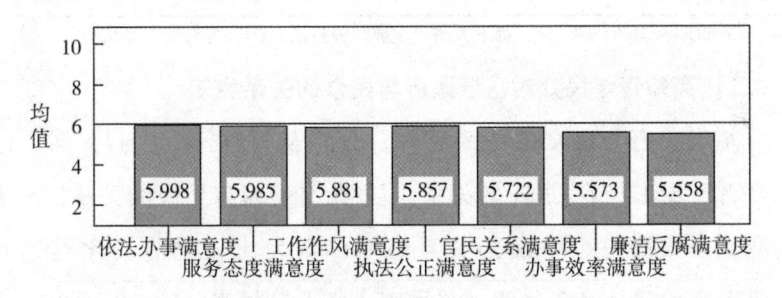

图 4-12 高知青年民众对基层政府工作的满意度——均值

为提高测量的概括性，对高知青年民众对基层政府各方面工作的满意度情况进行降维处理，通过 SPSS19.0 进行因子分析，自动提取获得了 1 个公共因子，适合命名为：高知青年民众对基层政府工作满意度。[1] 因

---

[1] 采用 SPSS19.0 进行因子分析，自动抽取特征值 >1 的因子。首先完成原有 7 个变量的相关系数矩阵及其检验，发现每个变量的相关系数都较高（超过 0.5 > 0.3，且单边检验值 = 0.000 < 0.05），说明各个变量之间具有较强的线性相关，能够从中提取公共因子；信度检验克朗巴哈 α 系数为 0.968，说明问卷内部一致性可接受。KMO 和 Bartlett 的统计检验结果，这 7 个指标的效度检验 KMO 值为 0.928 > 0.6，巴特利特球状检验（Bartlett Test of Sphericity）的卡方值为 12795.066，自由度为 21，p = 0.000 < 0.001，在 0.000 的水平上显著，表明这 7 个指标适合进行因子分析。主成分分析法，提取 1 个公共因子，累计方差贡献率为 84.218%。

子分析具体情况如表 4-13：

表 4-13　高知青年民众对基层政府工作满意度的因子分析结果

成分矩阵^a

	成分因子	共同度	解释的总方差	
	对基层政府工作满意度		特征值	解释方差的贡献率（%）
服务态度满意度	0.895	0.800	5.895	84.218
工作作风满意度	0.943	0.890	0.384	5.481
办事效率满意度	0.912	0.831	0.206	2.943
执法公正满意度	0.940	0.884	0.190	2.716
官民关系满意度	0.926	0.858	0.146	2.081
依法办事满意度	0.927	0.860	0.097	1.381
廉洁反腐满意度	0.879	0.772	0.083	1.181

注：Cronbach's Alpha = 0.968；提取方法：主成分分析法。a. 已提取了 1 个成分。

（二）高知青年民众对基层政府与民众的关系感知

对基层政府与民众的关系感知，分别从村/居委会与村/居民的关系、乡/镇/街道与农/居民的关系、县/市/区/旗与居民的关系，三方面进行测量。根据三个方面的关系感知，认为比较融洽的比例达到了 40% 以上，均值超过 3 分值（采用李克特 5 分量表，1 = 很不融洽，2 = 不太融洽，3 = 好差各半，4 = 比较融洽，5 = 很融洽），如图 4-13：

为提高测量的概括性，对高知青年民众对基层政府与民众的关系感知情况进行降维处理，通过 SPSS19.0 进行因子分析，自动提取获得了 1 个公共因子，适合命名为：高知青年民众对基层政府与民众关系感知。[①] 因子

[①] 采用 SPSS19.0 进行因子分析，自动抽取特征值 >1 的因子。首先完成原有 3 个变量的相关系数矩阵及其检验，发现每个变量的相关系数都较高（超过 0.5>0.3，且单边检验值 = 0.000 < 0.05），说明各个变量之间具有较强的线性相关，能够从中提取公共因子；信度检验克朗巴哈 α 系数为 0.883，说明问卷内部一致性可接受。KMO 和 Bartlett 的统计检验结果，这 3 个指标的效度检验 KMO 值为 0.681>0.6，巴特利特球状检验（Bartlett Test of Sphericity）的卡方值为 2577.459，自由度为 3，p = 0.000 < 0.001，在 0.000 的水平上显著，表明这 3 个指标适合进行因子分析。主成分分析法，提取 1 个公共因子，累计方差贡献率为 81.332%。

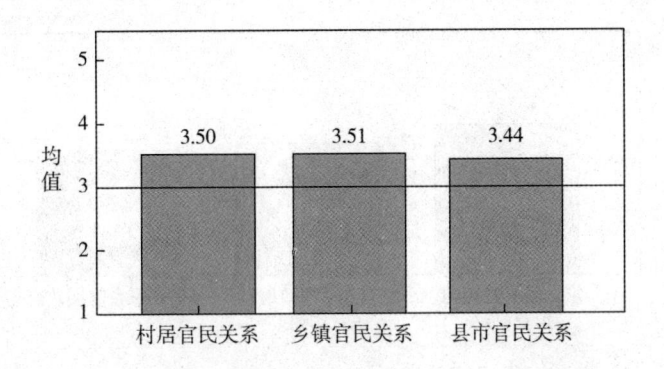

图4-13 高知青年民众对基层政府与民众关系感知

分析具体情况如表4-14：

表4-14 高知青年民众对基层政府与民众关系感知的因子分析结果

成分矩阵[a]

	成分因子		解释的总方差	
	对基层政府与民众关系感知	共同度	特征值	解释方差的贡献率（%）
村居官民关系	0.887	0.787	2.440	81.332
乡镇官民关系	0.946	0.894	0.395	13.152
县市官民关系	0.871	0.759	0.165	5.516

注：Cronbach's Alpha=0.883；提取方法：主成分分析法。a. 已提取了1个成分。

（三）高知青年民众对基层政府的整体印象评价

对家乡基层政府的整体印象上，超过40%的人认为家乡基层政府与民众沟通比较顺畅成效较好，超过30%的人比较信任家乡的基层政府，认为基层政府的形象较好。据均值统计分析发现，对基层政府的形象、信任和沟通的评价分值均超过3分值（采用李克特5分量表，正向排列），如图4-14：

为提高测量的概括性，对高知青年民众对家乡基层政府的整体印象评价进行降维处理，通过SPSS19.0进行因子分析，自动提取获得了1个公共因子，适合命名为：高知青年民众对家乡基层政府整体

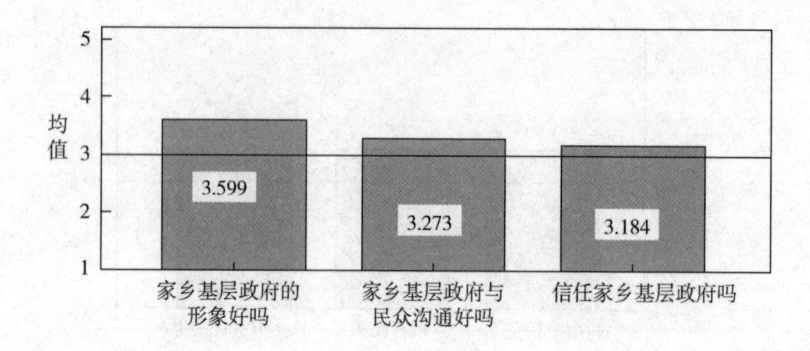

图 4-14 高知青年民众对家乡基层政府的评价

评价。① 因子分析具体情况如表 4-15：

表 4-15 高知青年民众对家乡基层政府整体评价的因子分析结果

成分矩阵[a]

	成分因子	共同度	解释的总方差	
	对家乡基层政府整体评价		特征值	解释方差的贡献率（%）
家乡基层政府与民众沟通好吗	0.826	0.683	1.768	58.929
信任家乡基层政府吗	0.867	0.751	0.831	27.704
家乡基层政府的形象好吗	0.578	0.434	0.401	13.367

注：Cronbach's Alpha = 0.649；提取方法：主成分分析法。a. 已提取了 1 个成分。

三 高知青年民众的社会治理感知

社会善治理的前提是基于对共同规则的共识。高知青年民众是社会

---

① 采用 SPSS19.0 进行因子分析，自动抽取特征值 >1 的因子。首先完成原有 3 个变量的相关系数矩阵及其检验，发现每个变量的相关系数都较高（超过 0.5 > 0.3，且单边检验值 = 0.000 < 0.05），说明各个变量之间具有较强的线性相关，能够从中提取公共因子；信度检验克朗巴哈 α 系数为 0.883，说明问卷内部一致性可接受。KMO 和 Bartlett 的统计检验结果，这 3 个指标的效度检验 KMO 值为 0.667 > 0.6，巴特利特球状检验（Bartlett Test of Sphericity）的卡方值为 752.266，自由度为 3，p = 0.000 < 0.001，在 0.000 的水平上显著，表明这 3 个指标适合进行因子分析。主成分分析法，提取 1 个公共因子，累计方差贡献率为 58.929%。

治理的重要依靠力量，也是参与社会治理的生力军。他们如何认知和判断当前社会，如何对待社会公共规则，如何看待社会治理主体的政府官员，这是了解其对社会治理与政府官员认知及评价需要重点解决的三个方面问题。由于社会治理是一个多方协同的过程，从民众的角度来说，配合政府作为社会主体对社会进行良善治理，其基本前提是对政府所制定的社会规则的认同，对指定并执行规则的政府官员的信任与认可。这种认可和遵从的过程，事实上也是民众通过信任契约将社会治理权赋权给政府及其官员的过程。因此，了解高知青年民众对社会规则和政府官员的认可情况，是切入这一重大话题的重要手段。

关于民众群体如何认知当前的社会这个宏大的话题，此前中国社科院的"中国社会心态调查"课题小组设计了问卷进行全国调查。根据本研究的需要，我们吸收该问卷调查的研究经验，结合社会心态调查问卷中的相关内容，并根据我们的田野访问经验，选择设计了如下12个问题进行测量，着力从规则意识、对政府官员的认可情况、对社会治理的基本判断等方面来进行一个横截面的了解。均值统计结果如表4-16、表4-17所示：

表4-16　　高知青年民众的社会治理感知测量——描述性统计

	N	极小值	极大值	均值	标准差
遵守规则对社会运作极其重要	1391	1	5	4.64	0.733
任何情况下都应履行纳税义务	1393	1	5	4.26	0.986
有效治理最重要的是有高尚道德的官员	1388	1	5	4.16	1.118
任何情况下都必须遵守公共规则	1392	1	5	4.12	1.067
公民应积极支持配合国家政策	1388	1	5	3.99	1.015
多数官员有足够才干	1388	1	5	2.98	1.126
官员大多一心一意为民服务	1389	1	5	2.81	1.144
官员的重要性大于企业家	1390	1	5	2.76	1.164
有效的N（列表状态）	1371				

表4-17　高知青年民众的社会治理感知测量——描述性统计

	N	极小值	极大值	均值	标准差
有权好办事	1392	1	5	3.87	1.099
有关系后台工作不难找	1390	1	5	3.85	1.151
官员没有几个清廉	1392	1	5	2.94	1.072
政府好坏与我无关	1389	1	5	2.13	1.102
有效的N（列表状态）	1384				

具体而言，我们先设计了4个测量指标，分别从：社会规则意识、公民纳税意识、遵守规则意识、政策配合意识4个方面了解高知青年民众对国家和社会的规则、政策、社会责任义务的遵从意识。同时为进一步了解该群体对政府官员的信任及其社会治理能力的认可，设计了4个正向的测量指标，分别从官员的重要性、官员的道德意识、官员的服务意识、官员的才干等方面进行测量。对社会规则和官员的认可，再设计了4个反向的测量指标，从权力、关系、廉洁、对政府的关注等方面进行反向测量，了解政府的社会治理和社会规则的反面情况在高知青年民众中的认知。这样一共有12个测量指标，均采用李克特5分量表（1＝强烈反对；2＝轻微反对；3＝不确定；4＝轻微支持；5＝强烈支持）。

然后，采用SPSS19.0的因子分析方法对该12个测量指标进行降维处理。[①] 第一次因子分析结果，其中一项测量指标"有效治理

[①] 采用SPSS19.0进行因子分析，自动抽取特征值>1的因子。首先完成原有12个变量的相关系数矩阵及其检验，发现各个变量的相关系数较高（超过0.5＞0.3，且单边检验值＝0.000＜0.05），说明各个变量之间具有较强的线性相关，能够从中提取公共因子。统计检验结果，这12个指标的效度检验KMO值为0.727＞0.6，巴特利特球状检验（Bartlett Test of Sphericity）的卡方值为4227.812，自由度为66，p＝0.000＜0.001，在0.000的水平上显著，表明这12个指标适合进行因子分析。另根据薛薇编著的《基于SPSS的数据分析》（中国人民大学出版社2006年版，第366页），Kaiser给出了因子分析常用的KMO度量标准，0.9以上表示非常适合；0.8表示适合；0.7表示一般；0.6表示不太适合；0.5以下表示极不适合。具体到此处，KMO值为0.727，说明可以进行因子分析。

最重要的是有高尚道德的官员"公因子方差提取值为 0.315，偏低。见表 4-18：

表 4-18　高知青年民众对社会和政府官员的认可情况——第一次因子分析结果

高知青年民众对社会和政府官员的认可情况	旋转成分矩阵 a			共同度	解释的总方差	
	因子 1	因子 2	因子 3		特征值	解释方差的贡献率（%）
官员没有几个清廉（反向）	0.090	0.103	0.647	0.437	3.050	25.420
有关系后台工作不难找（反向）	-0.150	0.132	0.824	0.719	2.128	17.731
有权好办事（反向）	-0.170	0.038	0.774	0.630	1.573	13.108
政府好坏与我无关（反向）	0.325	-0.299	0.532	0.478	0.980	8.167
多数官员有足够才干	0.164	0.792	0.123	0.670	0.840	6.996
官员大多一心一意为民服务	0.116	0.821	0.177	0.720	0.681	5.679
有效治理最重要的是有高尚道德的官员	0.495	0.241	-0.109	0.315	0.596	4.963
官员的重要性大于企业家	0.149	0.671	-0.094	0.482	0.556	4.635
公民应积极支持配合国家政策	0.669	0.319	0.084	0.556	0.497	4.144
遵守规则对社会运作极其重要	0.797	-0.110	-0.030	0.649	0.452	3.763
任何情况下都应履行纳税义务	0.762	0.119	0.017	0.596	0.351	2.928
任何情况下都必须遵守公共规则	0.696	0.124	-0.014	0.500	0.296	2.466

注：提取方法：主成分分析法并旋转法；具有 Kaiser 标准化的正交旋转法。a. 旋转在 5 次迭代后收敛。累积方差贡献率：58.823%；Cronbach's Alpha 可靠性检验：0.832。KMO 值为 0.868 > 0.6，巴特利特球状检验（Bartlett test of sphericity）的卡方值为 5474.623，自由度为 55，p = 0.000 < 0.001，在 0.000 的水平上显著。

一般认为当共同度大于 0.4 时，公因子就能很好地解释该测量指标。而如果共同度低，则表明该测量指标与其他指标之间的共通性很低，也就是说"有效治理最重要的是有高尚道德的官员"这个测量指标不适合放进此项因子分析中，应该予以剔除。据此对 11 个测量指标重新进行 SPSS19.0 中的降维处理，通过第二次因子分析，自动提取获

得 3 个公共因子,并采用旋转成分矩阵,分析结果如表 4-19:①

表 4-19 高知青年民众对社会和政府官员的认可情况——第二次因子分析结果

高知青年民众对社会和政府官员的认可情况	旋转成分矩阵a			共同度	解释的总方差	
	因子 1	因子 2	因子 3		特征值	解释方差的贡献率(%)
遵守规则对社会运作极其重要	0.808	-0.083	-0.047	0.663	2.845	25.862
任何情况下都应履行纳税义务	0.780	0.153	-0.006	0.631	2.091	19.008
任何情况下都必须遵守公共规则	0.709	0.154	-0.034	0.527	1.582	14.380
公民应积极支持配合国家政策	0.655	0.339	0.074	0.549	0.985	8.954
官员大多一心一意为民服务	0.097	0.830	0.166	0.726	0.693	6.300
多数官员有足够才干	0.147	0.803	0.108	0.679	0.615	5.594
官员的重要性大于企业家	0.122	0.674	-0.095	0.478	0.593	5.391
有关系后台工作不难找(反向)	-0.140	0.123	0.830	0.724	0.497	4.522
有权好办事(反向)	-0.160	0.027	0.783	0.639	0.455	4.138
官员没有几个清廉(反向)	0.108	0.112	0.638	0.431	0.350	3.178
政府好坏与我无关(反向)	0.331	-0.288	0.528	0.471	0.294	2.674
Cronbach's Alpha	0.760	0.715	0.653			

注:提取方法:主成分分析法并旋转法:具有 Kaiser 标准化的正交旋转法。a. 旋转在 5 次迭代后收敛,已提取了 3 个成分。累计方差贡献率:59.250%;Cronbach's Alpha 可靠性检验:0.677。KMO 值为 0.706 > 0.6,巴特利特球状检验(Bartlett Test of Sphericity)的卡方值为 3957.448,自由度为 55,p = 0.000 < 0.001,在 0.000 的水平上显著。

将因子 1 命名为:尊重规则意识,包含了遵守社会规则、履行社会

---

① 采用 SPSS19.0 进行因子分析,自动抽取特征值 > 1 的因子。首先完成 11 个变量的相关系数矩阵及其检验,发现各个变量的相关系数较高(超过 0.5 > 0.3,且单边检验值 = 0.000 < 0.05),说明各个变量之间具有较强的线性相关,能够从中提取公共因子;信度检验克朗巴哈 α 系数为 0.677,说明问卷内部一致性可接受。统计检验结果,这 11 个指标的效度检验 KMO 值为 0.706 > 0.6,巴特利特球状检验(Bartlett Test of Sphericity)的卡方值为 3957.448,自由度为 55,p = 0.000 < 0.001,在 0.000 的水平上显著,表明这 11 个指标适合进行因子分析。另根据薛薇编著的《基于 SPSS 的数据分析》(中国人民大学出版社 2006 年版,第 366 页),Kaiser 给出了因子分析常用的 KMO 度量标准,0.9 以上表示非常适合;0.8 表示适合;0.7 表示一般;0.6 表示不太适合;0.5 以下表示极不适合。具体到此处,KMO 值为 0.706,这说明可以进行因子分析。

义务,支持国家政策等内容。将因子2命名为:信任官员意识,包含了对官员才干、重要性、为民服务等方面的认可。因子3包含了关系、权力、腐败、政治冷漠等对社会公平正义底线的腐蚀性,是破坏社会基本规则的力量,走向的是社会良善治理的反面,适合命名为:社会溃败感知。通过累计均值进行比较分析,发现:高知青年民众在上述三个因子的认知判断上有着显著差别,如图4-15:

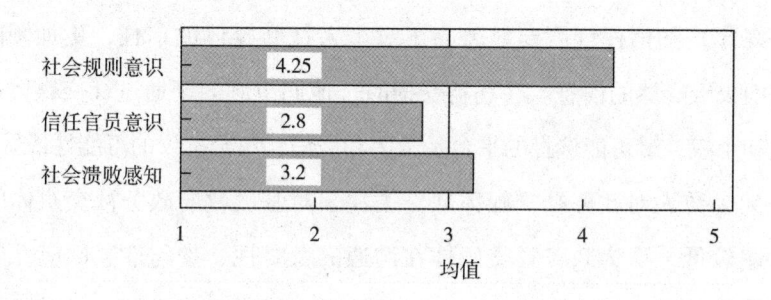

类别	均值
社会规则意识	4.25
信任官员意识	2.8
社会溃败感知	3.2

图4-15　高知青年民众社会治理认知的累计均值比较

在高知青年民众中,对社会规则的意识认知程度较高,他们愿意认同并遵从社会规则。他们对社会溃败的感知也比较突出。但是高知青年民众对于政府官员的信任与认可程度则比较低。改善社会治理,需要充分关切高知青年民众的上述思想动态,切实有效地推进社会公共规则,实现依法治理,增进社会公平正义,并且需要大力增进民众对政府官员的信任与认可。

四　小结

综上,多方面调查统计了当前高知青年民众的媒介接触、媒体信任、与政府的沟通、对政府的信任等相关情况。我们可以通过简笔勾勒出一幅描述高知青年民众社交媒体应用与沟通情况的概观图:

高知青年民众使用最频繁的是微信,多数人几乎每天用微信,其次是用微博。在社交媒体上，他们主要是浏览信息，其次是聊天交际等。他们对生活休闲信息的关注程度要显著高于对社会公共信息的关注，最关注亲友生活信息，最少关注时事政治经济信息和政府/官员信息发布。最关注的对象是家人/朋友，对政府官员的关注度最低。

社交媒体能较好地满足他们的各方面主要需求，尤其满足了获知信息的需求。在发生重大突发事件时，高知青年民众对主流媒体（包括对政务媒体）的信任程度要显著高于对个人社交媒体的信任，更加倾向于相信中央级媒体的信息。在利益受损时，他们更倾向于通过社交媒体进行表达和维权，最可能选择的平台是微博和微信，集会抗议的可能性最低。

大多数人对政务社交媒体缺乏关注。对基层政府政务社交媒体的评价普遍较低，认为政务社交媒体在沟通的及时性、参与性、回应性等方面做得最差。高知青年民众对基层政府工作的满意度中等，对基层政府与民众的关系感知、基层政府的形象、信任和沟通等评价较好。高知青年民众的社会规则意识较好，愿意认同并遵从社会规则，对社会溃败的感知也很突出，对政府官员的信任与认可程度则普遍较低。

第二节　回归分析

一　影响对家乡基层政府整体评价的因素

我们想进一步了解哪些因素可能影响高知青年民众对家乡基层政府的整体评价（变量"高知青年民众对家乡基层政府整体评价"是通过因子分析获得的，包含了对家乡基层政府与民众沟通的顺畅情况、民众对政府的信任情况、政府的形象状况），以便为提升基层政府的社会治理绩效找到突破口。根据相关性分析，采用逐步回归法，在每一步骤中使用 F 统计检验进入回归模式的每一个自变量，采纳 SPSS 内定的标准，移除其标准化回归系数显著性检验之 F 值≥0.100 的变量，选择其标准化回归系数显著性检验之 F 值≤0.050 的变量进入回归模式。同时考察变量之间的容忍度，结合散点图并剔除容忍度接近 0 的变量以避免共线性问题。其次，对逐步回归法得到的回归结果综合考虑统计上的显著性，尽量选择回归系数较大的自变量，剔除回归系数很小、影响很微弱的变量，以便获得简洁明了并具有较好解释力的回归模型。

通过逐步回归分析最后获取的回归模型，相对简洁并且具有较好的解释力，如表 4-20。研究发现，高知青年对基层政府工作满意度、对基层政府与民众关系感知、对政务社交媒体沟通性评价、高知青年民众在社交媒体的互动行为、高知青年民众对主流媒体的信任、通过社交媒体表达维权、对生活休闲信息的关注等，这 7 个变量（均为通过因子分析获取）显著影响到高知青年民众对家乡基层政府的整体评价，亦即影响高知青年民众对家乡基层政府与民众沟通的顺畅情况、民众对政府的信任情况、政府的形象状况等的整体印象。

表 4-20 高知青年对家乡基层政府的整体评价——回归分析结果

模型	非标准化系数 B	标准误差	标准系数	t	Sig.	共线性统计量 容差	VIF
（常量）	-0.011	0.021		-0.509	0.611		
对基层政府工作满意度	0.381	0.028	0.375	13.595	0.000	0.570	1.756
对基层政府与民众关系感知	0.321	0.026	0.313	12.425	0.000	0.684	1.462
对政务社交媒体沟通性评价	0.202	0.025	0.196	7.933	0.000	0.712	1.405
对主流媒体的信任	-0.065	0.022	-0.064	-2.884	0.004	0.884	1.131
通过社交媒体表达维权	-0.042	0.022	-0.042	-1.903	0.057	0.909	1.100
社交媒体互动行为	0.057	0.023	0.056	2.507	0.012	0.875	1.142
关注生活休闲信息	-0.052	0.024	-0.051	-2.169	0.030	0.790	1.265

注：a. 因变量：对家乡基层政府整体评价。
回归平方和 574.686，残差 588.847，F 值 162.844。模型整体的拟合优度 R^2 =0.494；调整 R^2 =0.491，模型具有 49.1% 的解释力。模型统计显著性 Sig. =0.000。

在上述7个变量中，高知青年民众对基层政府工作满意度、对基层政府与民众关系感知、对政务社交媒体沟通性评价、高知青年民众在社交媒体的互动行为，这4个变量对高知青年民众对家乡基层政府的整体评价具有显著的积极影响，能够增进高知青年民众对家乡基层政府的整体评价。验证了研究假设H1：政务社交媒体的沟通特性，对民众对基层政府的整体评价有显著的积极影响。

高知青年民众对主流媒体的信任、通过社交媒体表达维权、对生活休闲信息的关注，这3个变量对高知青年民众对家乡基层政府的整体评价具有显著的消极影响，会降低高知青年民众对家乡基层政府的整体评价。其中高知青年民众越是信任主流媒体，对家乡基层政府的整体评价越低，似乎与常识有所差异，需要我们进一步探究其中的原因。对此，我们将主流媒体信任因子所包含的原有7个测量指标全部输入模型进行回归分析，结果如表4-21：

表4-21 高知青年民众对家乡基层政府的整体评价回归分析——主流媒体信任因素系数[a]

模型	非标准化系数 B	标准误差	标准系数	t	Sig.	共线性统计量 容差	VIF
1（常量）	-0.571	0.123		-4.635	0.000		
多大程度相信新华社信息	0.012	0.020	0.026	0.622	0.534	0.405	2.470
多大程度相信中央电视台信息	0.024	0.020	0.049	1.190	0.234	0.412	2.424
多大程度相信市场化主媒信息	-0.038	0.018	-0.075	-2.128	0.034	0.565	1.770
多大程度相信事发当地媒体信息	0.038	0.021	0.076	1.800	0.072	0.395	2.529
多大程度相信事发地政府政务微博信息	-0.003	0.034	-0.005	-0.076	0.939	0.137	7.314

续表

模型	非标准化系数 B	标准误差	标准系数	t	Sig.	共线性统计量 容差	VIF
多大程度相信事发地政府微信公众号信息	0.025	0.042	0.053	0.596	0.551	0.090	11.154
多大程度相信事发地政府党政客户端信息	0.028	0.032	0.060	0.875	0.382	0.149	6.692

注：a. 因变量：对家乡基层政府整体评价，回归平方和44.452，残差1321.144，F值6.571。模型整体的拟合优度 R^2 = 0.033；调整 R^2 = 0.028，模型具有2.8%的解释力。模型统计显著性 Sig. = 0.000。

单纯从统计数据的角度看，这当然不是一个好的模型，我们的目的也不是为了获取漂亮的统计数据，而是据此回归分析进一步了解，在因子主流媒体信任中，具体哪一项或者说对哪一种主流媒体的信任情况对高知青年民众对家乡基层政府的整体评价存在显著的消极影响。通过该回归分析模型可以发现，高知青年民众对市场化主流媒体信息的信任，对事发地政府政务微博信息的信任，反而对他们对家乡基层政府的整体评价有显著的负面影响。高知青年民众越是信任市场化的主流媒体和事发当地的政务微博，他们对家乡基层政府的整体评价越低。

造成这一现象的原因可能是多方面的。回归分析并不揭示因果关系，但是为我们寻找因果关系提供了重要线索。一方面由于异地监督在市场化的主流媒体上比较普遍，也是市场化媒体实现媒体监督职能的主要途径，因此越多地信任市场化媒体的信息，家乡基层政府越可能让这些高知青年民众感到失望。另一方面，事发地政府的政务微博信息，也可能对其家乡的基层政府的信息发布构成了一种对比和参照，从而进一步加剧了高知青年民众对其家乡基层政府的失望。

综上统计和分析，有助于我们进一步认识到：增进媒体对政府的监督职能的重要性，增进政务社交媒体沟通特性的重要性，无论是从鞭策的角度还是从激励的角度，这些对于加强基层政府社会治理能力都有助益。

二 影响对基层政府与民众关系感知的因素

哪些因素会影响到高知青年民众对基层政府与民众关系感知？采用如上回归分析方法，通过分析得到如表 4-22 的结果：

表 4-22 高知青年民众对基层政府与民众关系感知的回归分析结果

系数[a]

模型	非标准化系数		标准系数	t	Sig.	共线性统计量	
	B	标准误差	试用版			容差	VIF
1 （常量）	0.002	0.021		0.084	0.933		
对家乡基层政府整体评价	0.346	0.028	0.351	12.398	0.000	0.586	1.707
对基层政府工作满意度	0.305	0.029	0.309	10.472	0.000	0.539	1.855
通过社交媒体表达维权	-0.036	0.022	-0.037	-1.678	0.094	0.977	1.023
求助政务媒体和政府维权	-0.019	0.022	-0.019	-0.864	0.388	0.932	1.073
政务社交媒体沟通性评价	0.057	0.026	0.057	2.155	0.031	0.677	1.477

注：a. 因变量：对基层政府与民众关系感知；回归平方和 491.059，残差 781.935，F 值 164.412。模型整体的拟合优度 $R^2 = 0.386$；调整 $R^2 = 0.383$，模型具有 38.3% 的解释力。模型统计显著性 Sig. = 0.000。

如表 4-22，回归分析发现，对家乡基层政府整体评价、对基层政府工作满意度、政务社交媒体沟通性评价这 3 个变量对高知青年民众对基层政府与民众关系感知有显著的积极影响。回归分析验证了研究假设 H6。政务社交媒体的沟通特性，对基层政府与民众的关系有显著的积极影响。

但是通过社交媒体表达维权、求助政务媒体和政府维权这 2 个变量对高知青年民众对基层政府与民众关系感知有显著的消极影响。也就是说，不管是求助于哪一类媒体、采取哪一种维权行为，在利益受损进行权益维护时，高知青年民众对基层政府与民众的关系感知都趋于消极。尤其是在社交媒体上进行维权表达时，对政府与民众的关系感知消极程度更突出。

从中可以看到，社交媒体可为一把双刃剑。如果基层政府能够更好地采用社交媒体进行与民众的沟通工作，则会显著增进积极的与民关系感知，而个体化的社交媒体表达维权则往往会进一步使得与民关系感知趋于消极。后者的负面影响更进一步地说明，亟待增进政务社交媒体的沟通特性，通过政务社交媒体加强与民众尤其是利益受损民众的沟通，帮助民众及时地排忧解难，有助于缓解民众尤其是敏感的高知青年民众的关系焦虑感。

三 影响选择维权求助平台的因素

哪些因素会影响到高知青年民众在利益受损时采取在社交媒体进行表达维权的行为？采用如上回归分析方法，通过分析得到如下结果（见表4-23）。

表4-23　高知青年民众通过社交媒体表达维权的回归分析结果

系数[a]

模型	非标准化系数 B	标准误差	标准系数	t	Sig.	共线性统计量 容差	VIF
（常量）	0.009	0.027		0.342	0.732		
社交媒体使用满足	0.187	0.034	0.182	5.575	0.000	0.680	1.471
对个人社交媒体的信任	0.165	0.028	0.165	5.886	0.000	0.921	1.086
关注生活休闲信息	0.167	0.032	0.164	5.156	0.000	0.723	1.384
政务社交媒体沟通性评价	-0.085	0.031	-0.083	-2.774	0.006	0.820	1.220
求助政务媒体和政府维权	-0.075	0.028	-0.075	-2.683	0.007	0.927	1.079
关注社会公共信息	0.081	0.030	0.079	2.698	0.007	0.845	1.183
对基层政府与民众关系感知	-0.061	0.030	-0.060	-2.017	0.044	0.825	1.212

注：a. 因变量：通过社交媒体表达维权；回归平方和166.684，残差1016.310，F值24.273。模型整体的拟合优度 R^2 =0.141；调整 R^2 =0.135，模型具有13.5%的解释力。模型统计显著性 Sig. = 0.000。

在表4-23回归分析结果发现，社交媒体使用满足、对个人社交媒体的信任、关注生活休闲信息、关注社会公共信息，这 4 个变量，显著地正向影响到高知青年民众在利益受损时采取在社交媒体进行表达维权的行为。也就是说，越是信任并越多地关注社交媒体信息，对社交媒体使用满足感越高，越有可能采取在社交媒体进行维权行为。

政务社交媒体沟通性评价、求助政务媒体和政府维权、对基层政府与民众关系感知，这 3 个变量，显著地反向影响到高知青年民众在利益受损时采取在社交媒体进行维权的行为。也就是说，对基层政府政务社交媒体评价越差，越不求助于政府和政务媒体；对基层政府与民众的关系感知越差，越有可能要通过社交媒体（显然，他们此时不是去选择政务社交媒体，而是选择个人自媒体和朋友圈）来进行表达维权。

回归分析验证了部分研究假设 H3，政务社交媒体的沟通特性，对民众主动选择政府及其媒体平台有显著的积极影响，对民众选择其他个人化的社交媒体具有显著的消极影响。研究发现，政务社交媒体的沟通特性，对于民众选择求助个人自媒体和朋友圈具有显著的消极影响。

综上，对社交媒体的使用和依赖度一方面在很大程度上决定了高知青年民众通过社交媒体进行利益维护的可能性。而另一方面，增进政务媒体的沟通性，为民众提供积极有效的沟通途径进行利益表达和维护，可以减少他们在社交媒体端的表达维权。政务媒体尤其是政务社交媒体沟通性能的提高，在此可以发挥更大的作用。

进一步看，哪些因素会影响到高知青年民众在利益受损时采取向政府和政务媒体进行维权求助的行为？这有助于我们进一步解读前一问题。采用如上逐步回归分析方法，通过分析得到如下结果（见表 4-24）：

表 4-24　高知青年民众求助政务媒体和政府维权的回归分析结果

系数[a]

模型	非标准化系数 B	标准误差	标准系数 试用版	t	Sig.	共线性统计量 容差	VIF
（常量）	0.022	0.027		0.810	0.418		
对基层政府工作满意度	0.168	0.029	0.166	5.753	0.000	0.868	1.152
对主流媒体的信任	0.183	0.028	0.183	6.438	0.000	0.899	1.112
关注政务社交媒体	0.103	0.029	0.101	3.573	0.000	0.906	1.104
对个人社交媒体的信任	0.097	0.028	0.097	3.481	0.001	0.927	1.079
关注社会公共信息	0.074	0.030	0.074	2.522	0.012	0.849	1.177
通过社交媒体表达维权	-0.055	0.028	-0.055	-1.976	0.048	0.939	1.065

注：a. 因变量：求助政务媒体和政府维权；回归平方和 152.727，残差 1042.859，F 值 29.388。模型整体的拟合优度 $R^2=0.128$；调整 $R^2=0.123$，模型具有 12.3% 的解释力。模型统计显著性 Sig. = 0.000。

如表 4-24，回归分析发现，越是对基层政府工作满意、对主流媒体信任、越关注政务社交媒体、信任个人社交媒体的，越不选择在社交媒体进行维权，而是采用向政府向政务媒体进行求助的途径来维护自身利益。

此项回归分析，并没有显著的支持研究假设 H3，前半句，即 "政府社交媒体的沟通特性，对民众主动选择政府及其媒体平台有显著的积极影响"。但是在显著影响因素中，"关注政务社交媒体" 这一项对于民众在维护权益时主动向政务媒体和政府求助这一行动选择具有显著的积极影响，回归系数为 0.101，这从一个方面说明，政务社交媒体如果能够吸引到民众的关注，就可以有效地促进民众通过政务社交媒体的平台来进行直接的利益表达。但另一方面，是不是也同时说明了：因为目前的政务社交媒体还停留在 "关注" 阶段，其鼓励民众积极参与的沟通特性还没有充分建立起来，因此，这一变量尚没能够在现实中成为有效激发民众选择政务社交媒体进行维权的显著积极因素。这从另一方面说明了促进政务社交媒体的沟通特性建设是极为重要的。

因此，结合上述两次回归分析小结如下：

其一，需要进一步提升基层政府与民众协作进行社会治理的能力，提高各方面工作绩效，增进青年民众对政府工作的满意度。

其二，需要进一步增进政务社交媒体的沟通性，充分发挥政务社交媒体与社交优众受众群体的沟通和交流。这不仅可以及时掌握青年群体的利益诉求，还可以更好地发挥政府与民众协作的社会治理机制，及时为民众排忧解难，减少社会矛盾。

其三，还应该增进主流媒体的舆论监督职能，及时发布信息，保障民众的知情权，发挥好主流媒体在社会舆情方面的引导作用，增进民众对主流媒体的信任。

四 影响媒体信任度的因素

前述描述性统计和因子分析发现，高知青年民众的媒体信任主要包括了对主流媒体（含政务媒体）的信任和对个人化社交媒体的信任。那么是什么因素可能对高知青年民众选择信任何种媒体产生影响呢？如上进行逐步回归分析并选择简洁而具有概括性解释力的模型，结果如下。

分别对高知青年民众对主流媒体（含政务媒体）的信任选择和对个人社交媒体的信任选择进行回归分析，结果如表4-25、表4-26所示。

表4-25 高知青年民众对主流媒体的信任——回归分析结果

系数[a]

模型	非标准化系数 B	标准误差	标准系数 试用版	t	Sig.	共线性统计量 容差	VIF
（常量）	-0.009	0.026		-0.334	0.739		
社交媒体使用满足	0.172	0.030	0.172	5.652	0.000	0.750	1.333
尊重社会公共规则	0.209	0.028	0.207	7.595	0.000	0.931	1.074
求助政务媒体和政府维权	0.162	0.027	0.167	6.078	0.000	0.922	1.085

续表

模型	非标准化系数 B	非标准化系数 标准误差	标准系数 试用版	t	Sig.	共线性统计量 容差	共线性统计量 VIF
对基层政府工作满意度	0.161	0.036	0.163	4.426	0.000	0.513	1.950
对个人社交媒体的信任	-0.104	0.026	-0.107	-3.943	0.000	0.940	1.064
社交媒体接触	0.084	0.028	0.083	2.967	0.003	0.881	1.135
政务社交媒体沟通性评价	0.112	0.032	0.110	3.475	0.001	0.688	1.454
对家乡基层政府整体评价	-0.093	0.034	-0.095	-2.745	0.006	0.579	1.726

注：a. 因变量：对主流媒体的信任；回归平方和234.938，残差827.984，F值39.760。模型整体的拟合优度 R^2 =0.221；调整 R^2 =0.215，模型具有21.5%的解释力。模型统计显著性 Sig. =0.000。

表4-26　高知青年民众对个人社交媒体的信任——回归分析结果

系数[a]

模型	非标准化系数 B	非标准化系数 标准误差	标准系数	t	Sig.	共线性统计量 容差	共线性统计量 VIF
（常量）	-0.009	0.028		-0.333	0.739		
关注生活休闲信息	0.175	0.031	0.172	5.698	0.000	0.857	1.167
通过社交媒体表达维权	0.159	0.029	0.159	5.415	0.000	0.907	1.103
政务社交媒体沟通性评价	0.121	0.032	0.116	3.766	0.000	0.817	1.223
关注社会公共信息	0.101	0.030	0.099	3.418	0.001	0.924	1.082
对主流媒体的信任	-0.125	0.031	-0.122	-4.040	0.000	0.862	1.160
求助政务媒体和政府维权	0.086	0.029	0.086	2.932	0.003	0.903	1.107
社会治理的溃败感（反向）	-0.069	0.029	-0.069	-2.414	0.016	0.945	1.058
信任和认可政府官员	-0.069	0.030	-0.068	-2.291	0.022	0.894	1.119

注：a. 因变量：对个人社交媒体的信任；回归平方和152.727，残差1042.859，F值29.388。模型整体的拟合优度 R^2 =0.128；调整 R^2 =0.123，模型具有12.3%的解释力。模型统计显著性 Sig. =0.000。

一方面社交媒体使用满足程度、尊重社会公共规则意识、选择求助政务媒体和政府维权、对基层政府工作满意度、社交媒体接触频率、政务社交媒体沟通性评价，这6个变量，对高知青年民众选择信任主流媒体（含政务媒体）具有显著的积极影响。回归分析支持了研究假设H10：政务社交媒体的沟通特性，对民众对主流媒体的信任度有显著的积极影响。

而对家乡基层政府整体评价，则对高知青年民众选择信任主流媒体（含政务媒体）具有显著的消极影响。同时，选择对个人社交媒体的信任，也对高知青年民众选择信任主流媒体（含政务媒体）具有显著的消极影响。

另一方面，通过社交媒体表达维权、关注生活休闲信息、关注社会公共信息、政务社交媒体沟通性评价、求助政务媒体和政府维权，这5个变量，对高知青年民众选择信任个人社交媒体具有显著的积极影响。而社会治理的溃败感知（反向，赋值越高，溃败感知越不强烈）、信任和认可政府官员，则是2个显著的消极因素，即对社会治理的溃败感知越强烈，越不信任政府官员，则高知青年民众选择信任个人社交媒体的可能性越大。同时，选择对主流媒体的信任，也对高知青年民众选择信任个人社交媒体具有显著的消极影响。回归分析支持了研究假设H11：民众对主流媒体的信任度，对民众对个人社交媒体的信任度有显著的消极影响。

综合上述两张表格的回归模型分析，影响到高知青年民众的媒体信任选择的共同因素是：政务社交媒体沟通性评价、求助政务媒体和政府维权。这说明在高知青年民众对媒体信任的选择，与他们对政府的信赖、对政务社交媒体的信赖是具有关联性的，一定意义上这可能存在一个信任的循环链，信任媒体和信赖政府都处于这条循环链上。增进这条循环链上的任一种信任，都有助于促进这条信任循环链的良性循环。而这当中，政务社交媒体无疑承担着重要的连接作用，能够帮助增进高知青年民众对媒体的信任和对政府的信任。我们后续将通过进一步的研究分析来予以检验。

五 影响对政府官员信任认可度的因素

为检验上文的推论，我们进一步通过如上逐步回归分析了解具体有哪些因素影响到高知青年民众对政府官员的信任认可情况。通过逐步回归分析并选择简洁且有解释力的模型，结果如下（见表4-27）：

表4-27　高知青年民众信任和认可政府官员的回归分析结果

系数[a]

模型	非标准化系数 B	标准误差	标准系数	t	Sig.	共线性统计量 容差	VIF
（常量）	-0.011	0.027		-0.414	0.679		
政务社交媒体沟通性评价	0.190	0.034	0.188	5.562	0.000	0.678	1.476
对基层政府工作满意度	0.087	0.037	0.087	2.316	0.021	0.544	1.840
对家乡基层政府整体评价	0.105	0.036	0.107	2.935	0.003	0.579	1.728
对个人社交媒体的信任	-0.064	0.028	-0.065	-2.271	0.023	0.929	1.076
尊重社会公共规则	-0.069	0.029	-0.068	-2.370	0.018	0.943	1.060
关注政务社交媒体	0.071	0.029	0.071	2.470	0.014	0.938	1.066
社交媒体接触	-0.079	0.030	-0.078	-2.670	0.008	0.899	1.112
关注生活休闲信息	0.065	0.031	0.065	2.116	0.035	0.819	1.222

注：a. 因变量：信任和认可政府官员；回归平方和146.382，残差928.447，F值22.093。模型整体的拟合优度$R^2=0.136$；调整$R^2=0.130$，模型具有13.0%的解释力。模型统计显著性Sig.=0.000。

如表4-27所示，政务社交媒体沟通性评价这个因素对高知青年民众信任认可政府官员情况具有最突出的显著积极影响。其次是对家乡基层政府整体评价、对基层政府工作满意度、关注政务社交媒体、关注生活休闲信息等因素也对高知青年民众信任认可政府官员情况具有显著的积极影响。

而对个人社交媒体的信任、尊重社会公共规则的意识、社交媒体接触频率，则对高知青年民众信任认可政府官员情况具有显著的消极影响。尊重公共规则意识越强，社交媒体接触频率越高，对当前基层政府及官员越可能不认可不信任。但是越多地关注政务社交媒体，越认可政务社交媒体的沟通性，就可以显著地增进对政府官员的信任认可。

回归分析验证了研究假设H2：政务社交媒体的沟通特性，对民众信任和认可政府官员有显著的积极影响。回归分析也支持了研究假设 H13：民众对个人社交媒体的信任度，对民众对政府官员的信任和认可有显著的消极影响。这一分析结果呼应了前述回归分析的推论，说明了政务社交媒体在增进民众对政府及官员的信任方面是一个非常重要的环节因素。

回归分析没有显著地支持研究假设 H12：民众对主流媒体的信任度，对民众对政府官员的信任和认可有显著的积极影响。前述回归分析还发现，对主流媒体，尤其是市场化媒体的信任，对于民众对基层政府的整体评价则是一个显著的消极因素。这说明，在民众对主流媒体的信任和对政府官员的信任之间，并没有体现出线性的显著相关关系。这在一定程度上呼应了我们前述的研究探讨，即关于沟通和信任的关系问题，不能简单地以相关与否来判断，而需要结合具体的媒介平台和传播语境进行具体分析。在媒体信任和政治信任之间，有着复杂的发生机理，需要进一步开展新的研究课题。

六 影响社会治理溃败感知的因素

前文通过描述性统计和因子分析，了解了高知青年民众对社会治理的溃败感知情况。下文将通过回归分析来进一步了解哪些因素会影响到高知青年民众对社会治理的溃败感知（反向，赋值越高，溃败感知越不强烈）。逐步回归分析结果见表 4－28：

表 4－28　　高知青年民众对社会治理溃败感知的回归分析结果

系数[a]

模型	非标准化系数 B	非标准化系数 标准误差	标准系数 试用版	t	Sig.	共线性统计量 容差	共线性统计量 VIF
（常量）	0.015	0.028		0.526	0.599		
对基层政府工作满意度	0.139	0.038	0.137	3.671	0.000	0.588	1.701

续表

模型	非标准化系数 B	标准误差	标准系数 试用版	t	Sig.	共线性统计量 容差	VIF
政务社交媒体沟通性评价	0.122	0.035	0.117	3.489	0.001	0.719	1.390
对个人社交媒体的信任	-0.085	0.030	-0.085	-2.871	0.004	0.925	1.081
对基层政府与民众关系感知	0.084	0.035	0.082	2.381	0.017	0.688	1.453
通过社交媒体表达维权	-0.079	0.030	-0.079	-2.635	0.009	0.908	1.102
社交媒体互动行为	0.073	0.030	0.071	2.445	0.015	0.952	1.051

a. 因变量：社会治理的溃败感（反向）；回归平方和97.167，残差1024.291，F值17.755。模型整体的拟合优度 $R^2 = 0.087$；调整 $R^2 = 0.082$，模型具有8.2%的解释力。模型统计显著性 Sig. = 0.000。

如表4-28所示，影响高知青年民众对社会治理的溃败感知的显著因素，主要有对基层政府工作满意度、政务社交媒体沟通性评价、对个人社交媒体的信任、对基层政府与民众关系感知、通过社交媒体表达维权、社交媒体互动行为等6个变量。对基层政府工作越满意，认为基层政府政务社交媒体沟通性越好，对基层政府与民众关系感知越和谐、在社交媒体上的互动行为越多，则社会治理的溃败感知越不强烈，反之则越强烈地感知到社会治理的溃败。回归分析验证了研究假设H8：政务社交媒体的沟通特性，对民众的正面社会治理感知有显著的积极影响，对民众的负面社会治理感知有显著的消极影响。

而越倾向于选择信任个人社交媒体和通过社交媒体表达维权越多，则对社会治理的溃败感知越强烈。因此，对基层政府来说，提高政府工作绩效，增进政务社交媒体的沟通性，并积极提升与民众的和谐关系，可以显著地减少民众对社会治理溃败的感知。

七 小结

(一) 两个具有全局性影响的显著积极因素

高知青年民众对基层政府工作的满意度，对于高知青年民众对家乡基层政府的整体评价，对基层政府与民众关系和谐的感知，在利益受损时选择向政府和政务媒体求助，选择信任主流媒体（包含政务媒体），信任和认可政府官员等，均具有显著的积极影响。越是对基层政府工作满意度高，该群体的社会治理溃败感知越弱。换言之，高知青年民众对基层政府工作的满意度，是衡量该群体对社会治理满意度的一个具有全局性意义的核心测量指标。

高知青年民众对政务社交媒体沟通性的评价，对于高知青年民众对家乡基层政府的整体评价，对基层政府与民众关系和谐的感知，在利益受损时选择向政府和政务媒体求助，信任媒体（包含政务社交媒体）、信任和认可政府官员、降低社会治理溃败感知等，均有显著的积极影响。而且，对基层政府政务社交媒体沟通性评价越高，该群体的社会治理溃败感知越弱。换言之，高知青年民众对基层政府政务社交媒体沟通性的满意度，是衡量该群体对社会治理满意度的另一个具有全局性意义的核心测量指标。

综上多方面的回归分析，从多个角度验证了政务社交媒体和基层政府工作绩效在增进社会治理、增进与民关系、增进民众信任、增进政府整体评价、增进民众对政府的信赖、降低社会溃败感知等各方面，都是具有全局性影响的、非常重要的显著积极因素。

因此，基层政府的日常工作，应该将增进政务社交媒体沟通性的建设和增进工作绩效作为重要的工作内容，通过多方面的举措加强政务社交媒体的沟通性：及时与民沟通、准确发布信息、信息公开透明、让民众充分参与、积极回应民众，同时，进一步增进在依法办事、服务态度、工作作风、执法公正、官民关系、办事效率、廉洁反腐等7个方面的工作成效。

（二）值得关注的显著消极因素

高知青年民众对个人社交媒体（包括了个人自媒体和微信朋友圈

等)的信任,对其维权时选择求助政府和政务媒体平台、信任和认可政府官员、信任主流媒体(含政务媒体)、降低社会溃败感知等,具有显著的消极影响。那些更加信任个人自媒体和微信朋友圈信息的高知青年民众,他们更加倾向于不太信任和认可政府官员、不太信任主流媒体(包括政务媒体)、不太会选择求助政府和政务媒体平台来维护自身权益,而且具有比较强烈的社会溃败感知。

高知青年民众对个人社交媒体的信任,具体包括了对微博微信个人自媒体和QQ微信朋友圈等的信任,这一因素会影响其对政府、官员、政务媒体以及政务社交媒体的信赖程度,并且会同时伴随着较强的社会溃败感知。

这一方面说明,个人化的自媒体以及私人交际性的微信朋友圈等,因其个体性、私密性、自媒体特性更强,有可能进一步诱发圈层化的回音壁效应乃至极化现象,使得这部分群体愈加信任圈层内部的信息,进而有可能形成一个民间舆论场,并且对更多来自外部的主流信息、媒体信息、政府信息等不关注,乃至不信任、不接纳。

另一方面说明,社交媒体本身已经成为一个注意力资源、舆论竞争、社会资本争夺的场域。政务社交媒体作为官方的舆论场,面临个人自媒体和朋友圈等组成的民间舆论场的激烈竞争,而且目前看,其竞争力是处于下风的。个人化的自媒体和朋友圈等吸引了民众尤其是高知青年民众的日常注意力,形成了民众自身的民间舆论场,民众也往往天然地栖息于民间舆论场中,与官方的舆论场相互区隔。这对于政务社交媒体开展舆论引导工作、掌握舆情一线的动态极为不利。

增进民众对政务媒体尤其是政务社交媒体的关注和使用参与,让民众的需求、诉求、利益表达等通过政务媒体平台进行表达、发声,这样的渠道越宽敞越通畅,民众通过个人化自媒体进行情绪发泄、表达不满愤懑的可能性就越低。政务社交媒体必须进一步开放平台、增进交互性和参与性，想方设法积极争取民众、吸引民众关注，重点要大力增进政务社交媒体与民众的"沟通"性，给民众及时提供准确有效的信息，积极扩大政务媒体与辖区民众的朋友圈。

第五章 基层公务人员

——基层政府的社交媒体应用调查

前述研究发现，民众对基层政府的工作满意度、对基层政府政务社交媒体沟通性的评价等，是两个影响民众对社会治理满意度的显著积极因素。这一方面说明，在高知青年民众对社会治理的认知上，基层政府始终被寄予厚望，处于重要的位置，但另一方面，基层政府又往往面临着"低度信任"的困扰，民众对他们的信任及其满意程度整体上还有待大力提升。

在田野调查中发现，基层政府日常工作可以说是"麻雀虽小，五脏俱全"，基层公务人员往往工作十分繁忙。尤其是那些需要经常与民众直接打交道的一线业务部门。在民众看来，基层政府公务人员行政层级虽低，但直接代表的是政府，是"官"。而在基层政府公务人员自身的认知中，尽管有部分人确实"官本位意识"比较突出，但也有不少干部认为自己也是小老百姓一个，处于政府层级的最底层，并没有为所欲为的权力，反而不如一个普通小老百姓来得自在。

本研究本着相对客观中立的立场，来看待基层政府公务人员这一庞大的基层干部群体。通过对其社交媒体接触使用、与民众打交道情况、对基层政府工作的评判等方面情况，来了解该群体是如何看待当前政府与民众沟通的问题,如何认知政务社交媒体的沟通性的。

第一节 描述性统计分析

一 问卷调查的实施

自 2010 年以来,基层地方政府部门基本上有开通若干社交媒体作为政务信息的发布平台,而我们的研究更加关注的是在这些社交媒体平台上,政府机构人员与民众的具体沟通交流情况。因此,课题组需要着力了解,当前基层政府公务人员使用社交媒体的情况,并对此开展了田野访问和问卷调查工作。

问卷调查方面:第一阶段先在浙江、山东两省进行了预调查,根据反馈情况,对问卷进行了修订。同时提请专家审议,再次进行了修订。正式开始调查时间是在 2015 年 7 月至 10 月,对基层政府公务人员进行了问卷调查。

调查抽样地的选择:本研究的调查对象是基层政府的公务工作人员,该群体的特殊性、纪律性与相对不开放性,很难自由获得理想的全国大样本。在对基层政府部门的公务工作人员进行抽样调查的时候,我们首先面临的一方面现实困难就是,我们并不能轻易进入政府机构开展群体性的问卷调查。在田野调查中多次感受到,我们的来访和问卷显然让基层政府工作人员一开始就非常紧张,他们中的一部分愿意接受我们的访问,但是非常排斥我们在政府机构中进行问卷调查。另一方面的现实因素就是基层政府公务很繁忙,而且大部分市县行政部门都设有门禁,不能够轻易进入。

因此,最初设想的那种以常规的入户调查方式进行的调查,实际上是不可能实现的。我们此前在浙江、山东两省的局部市县进入了行政机关进行调查的尝试，问卷的完成情况也很不理想。根据实际情况，我们进行了调整，利用课题组成员经常有在浙江继续教育培训机构进行授课的机会，选择了中组部全国干部教育培训浙江大学基地为主要的问卷发放地，将问卷地设在浙江大学的四个校区：华家池校区、玉泉校区、紫金港校区、西溪校区。这一设计的可行性与合理性在于：浙江大学是全国规模最大的政府机关工作人员培训基地之一，是全国干部培养教育示范基地，聚集了来自全国主要地市县主要基层部门的政府工作人员；另一个问卷发放地是浙江省委党校，党校除了浙江省内基层政府公务人员培训之外，也有部分来自外省的基层部门工作人员，尤其是聚集了省内外的党务部门基层工作人员。这样，两个基地的公务人员来源一定程度上可以互补，帮助实现较好的样本代表性。

具体抽样方法：鉴于本次问卷调查，是以来培训的对象为问卷调查对象，因此，我们联系两所高校主管培训的相关部门，在其所提供的干部来源基础上，根据省区来源与职能部门来源进行了初步的分层配额抽样。两所高校聚集的基层干部从省区来源上，除了西藏、新疆、台湾、香港、青海、辽宁、澳门和4个直辖市北京、天津、上海、重庆等，在全国的34个省级行政区当中，共涵盖了其中的22个省区。我们对这22个省区的调查对象都进行了问卷的发放。在职能部门分层上，对于只有单一职能部门来源的，无法继续分层。对于有多个职能部门来源的，根据职能部门的不同分布进行分层抽样，目的是尽量追求职能部门来源的多样性与覆盖面。根据高萨奇（Gorsuch R. L.）的观点，要求样本量与变量数的比例至少应在5∶1以上，实际上理想的样本量应为变量数的10—25倍。另外，总样本量不得少于100，而且原则上越大越好。[①] 本次问卷共96个变量，总样本量1189份，样本量与变量的比值大于12∶1，是比较符合相关数据统计分析要求的。

---

① Gorsuch, R. L., *Factor Analysis*, Lawrence Erlbaum, Hillsdale, N. J., 1983.

问卷发放回收情况：共发放问卷 1712 份，回收 1471 份，回收率 86%；对于回收的问卷，我们将 3 个问题及以上没有回答的问卷、错误的问卷均予以剔除，最后获得的有效问卷为 1189 份，有效回收率为 81%。22 个省区的问卷发放、回收、有效问卷数等的具体分布情况如表 5-1：

表 5-1　　　　　　　22 省区问卷发放、回收与有效数

省区	问卷发放数	问卷回收数	有效问卷数
浙江	90	75	57
江苏	90	70	54
山东	80	67	57
安徽	80	68	55
河南	80	70	56
河北	80	73	56
湖北	80	70	54
宁夏	70	57	50
山西	80	70	53
陕西	80	70	54
吉林	70	56	52
内蒙古	70	63	54
黑龙江	70	60	52
广东	80	71	55
广西	70	60	55
云南	80	70	54
贵州	80	72	53
四川	80	69	54
江西	80	70	57
海南	70	59	50
福建	80	70	55
甘肃	72	61	52

从职能部门来看，我国各省区的政府职能部门主体上是一致的，我国县级及以上的地方政府现行工作部门的设置，大体可以分为如下几个

类型：（一）综合协调部门。主要有办公室（厅）、发展计划委员会或经济委员会、财政、人事等。（二）政法和社会保障部门。主要有公安、司法、安全、民政、劳动和社会保障等。（三）社会公共事务管理部门。主要有教育、文化、广电、卫生、计生、体育等。（四）专业管理部门。主要有交通、农业、林业、水利、海洋与渔业、土管、贸易、城建、城管等。（五）监督检查部门。主要有监察、审计、工商、税务、环保、物价、统计、质量技术监督、药品监督管理等。但具体的职能部门类目、数量，不同的省区还是存在很多的地区差异。在县一级，总共有40—50个职能部门的细目分类，比较烦琐。另外，政府机构庞杂，机构改革频频，县级及以上的地方政府职能部门的具体类目经常是很不统一，几乎是没有完全一样的设置。而到乡镇一级，就往往是多个部门捆绑在一起的。因此，很难完全根据职能部门分布进行全国性的全面分层抽样，那是无法实现的。我们只能根据大体统一的情况，从上述五个大类部门进行粗略分层，最后获得的有效样本在基层职能部门的分布情况，如表5-2。

表5-2　　　　　　　　五大类部门问卷发放与有效数

部门类属	综合协调部门	政法和社会保障部门	社会公共事务管理部门	专业管理部门	监督检查部门
问卷发放数	312	350	350	350	350
有效样本数	200	257	276	233	223

二　描述性统计分析

（一）人口统计信息

下文对1189个有效样本，从性别、年龄、受教育程度、行政辖区分布等，进行了描述性统计分析。

1. 性别与年龄的分布情况

根据人社部发布的《2015年度人力资源和社会保障事业发展统计公报》，截至2015年年底，全国共有公务员716.7万人。根据国家统计局公布的2014年《中国妇女发展纲要（2011—2020年）》实施情况统计报告，2013年，全国女公务员达168万人，占公务员总数的24.1%，2014年中央机关及其直属机构新录用的女公务员占当年录用人数的比例达49.8%，地方新录用的女公务员占比为44.7%。我们的样本中，基层政府部门的男性占比63.3%，女性占比36.7%，大体反映了在基层政府部门中的这样一个男女性别分布样态。如表5-3：

表5-3　　　　　　　　　　有效样本性别分布

		频率	百分比	有效百分比	累计百分比
有效	男	753	63.3	63.3	63.3
	女	436	36.7	36.7	100.0
	合计	1189	100.0	100.0	

有效样本在年龄分布上的情况如表5-4，中青年群体占据了绝大部分，基本反映了当前基层党政领导干部年轻化的趋势。因此，本次调查得到的有效样本可以抓取到当前公务员群体中的主要骨干力量，尤其是年轻公务人员的社交媒体使用情况。

表5-4　　　　　　　　　　有效样本年龄分布

		频率	百分比	有效百分比	累计百分比
有效	18—29岁	176	14.8	14.8	14.8
	30—39岁	428	36.0	36.0	50.8
	40—49岁	425	35.7	35.8	86.6
	50岁及以上	159	13.4	13.4	100.0
	合计	1188	99.9	100.0	
缺失	系统	1	0.1		
	合计	1189	100.0		

2. 受教育程度

从有效样本情况看，当前基层公务人员群体的受教育程度大多为本科，本专科大学毕业学历占据了绝对优势，少部分有研究生学历。一般而言，普遍属于受过高等教育的人群。这部分群体整体的教育素养和新媒体使用频率会较高。如表5-5：

表5-5　　　　　　　　有效样本受教育程度分布

		频率	有效百分比	累计百分比
有效	初中及以下	6	0.5	0.5
	高中	65	5.5	6.0
	大专	239	20.1	26.1
	本科	739	62.2	88.3
	研究生	139	11.7	100.0
	合计	1188	100.0	

3. 行政职级情况

对有效样本进行行政辖区分层统计，本次调查所获得的有效样本60%以上属于国家行政级别当中处于最基层的乡镇/街道和县市/城区，有30%以上属于地级市及以上，少数样本来自村/社区。从总体情况来看，本次调研对象绝大多数是与民众直接接触的基层公务人员，符合本次研究的对象要求。具体分布情况如表5-6：

表5-6　　　　　　　　有效样本行政辖区分布

		频率	有效百分比	累计百分比
有效	村/社区	42	3.5	3.5
	乡镇/街道	237	19.9	23.5
	县市/城区	518	43.6	67.1
	地级市及以上	391	32.9	100.0
	合计	1188	100.0	

另一方面，如表5-7所示，从行政职级来看，有效样本中，3/4

以上属于中下层公务员，主要是科级及以下的干部。领导班子成员占比不到四分之一，处以上干部较少。从国家对公务员的行政职级划分来看，这符合实际情况。县以及县级市的行政单位，一般最高领导层在行政职级上也就是处级干部，其余都在科级以及科级以下，甚至没有行政职级，尽管也是干部。

表5-7　　　　　　　　有效样本是否为领导层情况分布

		频率	有效百分比	累计百分比
有效	一般干部	452	38.0	38.0
	中层领导干部	446	37.5	75.6
	领导班子成员	289	24.3	99.9
	其他	1	0.1	100.0
	合计	1188	100.0	

另外要注意的是，我们在田野调查中发现，在县及以下的行政单位中，对于领导干部的称谓和其实际的行政职级往往并不一致。比如在县一级的局中，其领导层级依次有**局长、**处长、**科长等，而实际上，只有其中的局长是处于国家规制的行政职级序列中的科级干部，其他的处长、科长根本没有列入行政职级序列中，至多也就是股长。这就可能导致这样的情况，我们问卷获得的这些处一级以及处以上的干部比例可能会有夸大，被访问者有可能将自己被称谓的领导职级当成了国家序列的行政职级来填写。这是在数据分析时需要注意的地方。具体统计结果情况如表5-8：

表5-8　　　　　　　　有效样本行政职级情况分布

		频率	有效百分比	累计百分比
有效	科级以下	336	28.3	28.3
	科级	510	42.9	71.2
	处级	189	15.9	87.1

续表

	频率	有效百分比	累计百分比
处级以上	34	2.9	90.0
非公务员	119	10.0	100.0
合计	1188	100.0	

另有 10% 的样本属于非公务员，这是因为本次调研会涉及社会公共事务管理部门、专业管理部门、社会保障部门等，这些部门往往采用混合编制，其中的领导层一般是公务员，另有部分成员是属于事业编制、合同编制性质的人员。这也是当前基层政府机构的现实情况。因此，不能用"公务员"来笼统地称呼基层政府工作中的所有成员。考虑到这部分非公务员编制的人员，从事的仍旧是政府的公务工作，所以本研究以"基层公务人员"来指代本次调查的样本。

综上人口统计信息，本次调查所获取的有效样本 1189 份，所调查的对象主体具有如下特征：中青年男性为主，具有大学教育程度的中下层政府公务人员，主要工作于县市乡镇等基层单位。上述概括性描述是对本次调查对象的一个简略的人物素描，还是比较客观地反映了当前工作在基层的政府职员的一般面貌，也与田野访问所了解的情况基本吻合，是本研究着力需要调查的对象，符合研究的需要。下文进一步了解该群体与民众的交往情况。

（二）与辖区民众交往情况

在政府工作人员中，基层公务人员是与民众直接打交道的第一线人员。在我们原初的想象当中，基层公务人员与民众的交往频率应该是很高的。但是问卷的结果发现，他们与辖区民众直接交往的频率没我们原先想象的那么高。有 50% 以上的基层公务人员与民众经常和乃至天天打交道。但也有 20% 以上的基层政府公务人员不大与民众交往。具体情况如表 5-9：

表 5-9　　　　　基层政府公务人员与辖区民众的交往频率

		频率	有效百分比	累计百分比
有效	从不	58	4.9	4.9
	很少	196	16.5	21.4
	有时	317	26.7	48.1
	经常	371	31.2	79.3
	几乎天天打交道	246	20.7	100.0
	合计	1188	100.0	

在与民众交往当中，基层政府公务人员具体会采用哪些渠道？调查发现，面对面、打电话这两种传统的人际传播途径采用频率最高。其次是微信和手机短信。微信虽然属于新媒体，但也是人际传播特性最显著的社交媒体平台。在政务新媒体中，"两微一端"其中一个就是微信公众号，得到了基层政府的较广泛应用。微信和手机短信使用较多，说明基于手机的移动互联网络已经在政府与民众的交往当中发挥着重要的基础设施作用。但"两微一端"中的微博、政务 App 客户端，以及政务网站等，则在使用频率方面比较低。具体情况见图 5-1。

对于上述与民众交往所采用的传播渠道，基层政府公务人员普遍认为效果最好的还是面对面的交流。其次是打电话和微信。而其他渠道的交流，基层政府公务人员普遍认为效果不太理想，尤其是当前力推的政务 App 客户端效果排在末尾，而此前被人们广泛看好的微博，他们也认为其收效甚微。整体而言，在"两微一端"政务媒体中，微信的沟通效果被他们看好。从图 5-2 中可以发现，基层政府公务人员更加偏好的是人际传播渠道，由于微信具备了人际传播渠道的很多特性，因此与面对面、打电话等人际交流渠道一起被视为是在与民众交往中更值得应用的渠道。

通过田野访问发现，基层政府部门较早就采用社交媒体与民众交流，其中 QQ 开通最早，其次是政务微博、政务微信、政务 App，这符

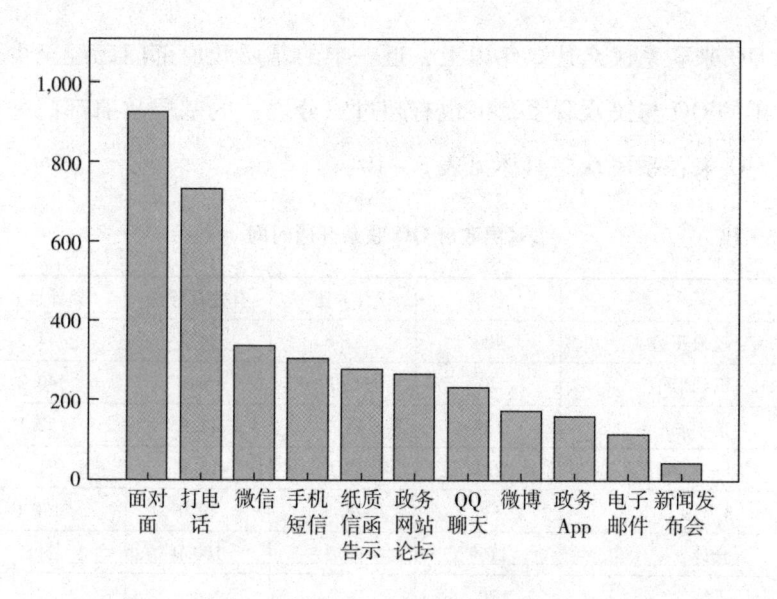

图 5-1　基层政府公务人员与民交流常用渠道使用频率

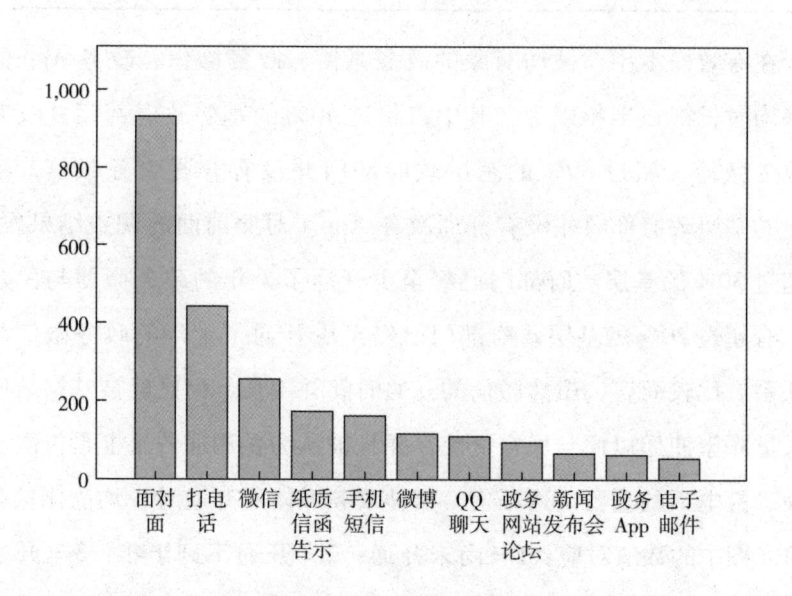

图 5-2　基层政府公务人员与民交流常用渠道沟通效果

合这四类新媒体开发应用的客观时序。问卷返回的结果显示：从开通时长上看，QQ 开通时长平均超过半年，有将近 30% 的基层政府部门已经开通 QQ 来联系民众达 3 年以上，近一半的基层政府部门已经至少开通了 1 年的 QQ 与民众联系，但也有超过三分之一的基层政府部门并没有开通 QQ 来联系民众。具体见表 5-10：

表 5-10　　　　　　　　基层政府 QQ 联系开通时间

		频率	百分比	有效百分比	累计百分比
有效	尚未开通	400	33.6	34.2	34.2
	不到半年	70	5.9	6.0	40.2
	半年—1 年	139	11.7	11.9	52.1
	1—3 年以下	221	18.6	18.9	71.0
	3 年及以上	339	28.5	29.0	100.0
	合计	1169	98.3	100.0	
缺失	系统	20	1.7		
	合计	1189	100.0		

在有效样本中，被访对象的政务微博、政务微信、政务 App 的开通平均时长都在半年以下。其中，超过 40% 的基层政府部门并没有开通政务微博；超过 39% 的基层政府部门并没有开通政务微信；超过 60% 的基层政府部门并没有开通政务 App。对照前面的调查结果发现：有超过 30% 的基层政府部门已经至少开通了 1 年的政务微博与民众联系，有超过 20% 的基层政府部门已经至少开通了 1 年的政务微信与民众联系。比较而言，虽然微信的开通时间并不长，但已经被基层政府公务人员频繁使用以便与民众交流，并且被认为在沟通效果上是仅次于面对面、打电话的重要沟通渠道。四种政务媒体的开通时长均值比较如图 5-3（图中的数值对应：1＝尚未开通；2＝开通不到半年；3＝开通了半年—1 年以下；4＝开通了 1—3 年以下；5＝开通了 3 年及以上）：

（三）政务社交媒体的自我定位

1. 政务社交媒体角色认知

随着社会利益关系的多元化、复杂化，民众的自我价值主体性提

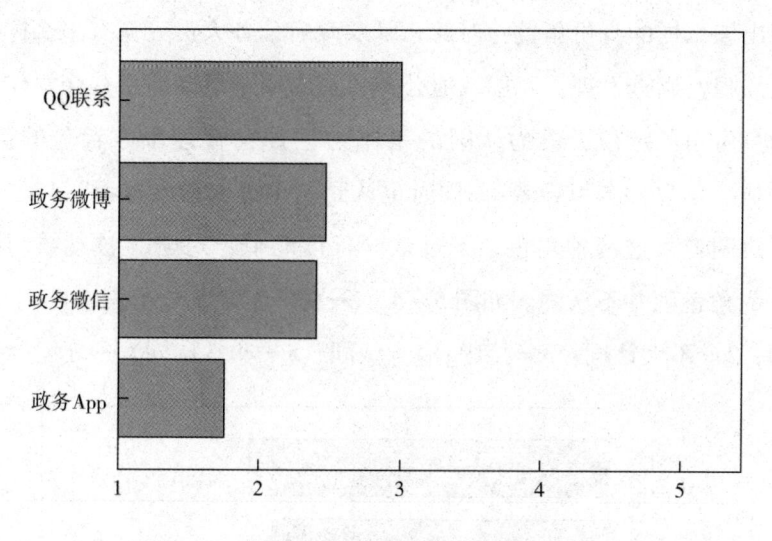

图 5-3　基层政府政务社交媒体开通时长均值

升，话语权要求提升，尤其是在移动互联网的时代，社会治理模式需要与时俱进，以适应社会传播生态的变迁和民众需求的变化。2016年10月9日，习近平总书记在中共中央政治局第三十六次集体学习时强调，随着移动互联网的发展，社会治理模式正在从单向管理走向双向互动，从单纯的政府监管向更加注重社会协同治理转变。这就要求在治理观念上，政府基层部门尤其是基层政府公务人员首先应该有这样的思想意识，实现相应的思维模式的革新，即政府对社会要"从管制走向治理"，走向与民众的"双向互动"和"协同治理"。那么，按照这一社会治理理念，政府就不仅是社会管理服务者，还应该是与民众进行平等对话的沟通者、协调者。政府作为社会治理的主体，而民众则是社会治理的主人，现实要求政府越来越多地需以平等、客观、中立的姿态介入民众的多元利益诉求当中，成为仲裁者、协调者、平等对话者。

那么，在与民众进行沟通交流的过程中，基层政府部门如何通过政务社交媒体来确立自身的身份定位，或者说在与民众沟通的过程中应该呈现出怎么样的身份角色？对此，基层政府公务人员究竟有怎么样的角色认知呢？调查发现，基层政府公务人员对于基层政府在社交媒体平台上的身份角色定位，最为认同的是作为"社会管理服务者"的角色，其次是"信息发布引导者"，同时也认同"平等对话参与者"与"利益关系协调者"这两种角色，不过认同程度略低，对于"被动挨骂受气者"的角色则并不认同。如图5-4（采用李克特5分量表，1=非常不认同；2=不太认同；3=持中；4=认同；5=非常认同）所示：

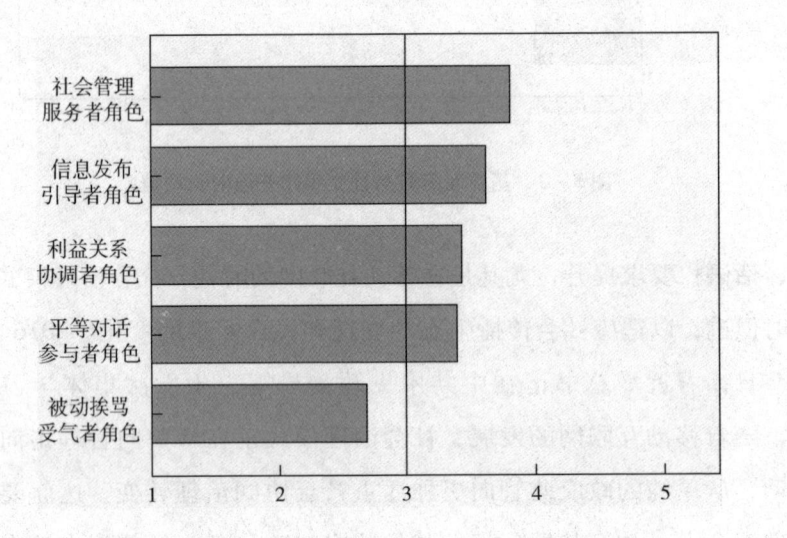

图 5-4 基层政府在社交媒体上的自我角色定位

这说明，一方面，基层政府公务人员确实意识到了自身在社会管理当中的"服务者"与"引导者"的角色，对于"平等对话参与者"以及"协调者"的角色也有一定程度的认知，但还有待提高。田野访问也发现，一定程度上一些政府公务人员仍旧存在"官"本位意识，以"管理者"自居，而相对忽视了协同治理中民众作为协作者和双向互动的另一个治理主体，也是具有平等参与的权利的。基层政府公务人员在这种角色认知上的略有滞后，很可能在一定程度上影响到基层政府部门在社会治理上的水平，造成其在政务社交媒体端较难与民众真正地平等沟通、双向互动、协作协调。

2. 政务社交媒体建设考核情况认知

综合田野访问的情况，我们发现，基层政府在对自身的政务社交媒体应用进行内部考核时，主要会涉及如下9个方面的内容，分别是：领导重视的情况；专职管理人员的设置；要有一定的解决实际问题的能力；内部能够协调畅通；明确规制进行绩效考核；并且着力在内容的贴近性；话语表达的可接受度；民众的关注度；互动率。因此，我们在问卷当中设计了对应的9个方面，了解基层政府公务人员对所在部门/单位的政务社交媒体在上述9个方面的建设情况的考量（如图5-5）。对于基层政府政务社交媒体的平台建设，基层政府公务人员评价最高的是制度建设管理方面，包括领导重视、专职管理、内部沟通、绩效考核等。解决民众的实际问题与内容贴近民众的需求也得到了较高的评价，这一定程度上说明基层政府的社交媒体平台建设的贴地服务，要求必须贴近民众对有效解决实际问题能力的需求。但是基层政府公务人员普遍认为，在当前基层政府政务社交媒体应用中，关注度与互动率的建设力度不够、措施不到位，究其原因，或者是不得其法，或者是不够重视。在田野访问中也发现，一些基层政务社交媒体由于在如何吸引民众关注方面不得要领，往往面临乏人问津的尴尬，也就更难以实现充

项目	分值
领导重视	3.541
专职管理	3.528
要解决实际问题	3.397
内部协调畅通	3.392
内容贴近性	3.39
绩效考核效度	3.373
话语表达接受度	3.244
关注度	3.036
互动率	3.024

非常不认同　　不太认同　　持中　　认同　　非常认同

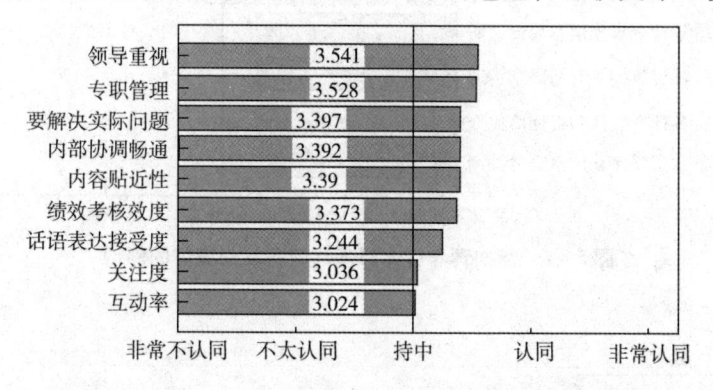

图5-5　基层公务人员对基层政务社交媒体建设情况的考评

分与民众互动了。

3. 政务社交媒体沟通特性认知

在第二章我们综合已有相关研究，对政务社交媒体的沟通情况假设了 5 个测评标准，即从准确性（准确发布信息）、公开性（信息公开透明）、及时性（及时与民众沟通）、互动性（积极回应民众）、参与性（让民众充分参与）等 5 个维度来评价基层政府的政务社交媒体。

研究发现，基层政府公务人员的自评与高知青年群体的评价之间存在较大的落差。图 5-6 是高知青年群体对基层政务社交媒体的评价①。我们看到，高知青年群体认为，基层政务媒体在准确性这一点上达到了平均线以上，而在公开性、及时性、互动性、参与性这 4 个方面没有达到平均线。尤其是在沟通层面的及时、互动、参与方面做得比较差。反观基层政府公务人员对基层政务社交媒体的自评。如图 5-7，基层政府公务人员普遍认为，自身所在的基层政府社交媒体应用已经做到了 5 个维度方面的要求，基层政务媒体在准确性（准确发布信息）、公开性（信息公开透明）、及时性（及时与民众沟通）、互动性（积极回应民众）、参与性（让民众充分参与）5 个维度上都超过了平均线，做得还不错。

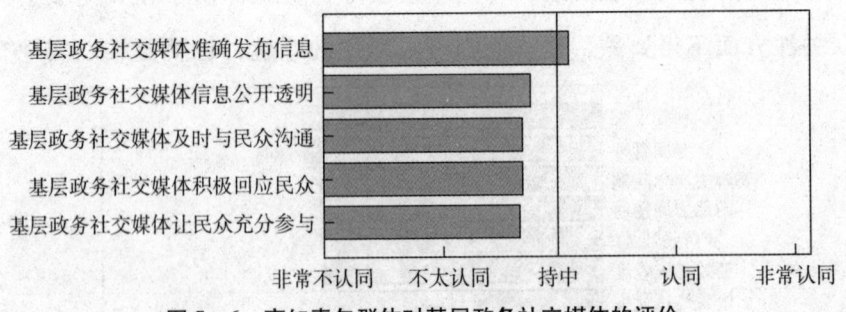

图 5-6　高知青年群体对基层政务社交媒体的评价

---

① 具体调查情况见第四章，其中包含高知青年群体对基层政务社交媒体的评价的调查。

第五章 基层公务人员 | 181

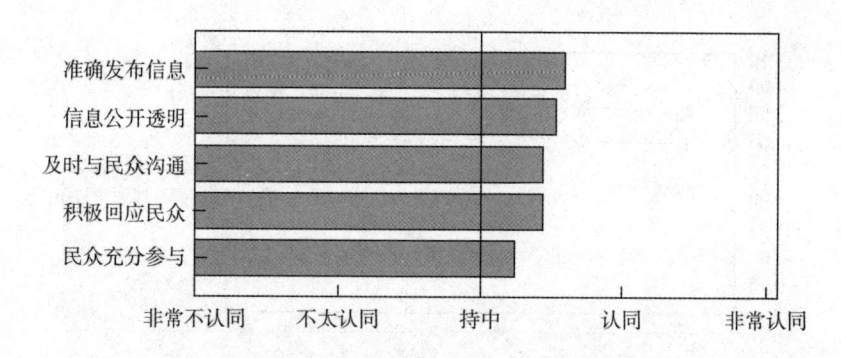

图5-7 基层公务人员对基层政务社交媒体的自评

换言之，在民众与政府相互之间认知上还是有很大偏差的。基层政府需要更多地倾听民众对政务社交媒体的评价和要求，尤其是青年知识群体作为社会的中坚力量，是社会发展与稳定的重要依靠。该群体对基层政务社交媒体的评价不高，说明基层政务社交媒体在公开性（信息公开透明）、及时性（及时与民众沟通）、互动性（积极回应民众）、参与性（让民众充分参与）这4个维度上还有待提升。

4. 政务社交媒体对政府的影响情况

基层政府公务人员还是比较肯定社交媒体的功效的。基层政府公务人员普遍认为，将传统媒体和社交媒体进行比较，社交媒体更有利于政府提升其如下方面的工作成效：畅通民众的表达渠道；提高与民众沟通的成效；改善政府与民众的关系；增强政府的公信力；改善政府的形象。用折线图进行均值比较，如图5-8所示，可以更加清晰地看出基层政府公务人员的感知与判断。他们认为传统媒体与社交媒体在上述五个方面均有显著差异。

根据田野访问所获得的情况，我们设计了量表来测量社交媒体使用对于基层政府可能存在的具体影响，共11个测量指标，如图5-9。

基层政府公务人员还是在整体上肯定了政务社交媒体对于推进基层政府工作的积极影响的：它使得基层政府的信息发布更加及时，受到更

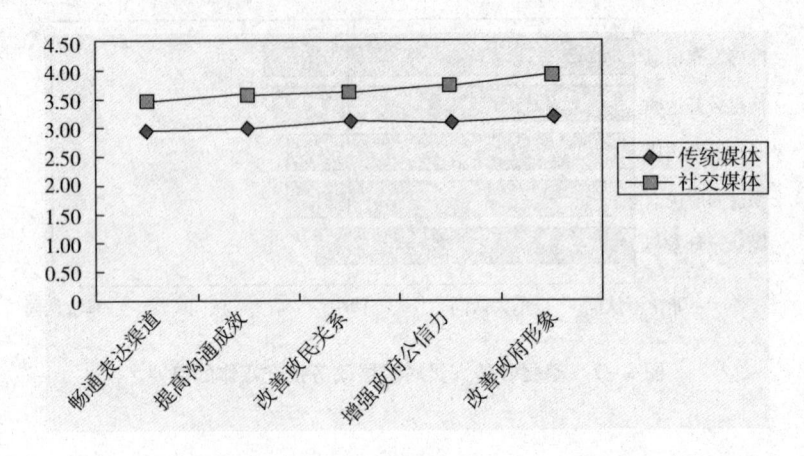

图 5-8 传统媒体与社交媒体政—民沟通传播功效比较

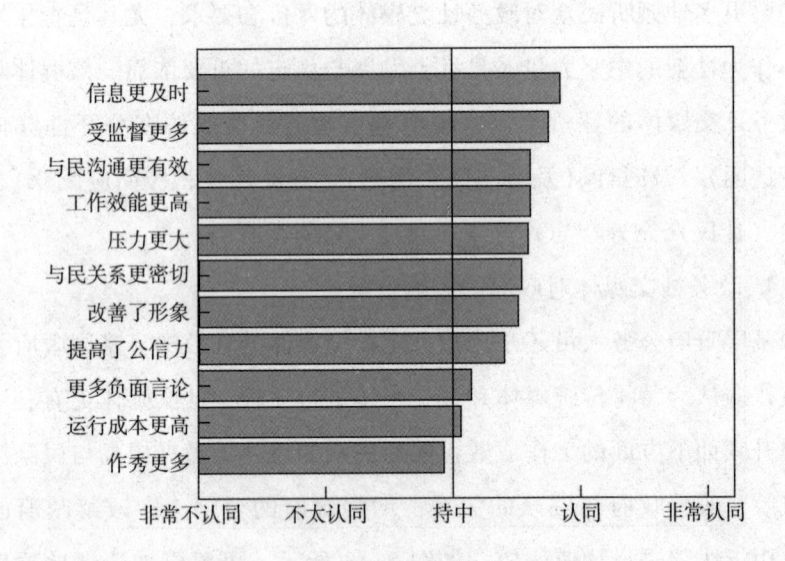

图 5-9 社交媒体对基层政府的具体影响

多的监督,提高了与民众沟通的成效,政府的工作效能得到了提高,与民众的关系也更加密切了,政府形象有所改善,一定程度提高了政府的公信力。当然另一方面,政府的工作压力也大了,而且会听到更多的负面言论,提高政府运行成本。

(四) 基层政府公务人员社交媒体使用情况

进一步了解作为个体的基层政府公务人员在社交媒体接触方面的情况（0＝未开通）。调查发现如图5－10，基层政府公务人员个体日常使用微博的频率比较低（均值＝2.15）。还有15%的人尚未开通个人微博；20%的人从不使用微博；经常以及每天使用微博的人总计不到20%。相比起来，微信的使用情况要好得多（均值＝3.91），超过70%的人经常以及每天使用微信，如图5－11。

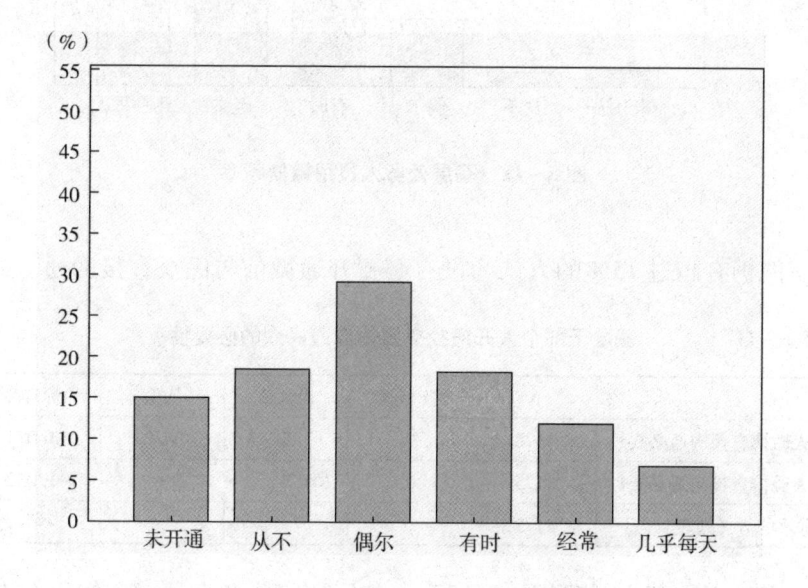

图5－10　基层公务人员上微博频率

对于有没有必要通过自己的个人微博或者微信与民众进行直接沟通的问题，调查发现，在态度认知上，基层政府公务人员总体上偏向认为：有必要开通微信和微博以方便与民众直接沟通。但是倾向性并不是特别积极，仅略高于中间值（3＝无所谓），如表5－11。尤其是对于开通个人微博的积极性不高。有效样本统计发现：超过20%的人认为没有必要开通微博与民众直接沟通，认为有必要开通微博与民众直接沟通的人还不到一半。相比之下，对于开通微信与民众沟通的积极性要好一

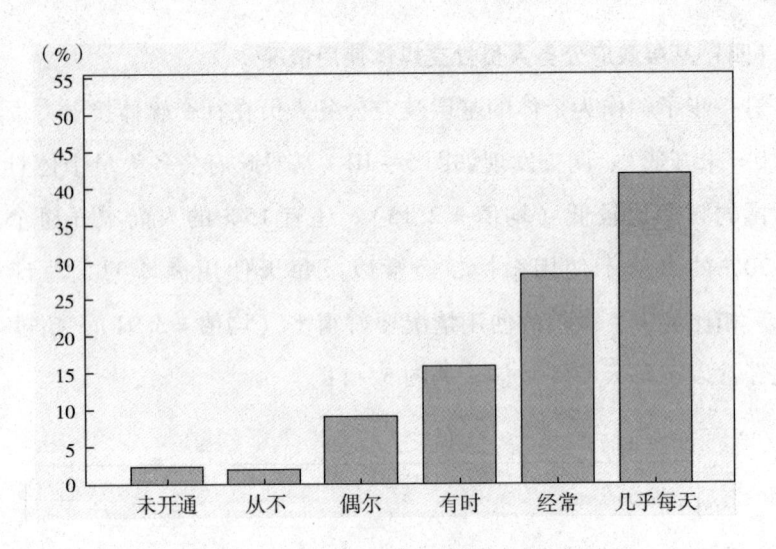

图 5-11 基层公务人员用微信频率

些。但仍有超过 15% 的人认为没有必要开通微信与民众直接沟通。

表 5-11　　基层干部个人开通社交媒体沟通民众的必要性

	N	极小值	极大值	均值	标准差
个人微博直接沟通必要性	1172	0	5	3.32	1.073
个人微信直接沟通必要性	1175	0	5	3.61	1.032
有效的 N（列表状态）	1172				

在田野访问中，我们也了解到，基层政府公务人员对于使用个人的社交媒体与民众在网络上直接沟通交流存有很大的心理顾虑。这一方面与当前的网络环境有关。譬如，基层政府公务人员感知到网络上民众对政府的批评和投诉比较多，有位基层干部就说：

对我们基层干部，现在网上整体环境不友好啊！网上愤青多。就算我们要在微博上发言，一般也不会主动说明自己是哪个政府部门的，是什么干部。你说实名认证啊？实名认证那我还是不去网上发言了吧。我是说用自己的账号哈。如果是政府部门的微博认证号那是另一回事。但是不管怎么样吧，行事说话还是小心些好。一不小心就容易招骂啊。

（张 ZJ，36 岁，男，山东 JX 县政府，副科级干部）

调查发现，来自民众的投诉和批评，是基层政府公务人员感知最明显的。而来自民众的积极肯定，他们普遍感知到较少。如图 5-12：

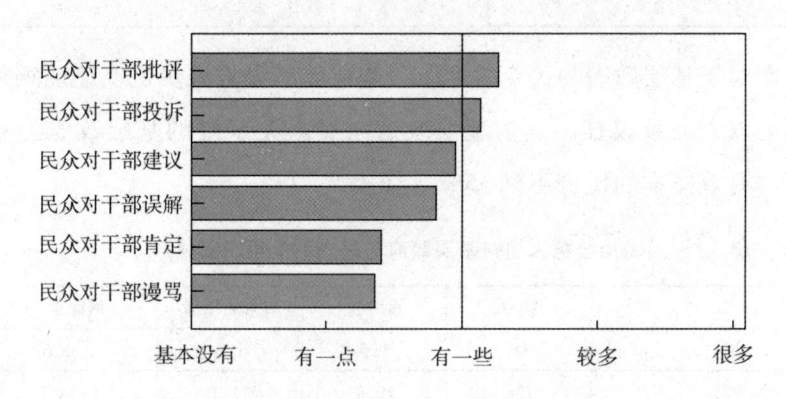

图 5-12　基层公务人员对民众态度的感知

（五）基层政府与民众关系的整体绩效认知

尽管认知到政务社交媒体应用对于基层政府的上述积极效用，但是在涉及有关政府与民众之间的沟通、关系、信任等方面的整体绩效评价时，基层政府公务人员仍旧表现出较明显的挫败感。一方面，基层政府公务人员仍旧明显地感知到：基层政府与民众的沟通情况整体欠佳。超过 60% 的人认为，在基层，政府与民众之间的沟通是不够顺畅的，成效也不够好的（均值 =3.26）。如表 5-12：

表 5-12　基层公务人员对基层政府与民众的沟通情况感知

		频率	百分比	有效百分比	累计百分比
有效	没沟通	18	1.5	1.6	1.6
	沟通很不顺畅成效很差	138	11.6	12.0	13.6

续表

		频率	百分比	有效百分比	累计百分比
	沟通不太顺畅成效一般	592	49.8	51.4	65.0
	沟通还顺畅成效较好	337	28.3	29.3	94.3
	沟通很顺畅成效很好	66	5.6	5.7	100.0
	合计	1151	96.8	100.0	
缺失	系统	38	3.2		
	合计	1189	100.0		

而对于基层政府与民众关系上，基层政府公务人员也明显地感知到整体上双方关系欠佳。认为基层政府与民众关系好的基层政府公务人员，占有效样本的比例不到35%。如表5-13：

表5-13　　　基层公务人员对基层政府与民众的关系情况感知

		频率	百分比	有效百分比	累计百分比
有效	很差	18	1.5	1.6	1.6
	较差	128	10.8	11.1	12.7
	好差各半	626	52.6	54.5	67.2
	较好	351	29.5	30.5	97.7
	很好	26	2.2	2.3	100.0
	合计	1149	96.6	100.0	
缺失	系统	40	3.4		
	合计	1189	100.0		

对于民众对基层政府的信任情况，基层政府公务人员感知到信任情况亦整体欠佳（如表5-14）。超过70%的有效样本认为，民众并不怎么信任基层政府；只有不到30%的有效样本认为，民众还是信任基层政府的。在基层政府公务人员的判断中，基层政府在社会治理中面临的信任危机不可小觑。

表 5-14　　　　基层公务人员对来自民众的信任情况感知

		频率	百分比	有效百分比	累计百分比
有效	很不信任	49	4.1	4.3	4.3
	不太信任	284	23.9	24.7	29.0
	一般	483	40.6	42.0	71.0
	比较信任	311	26.2	27.0	98.0
	非常信任	23	1.9	2.0	100.0
	合计	1150	96.7	100.0	
缺失	系统	39	3.3		
	合计	1189	100.0		

通过前述理论梳理发现，民众对政府的信任、媒体树立的政府公信力形象，以及社会对媒体的信任，这三者之间亦往往有着彼此勾连的复杂关系。对基层政府与民众关系的处理，任何时候都不能不重视媒体在其间的作用。政府与民众的相互信任是彼此协同推进社会治理的重要保障。在当前，传统媒体式微，社交媒体就应该发挥更大功效以促进双方的关系和谐度和彼此信任度。

对于基层政府在民众心目中的形象感知方面，形势也不乐观。有16.9%的基层政府公务人员认为，在民众心目中基层政府形象是较差甚至很差的；另有28%的基层政府公务人员认为，在民众心目中的基层政府形象是较好、很好的。如表 5-15：

表 5-15　　　　基层公务人员对基层政府的形象情况感知

		频率	有效百分比	累计百分比
有效	很差	28	2.4	2.4
	较差	167	14.5	17.0
	好差各半	632	55.0	72.0
	较好	307	26.7	98.7
	很好	15	1.3	100.0
	合计	1149	100.0	

将基层政府公务人员感知到的基层政府与民众的沟通情况、彼此关系、信任情况、政府形象等进行均值比较，统计结果如图 5 – 13（5 分量表，正向排列）：

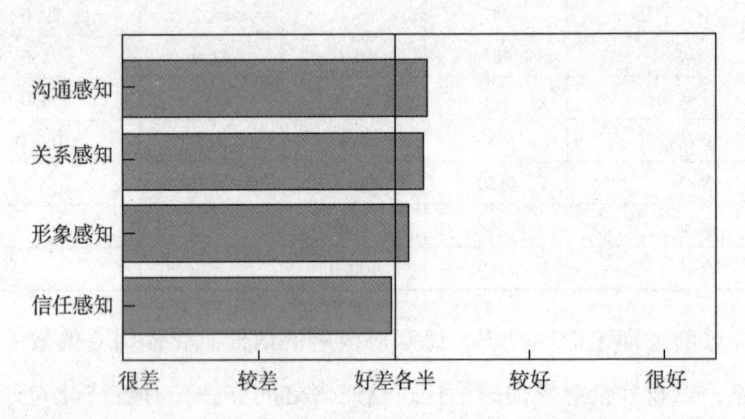

图 5 – 13　基层政府与民众的沟通、关系、信任、形象等的均值比较

在基层政府公务人员的认知中，民众对基层政府的信任是在均值线以下，也就是说整体还是不信任的；沟通在四个指标里面相对最为理想，但四个指标在总体上都离"较好"还有比较大的差距。从与民众的沟通情况，与民众的关系情况，政府在民众中的形象，民众对政府的信任这 4 个方面来看，基层政府公务人员认为，基层政府在社会治理当中都面临比较突出的危机，应该引起足够的重视。尤其是信任问题。无疑，信任危机是最大的危机，也是地方基层政府在执政治理方面的最大危机。而信任也是影响到沟通成效的重要变量。

三　因子分析

为提高测量的概括性，完善问卷的测量指标设计，方便后文进一步统计分析，我们对前述测量指标进行了降维处理，主要采用 SPSS19.0 进行因子分析。具体抽取情况详述如下，通过降维处理，对社交媒体在政府与民众沟通中的具体应用情况也获得了更加清晰的印象。

(一) 社交媒体作为常用渠道

对基层政府与民众进行沟通交流的常用渠道进行因子分析，结果如表 5－16①：

表 5－16　　　　　　与民沟通常用渠道第一次因子分析结果

沟通民众的常用渠道	成分矩阵ª 因子1 社交类	成分矩阵ª 因子2 人际类	成分矩阵ª 因子3 告示类	共同度	解释的总方差 特征值	解释的总方差 解释方差的贡献率（%）
微信	0.744	0.035	-0.099	0.564	3.169	28.806
手机短信	0.734	-0.170	-0.177	0.599	1.561	14.192
微博	0.729	0.168	0.114	0.573	1.271	11.554
QQ 聊天	0.714	-0.028	-0.037	0.511	0.972	8.838
政务网站论坛	0.620	0.075	0.461	0.603	0.866	7.873
政务 App	0.616	0.503	-0.198	0.671	0.687	6.246
面对面	0.233	-0.727	-0.083	0.590	0.613	5.568
电子邮件	0.066	0.643	-0.054	0.470	0.774	5.219
打电话	0.456	-0.533	-0.229	0.495	0.477	4.337
新闻发布会	0.076	0.130	0.680	0.485	0.412	3.742
纸质信函告示	-0.016	-0.018	0.663	0.440	0.399	3.624
Cronbach's Alpha	0.793	0.134	0.149			

注：提取方法：主成分分析法；a. 已提取了 3 个成分；累计方差贡献率：54.553%；Cronbach's Alpha 可靠性检验：0.685。

第一次因子分析，将基层政府与民众常用的 11 种沟通渠道提取分

---

① 采用 SPSS19.0 进行因子分析，自动抽取特征值 >1 的因子。首先完成原有 11 个变量的相关系数矩阵及其检验，发现每个变量的相关系数都较高（超过 0.5＞0.3，且单边检验值＝0.000 ＜ 0.05），说明各个变量之间具有较强的线性相关，能够从中提取公共因子；信度检验克朗巴哈 α 系数为 0.685，说明问卷内部一致性可接受。统计检验结果，这 11 个指标的效度检验 KMO 值为 0.764＞0.6，巴特利特球状检验（Bartlett Test of Sphericity）的卡方值为 2714.552，自由度为 55，p＝0.000＜0.001，在 0.000 的水平上显著，表明这 11 个指标适合进行因子分析。另根据薛薇编著的《基于 SPSS 的数据分析》（中国人民大学出版社 2006 年版，第 366 页），Kaiser 给出了因子分析常用的 KMO 度量标准，0.9 以上表示非常适合；0.8 表示适合；0.7 表示一般；0.6 表示不太适合；0.5 以下表示极不适合。具体到此处，KMO 值为 0.764，这说明可以进行因子分析。

类为三种：可分别命名为社交类、人际类、告示类。根据描述统计也发现，社交类与人际类的沟通渠道使用频率更高，告示类的使用效率更低，这样的分类符合实际情况。不过，从上述第一次因子分析结果检测发现，因子 2 与因子 3 有四个指标共同度在 0.5 以下；三个因子总的 Cronbach's Alpha 系数为 0.685，但对因子 2 与因子 3 的可靠性检验发现，因子 2 与因子 3 的 Cronbach's Alpha 系数都很低。根据这一结果判断，从量表本身的质量要求说，有必要剔除因子 2 与因子 3，仅对因子 1 所聚集的 6 个指标重新进行第二次因子分析。重新因子分析后的结果是：对微信、微博、QQ 聊天、短信、网站论坛、App 等 6 个指标进行第二次因子分析，用主成分分析法自动抽取得到 1 个因子，KMO 值提高到 0.834 > 0.5，累计方差贡献率：49.766%；Cronbach's Alpha 可靠性检验系数为 0.793，内部一致性较好，结果较为理想。① 如表 5 – 17：

表 5 – 17　　　　　与民沟通常用渠道第二次因子分析结果

	成分矩阵[a]	共同度	解释的总方差	
	因子 1		特征值	解释方差贡献率（%）
微博	0.766	0.587	2.986	49.766
微信	0.749	0.561	0.825	13.750
QQ 聊天	0.708	0.502	0.666	11.107
手机短信	0.699	0.489	0.599	9.989
政务 App	0.668	0.447	0.481	8.023
政务网站论坛	0.634	0.402	0.442	7.366

注：提取方法：主成分分析法。a. 已提取了 1 个成分。

但美中不足的是其中两个指标的共同度偏低。根据我们在初试调查与田野获得的一手资料，有必要对数据统计进行路径调整，将当前使用更为频繁的四类渠道提取出来进行因子分析，结果各方面数据检验均要

---

① 统计检验结果，这 6 个指标的效度检验 KMO 值为 0.834 > 0.6，巴特利特球状检验（Bartlett Test of Sphericity）的卡方值为 1847.266，自由度为 15，$p = 0.000 < 0.001$，在 0.000 的水平上显著，表明这 6 个指标适合进行因子分析。

好于前述两次因子分析。① 如表 5 – 18：

表 5 – 18　　　　　　基层政务社交媒体因子分析结果

	成分矩阵ᵃ	共同度	解释的总方差	
	因子 1 政务社交媒体		特征值	解释方差贡献率（%）
微博	0.785	0.616	2.265	56.630
微信	0.758	0.575	0.672	16.790
QQ 聊天	0.740	0.547	0.552	13.811
政务 App	0.726	0.527	0.511	12.769

注：提取方法：主成分分析法。a. 已提取了 1 个成分。累计方差贡献率：56.630%；Cronbach's Alpha 可靠性检验：0.740。

根据上述三次因子分析的结果，最后将微博、微信、QQ、政务 App 这四种媒介聚合为基层政府在与民众沟通交流中常用的社交媒体渠道，是恰当的，并适合命名为政务社交媒体，相关检验数据也显示这样的问卷内部一致性较好。对照我们的问卷设计，也是将这四种渠道统称为社交媒体渠道，与数据统计结果也能够比较吻合，说明当时这样的问卷设计是合理的。

（二）政务社交媒体开通时长

对四类社交媒体的开通时长进行降维，② 自动提取得到 1 个公共因子，命名为政务社交媒体开通时长。如表 5 – 19：

---

① 采用 SPSS17.0 进行因子分析，自动抽取特征值 > 1 的因子。首先完成原有 4 个变量的相关系数矩阵及其检验，发现每个变量的相关系数都较高（超过 0.5 > 0.3，且单边检验值 = 0.000 < 0.05），说明各个变量之间具有较强的线性相关，能够从中提取公共因子；信度检验克朗巴哈 α 系数为 0.740，说明问卷内部一致性可接受。统计检验结果，这 4 个指标的效度检验 KMO 值为 0.760 > 0.6，巴特利特球状检验（Bartlett Test of Sphericity）的卡方值为 1000.331，自由度为 6，p = 0.000 < 0.001，在 0.000 的水平上显著，表明这 4 个指标适合进行因子分析。而在尝试将 "政务网站论坛" 纳入测量指标进行降维处理时发现解释方差贡献率则下降到 52.005%，信度检验克朗巴哈 α 系数也降到了 0.622。

② 采用 SPSS17.0 进行因子分析，自动抽取特征值 > 1 的因子。每一个测量指标变量值的设计，全都采用李克特 5 分量表，正向排列。首先完成原有 4 个变量的相关系数矩阵及其检验，发现每个变量的相关系数都较高（超过 0.5 > 0.3，且单边检验值 = 0.000 < 0.05），说明各个变量之间具有较强的线性相关，能够从中提取公共因子；信度检验克朗巴哈 α 系数为 0.738，说明问卷内部一致性可接受。统计检验结果，这 4 个指标的效度检验 KMO 值为 0.764 > 0.6，巴特利特球状检验（Bartlett Test of Sphericity）的卡方值为 1219.668，自由度为 6，p = 0.000 < 0.001，在 0.000 的水平上显著，表明这 4 个指标适合进行因子分析。

表 5 – 19　　　　　政务社交媒体开通时长因子分析结果

	成分矩阵ª		解释的总方差	
	因子1 政务社交媒体开通时长	共同度	特征值	解释方差贡献率（%）
政务微信开通时长	0.836	0.699	2.329	58.232
政务微博开通时长	0.831	0.690	0.793	19.817
政务App开通时长	0.780	0.608	0.491	12.265
QQ联系开通时长	0.576	0.432	0.387	9.686

注：提取方法：主成分分析法。a. 已提取了1个成分。累计方差贡献率：58.232%；Cronbach's Alpha可靠性检验：0.738。

（三）政务社交媒体沟通频率

对四类政务社交媒体的日常沟通频率进行降维,[①] 自动提取得到1个公共因子，命名为政务社交媒体沟通频率。如表5 – 20：

表 5 – 20　　　　　政务社交媒体沟通频率因子分析结果

	成分矩阵 a		解释的总方差	
	因子1 政务社交媒体沟通频率	共同度	特征值	解释方差贡献率（%）
QQ联系频率	0.659	0.435	2.468	61.704
政务微博联系频率	0.847	0.717	0.689	17.232
政务微信联系频率	0.846	0.716	0.500	12.496
App联系频率	0.775	0.600	0.343	8.568

注：提取方法：主成分分析法。a. 已提取了1个成分。累计方差贡献率：61.704%；Cronbach's Alpha可靠性检验：0.789。

（四）在政务社交媒体上，基层政府的自我角色认知

基层政府对自身在政务社交媒体平台上的角色认知有5个测量指

[①] 采用SPSS17.0进行因子分析，自动抽取特征值 >1 的因子。每一个测量指标变量值的设计，全都采用李克特5分量表，正向排列。首先完成原有4个变量的相关系数矩阵及其检验，发现每个变量的相关系数都较高（超过0.5 > 0.3，且单边检验值 = 0.000 < 0.05），说明各个变量之间具有较强的线性相关，能够从中提取公共因子；信度检验克朗巴哈α系数为0.789，说明问卷内部一致性可接受。统计检验结果，这4个指标的效度检验KMO值为0.771 > 0.6，巴特利特球状检验（Bartlett Test of Sphericity）的卡方值为1436.144，自由度为6，p = 0.000 < 0.001，在0.000的水平上显著，表明这4个指标适合进行因子分析。

标,经过降维处理,① 自动提取获得了 2 个公共因子,适合命名为:因子 1 政务社交媒体的主动政府角色,因子 2 政务社交媒体的被动政府角色。如表 5-21:

表 5-21　　政务社交媒体上基层政府自我角色认知因子分析结果

政务社交媒体上基层政府的自我角色认知	成分矩阵 a		共同度	解释的总方差	
	因子 1 主动角色	因子 2 被动角色		特征值	解释方差贡献率(%)
平等对话参与者角色	0.765	-0.201	0.625	2.532	50.637
信息发布引导者角色	0.826	-0.194	0.719	1.082	21.644
社会管理服务者角色	0.764	-0.259	0.651	0.550	10.996
利益关系协调者角色	0.775	0.326	0.707	0.440	8.790
被动挨骂受气者角色	0.284	0.912	0.911	0.397	7.933
Cronbach's Alpha	0.796				

注:提取方法:主成分分析法。a. 已提取了 2 个成分。累计方差贡献率:72.282%;Cronbach's Alpha 可靠性检验:0.717。

累计均值比较结果,关于政务社交媒体上基层政府的自我角色认知,基层政府公务人员更显著地认同政府在社交媒体上的主动角色(均值 = 3.57),而非被动角色(均值 = 2.68)。

(五)政务社交媒体沟通特性评估

基层政府与民众沟通的常用社交媒体的沟通特性如何,问卷对此项内容共设计了 7 个测量指标,从关注度、互动率、回应性、参与性、公开度、准确度、及时性等 7 个方面予以衡量。经过因子分析法

---

① 采用 SPSS17.0 进行因子分析,自动抽取特征值 >1 的因子。每一个测量指标变量值的设计,全都采用李克特 5 分量表,正向排列。首先完成原有 5 个变量的相关系数矩阵及其检验,发现每个变量的相关系数都较高(超过 0.5 > 0.3,且单边检验值 = 0.000 < 0.05),说明各个变量之间具有较强的线性相关,能够从中提取公共因子;信度检验克朗巴哈 α 系数为 0.717,说明问卷内部一致性可接受。统计检验结果,这 5 个指标的效度检验 KMO 值为 0.742 > 0.6,巴特利特球状检验(Bartlett Test of Sphericity)的卡方值为 1554.410,自由度为 10,p = 0.000 < 0.001,在 0.000 的水平上显著,表明这 5 个指标适合进行因子分析。

作降维处理,① 自动提取获得了 1 个公共因子,适合命名为:因子 1 政务社交媒体沟通特性。如表 5 – 22:

表 5 – 22　　基层政务社交媒体沟通特性因子分析结果

基层政务社交媒体沟通特性	成分矩阵 a		解释的总方差	
	因子 1 政务社交媒体沟通特性	共同度	特征值	解释方差贡献率(%)
关注度	0.740	0.548	4.586	65.510
互动率	0.767	0.588	0.858	12.255
积极回应民众	0.848	0.720	0.590	8.424
民众充分参与	0.845	0.714	0.308	4.397
信息公开透明	0.845	0.715	0.233	3.336
准确发布信息	0.824	0.680	0.216	3.090
及时与民众沟通	0.788	0.621	0.209	2.987

注:提取方法:主成分分析法。a. 已提取了 1 个成分。累计方差贡献率:65.510%; Cronbach's Alpha 可靠性检验:0.912。

(六) 政务社交媒体平台建设

如何建设政务社交媒体,共设计了 7 个测量指标,包括表达方式、内容、实际效用、管理、绩效考核、沟通协调等方面。经过因子分析法作降维处理,② 自动提取获得 1 个公共因子,适合命名为:因子 1 政务

---

① 采用 SPSS17.0 进行因子分析,自动抽取特征值 > 1 的因子。每一个测量指标变量值的设计,全都采用李克特 5 分量表,正向排列。首先完成原有 7 个变量的相关系数矩阵及其检验,发现每个变量的相关系数都较高(超过 0.5 > 0.3,且单边检验值 = 0.000 < 0.05),说明各个变量之间具有较强的线性相关,能够从中提取公共因子;信度检验克朗巴哈 α 系数为 0.912,说明问卷内部一致性相当好。统计检验结果,这 7 个指标的效度检验 KMO 值为 0.865 > 0.6, 巴特利特球状检验(Bartlett Test of Sphericity)的卡方值为 5585.269,自由度为 21,p = 0.000 < 0.001,在 0.000 的水平上显著,表明这 7 个指标适合进行因子分析。

② 采用 SPSS17.0 进行因子分析,自动抽取特征值 > 1 的因子。每一个测量指标变量值的设计,全都采用李克特 5 分量表,正向排列。首先完成原有 7 个变量的相关系数矩阵及其检验,发现每个变量的相关系数都较高(超过 0.5 > 0.3,且单边检验值 = 0.000 < 0.05),说明各个变量之间具有较强的线性相关,能够从中提取公共因子;信度检验克朗巴哈 α 系数为 0.945,说明问卷内部一致性相当好。统计检验结果,这 7 个指标的效度检验 KMO 值为 0.924 > 0.6, 巴特利特球状检验(Bartlett Test of Sphericity)的卡方值为 7023.685,自由度为 21,p = 0.000 < 0.001,在 0.000 的水平上显著,表明这 7 个指标适合进行因子分析。

社交媒体平台建设。如表5-23:

表5-23　　　　基层政务社交媒体平台建设因子分析结果

	成分矩阵^a	共同度	解释的总方差	
	因子1 政务社交媒体平台建设		特征值	解释方差贡献率（%）
话语表达接受度	0.848	0.719	5.267	75.241
解决实际问题	0.860	0.739	0.470	6.717
内容贴近性	0.874	0.763	0.357	5.094
专职管理	0.859	0.738	0.286	4.081
领导重视	0.870	0.757	0.237	3.381
绩效考核效度	0.882	0.777	0.212	3.030
内部协调畅通	0.879	0.773	0.172	2.456

注：提取方法：主成分分析法。a. 已提取了1个成分。累计方差贡献率：75.241%；Cronbach's Alpha 可靠性检验：0.945。

（七）社交媒体上民众对待政府干部的态度

在社交媒体上，基层政府公务人员所感知到的民众的态度，共有6个测量指标，通过因子分析法进行降维处理,[①] 自动提取获得了2个因子，分别适合命名为：因子1 民众的负面态度，因子2 民众的正面态度。如表5-24：

累计均值比较结果，基层政府公务人员更显著地感知到民众的负面态度（均值=2.90）而非民众的正面态度（均值=2.68）。

---

① 采用SPSS17.0进行因子分析，自动抽取特征值>1的因子。每一个测量指标变量值的设计，全都采用李克特5分量表，正向排列。首先完成原有6个变量的相关系数矩阵及其检验，发现每个变量的相关系数都较高（超过0.5>0.3，且单边检验值=0.000<0.05），说明各个变量之间具有较强的线性相关，能够从中提取公共因子；信度检验克朗巴哈α系数为0.670，说明问卷内部一致性尚可。统计检验结果，这6个指标的效度检验KMO值为0.652>0.6，巴特利特球状检验（Bartlett Test of Sphericity）的卡方值为2266.406，自由度为15，$p=0.000<0.001$，在0.000的水平上显著，表明这6个指标可以进行因子分析。

表 5 – 24　　　　　　社交媒体上民众的态度因子分析结果

社交媒体上民众的态度	成分矩阵^a 因子1 负面态度	成分矩阵^a 因子2 正面态度	共同度	解释的总方差 特征值	解释的总方差 解释方差贡献率（%）
民众对干部谩骂	0.770	-0.252	0.657	2.592	43.203
民众对干部误解	0.805	-0.065	0.652	1.464	24.396
民众对干部投诉	0.828	-0.063	0.689	0.906	15.093
民众对干部批评	0.771	0.042	0.596	0.399	6.656
民众对干部建议	0.262	0.837	0.769	0.338	5.639
民众对干部肯定	0.056	0.830	0.693	0.301	5.012
Cronbach's Alpha	0.807	0.621			

注：提取方法：主成分分析法。a. 已提取了 2 个成分。累计方差贡献率：67.600%；Cronbach's Alpha 可靠性检验：0.670。

（八）社交媒体上基层干部对民众批评的反应

面对民众在社交媒体上对政府以及干部进行的投诉与批评，基层政府公务人员采取什么样的应对态度？一种是消极应对，共有 3 个测量指标，用因子分析进行降维处理，[1] 自动获取到 1 个公共因子，适合命名为干部的消极应对。如表 5 – 25：

表 5 – 25　　　　　　基层干部对民众批评的消极反应因子分析结果

在社交媒体上遇到民众的投诉批评时	成分矩阵^a 因子1 干部的消极应对	共同度	解释的总方差 特征值	解释的总方差 解释方差贡献率（%）
直接拉黑	0.847	0.717	1.861	62.030
不予理睬	0.770	0.593	0.680	22.676

---

[1] 采用 SPSS17.0 进行因子分析，自动抽取特征值 >1 的因子。每一个测量指标变量值的设计，全都采用李克特 5 分量表，正向排列。首先完成原有 3 个变量的相关系数矩阵及其检验，发现每个变量的相关系数都较高（超过 0.5 > 0.3，且单边检验值 = 0.000 < 0.05），说明各个变量之间具有较强的线性相关，能够从中提取公共因子；信度检验克朗巴哈 α 系数为 0.677，说明问卷内部一致性尚可。统计检验结果，这 3 个指标的效度检验 KMO 值为 0.636 > 0.6，巴特利特球状检验（Bartlett Test of Sphericity）的卡方值为 631.396，自由度为 3，p = 0.000 < 0.001，在 0.000 的水平上显著，表明这 3 个指标可以进行因子分析。

续表

在社交媒体上遇到民众的投诉批评时	成分矩阵ª		共同度	解释的总方差	
	因子1 干部的消极应对			特征值	解释方差贡献率（%）
与其争辩	0.742		0.551	0.459	15.294

注：提取方法：主成分分析法。a. 已提取了1个成分。累计方差贡献率：62.030%；Cronbach's Alpha 可靠性检验：0.677。

一种是积极应对，包括两个测量指标：虚心接受与耐心解释，但是因子分析时发现效度检验 KMO 值 <0.6，所以不适合进行降维处理，保留原有两个测量指标。

从相关性上看，基层干部对民众批评的消极反应与民众的负面态度，其显著相关系数为 0.176** [Pearson 相关性，**表示在 0.01 水平（双侧）上显著相关]，基层干部对民众的正面态度与其进行耐心解释的相关系数为 0.191**，与其虚心接受的相关系数为 0.323**。但是进一步采用逐步回归分析则发现，无论是对民众的正面态度还是负面态度，与基层干部的消极应对行为之间都存在显著的正向影响。因此，研究假设 H9 并没有得到全部的支持。对于 H9 网络民众的积极情绪反应（正面态度），对基层政府公务人员主动积极地回应民众有显著的积极影响；网络民众的消极情绪反应（负面态度），对基层公务人员主动积极地回应民众有显著的消极影响。研究验证了其中一点，即网络民众的消极情绪反应（负面态度），对基层公务人员主动积极地回应民众有显著的消极影响，但网络民众的积极情绪反应（正面态度），未必对基层政府公务人员主动积极地回应民众有显著的积极影响。

（九）社交媒体对基层政府的影响

随着社交媒体的广泛应用与普及，基层政府也大量地介入了这一新兴的媒介沟通渠道中，这对基层政府的日常工作效能带来了怎样的影响呢？问卷设计了11个测量指标。第一次进行降维处理，自动提取获得了 2 个公共因子，适合分别命名为：因子 1 社交媒体对基层政府的积极影响，因子 2 社交媒体对基层政府的消极影响。如表 5-26：

表 5-26　　　社交媒体对政府的具体影响第一次因子分析结果

社交媒体对政府的影响	旋转成分矩阵^a 因子1 积极影响	因子2 消极影响	共同度	解释的总方差 特征值	解释方差贡献率（%）
更多监督	0.690	0.079	0.482	4.596	41.778
更高效能	0.825	0.070	0.686	1.875	17.045
更及时发布信息	0.791	0.090	0.634	0.916	8.326
更有效沟通	0.837	0.069	0.705	0.797	7.247
更密切关系	0.836	0.155	0.723	0.574	5.218
改善了形象	0.785	0.140	0.636	0.495	4.503
提高公信力	0.591	0.113	0.362	0.463	4.212
更高运行成本	0.183	0.750	0.595	0.401	3.650
更大压力	0.281	0.685	0.549	0.332	3.015
更多负面言论	0.041	0.827	0.685	0.300	2.728
更作秀	-0.031	0.641	0.412	0.251	2.278
Cronbach's Alpha	0.877	0.715			

注：提取方法：主成分分析法并旋转法：具有 Kaiser 标准化的正交旋转法。a. 旋转在 3 次迭代后收敛。累计方差贡献率：58.823%；Cronbach's Alpha 可靠性检验：0.832。KMO 值为 0.868 > 0.6，巴特利特球状检验（Bartlett Test of Sphericity）的卡方值为 5474.623，自由度为 55，$p = 0.000 < 0.001$，在 0.000 的水平上显著。

一般认为当共同度大于 0.4 时，公因子就能很好地解释该测量指标。而如果共同度低，则表明该测量指标与其他指标之间的共通性很低，也就是说"提高公信力"这个测量指标的独特性很强，不适合放进因子分析中，应该予以剔除，单独列出。据此对 10 个测量指标重新进行降维处理，自动提取获得 2 个公共因子，仍旧分别命名为：因子 1 社交媒体对基层政府的积极影响，因子 2 社交媒体对基层政府的消极影响。结果如表 5-27：

对 2 个因子进行累计均值比较发现，政务社交媒体对基层政府的积极影响（均值 = 3.62）要显著高于消极影响（均值 = 3.19）。

表 5－27　　　社交媒体对政府的具体影响第二次因子分析结果

社交媒体对 政府的影响	旋转成分矩阵ª		共同度	解释的总方差	
	因子 1 积极影响	因子 2 消极影响		特征值	解释方差 贡献率（%）
更多监督	0.712	0.079	0.513	4.298	42.982
更高效能	0.833	0.073	0.698	1.868	18.679
更及时发布信息	0.802	0.093	0.652	0.855	8.548
更有效沟通	0.847	0.073	0.723	0.712	7.115
更密切关系	0.830	0.161	0.715	0.500	4.999
改善了形象	0.773	0.146	0.618	0.470	4.704
更高运行成本	0.170	0.752	0.594	0.401	4.015
更大压力	0.292	0.685	0.554	0.336	3.360
更多负面言论	0.038	0.827	0.685	0.305	3.050
更作秀	－0.033	0.642	0.413	0.255	2.547
Cronbach's Alpha	0.892	0.715			

注：提取方法：主成分分析法并旋转法：具有 Kaiser 标准化的正交旋转法。a. 旋转在 3 次迭代后收敛。累计方差贡献率：61.661%；Cronbach's Alpha 可靠性检验：0.826。KMO 值为 0.857 > 0.6，巴特利特球状检验（Bartlett Test of Sphericity）的卡方值为 5051.174，自由度为 45，p = 0.000 < 0.001，在 0.000 的水平上显著。

（十）传统媒体与社交媒体的传播效用情况

传统媒体与社交媒体在推进政府与民众的关系及沟通等方面具体效用如何，对此，我们共设计了 5 个测量指标，进行降维处理，[①] 自动提取获得了 2 个公共因子，分别代表了传统媒体与社交媒体在推进政民沟通方面的具体效用，适合分别命名为：因子 1 传统媒体效用，因子 2 社交媒体效用。因子分析结果如表 5－28：

---

① 采用 SPSS17.0 进行因子分析，自动抽取特征值 > 1 的因子。每一个测量指标变量值的设计，全都采用李克特 5 分量表，正向排列。首先完成原有 10 个变量的相关系数矩阵及其检验，发现每个变量的相关系数都较高（超过 0.5 > 0.3，且单边检验值 = 0.000 < 0.05），说明各个变量之间具有较强的线性相关，能够从中提取公共因子；信度检验克朗巴哈 α 系数为 0.889，说明问卷内部一致性较好。统计检验结果，这 10 个指标的效度检验 KMO 值为 0.864 > 0.6，巴特利特球状检验（Bartlett Test of Sphericity）的卡方值为 7676.774，自由度为 45，p = 0.000 < 0.001，在 0.000 的水平上显著，表明这 10 个指标可以进行因子分析。

表 5-28　社交媒体与传统媒体效用比较的因子分析结果

媒体效用	旋转成分矩阵[a] 因子1 传统媒体效用	因子2 社交媒体效用	共同度	解释的总方差 特征值	解释方差贡献率（%）
社交媒体增进政府公信力	0.326	0.726	0.633	5.058	50.579
社交媒体改善政府形象	0.169	0.847	0.746	2.100	20.995
社交媒体改善政民关系	0.215	0.850	0.769	0.728	7.276
社交媒体提高沟通成效	0.154	0.862	0.767	0.574	5.740
社交媒体畅通表达渠道	0.069	0.802	0.648	0.347	3.471
传统媒体增进政府公信力	0.737	0.231	0.597	0.302	3.023
传统媒体改善政府形象	0.820	0.247	0.733	0.257	2.572
传统媒体改善政民关系	0.861	0.175	0.772	0.244	2.439
传统媒体提高沟通成效	0.881	0.129	0.793	0.210	2.103
传统媒体畅通表达渠道	0.829	0.107	0.699	0.180	1.802
Cronbach's Alpha	0.898	0.895			

注：提取方法：主成分分析法并旋转法；具有 Kaiser 标准化的正交旋转法。a. 旋转在 3 次迭代后收敛。累计方差贡献率：71.574%；Cronbach's Alpha 可靠性检验：0.889。

对 2 个因子进行累计均值比较，社交媒体的传播效用（均值 = 3.64）要显著高于传统媒体的传播效用（均值 = 3.06）。

（十一）政民沟通整体绩效自评

对当前与民众的沟通情况，彼此之间的关系，民众对政府的信任情况，政府在民众中的形象等，4 个测量指标，也尝试进行了降维处理，自动提取获得了1个公共因子，适合统一将之命名为：因子1政民沟通整体绩效。结果如表5-29：

表5-29　　　　基层政民沟通整体绩效的因子分析结果

基层政府与民众的沟通整体绩效	成分矩阵^a 因子1政民沟通整体绩效	共同度	解释的总方差 特征值	解释方差贡献率（%）
沟通感知	0.789	0.623	2.779	69.468
关系感知	0.875	0.766	0.500	12.509
信任感知	0.839	0.704	0.419	10.480
形象感知	0.828	0.686	0.302	7.542

注：提取方法：主成分分析法。a. 已提取了1个成分。累计方差贡献率：69.468%；Cronbach's Alpha可靠性检验：0.850。KMO值为0.812＞0.6，巴特利特球状检验（Bartlett Test of Sphericity）的卡方值为1986.420，自由度为6，$p = 0.000 < 0.001$，在0.000的水平上显著。

经过上述因子分析法的降维处理，测量指标得到进一步概括，总共获得了11个方面内容的因子分析结果。下文将针对上述因子分析所获取的主要变量，进一步通过回归分析来发掘各相关变量之间的关系。

四　小结

综上，我们多方面调查统计了当前基层政府公务人员的媒介接触、对基层政务社交媒体的评价、对基层政府与民众关系的认知等相关情况。我们可以通过简笔勾勒出一幅描述该群体相关认知情况的概观图：

本次调查对象的主体是工作于县市乡镇等基层政府部门、以中青年男性为主、具有大学教育程度的中下层公务人员。他们多数偏好使用人际传播渠道如面对面、打电话与民众直接打交道，其次是微信和手机短信等。他们多数认为其他渠道如此前被人们广泛看好的微博、当前力推的政务App客户端等的交流效果均不甚理想。在日常生活中，他们多数人经常使用微信，较少使用微博。在网上，他们更显著地感知到民众对他们的负面态度。

他们多数人认同政府在社交媒体上的主动角色，最认同基层政府在社交媒体平台上作为"社会管理服务者"的角色，其次是"信息发布引导者"的角色。少数认同基层政府在社交媒体平台上的"平等对话参与者"与"利益关系协调者"这两种角色。最不能认同的是基层政府的"被动挨骂受气者"的角色。他们认为，社交媒体的传播效用要胜过传统媒体，对基层政府的积极影响要显著高于消极影响；基层政府政务社交媒体的平台建设在制度管理方面做得最好，比如领导重视、专职管理、内部沟通、绩效考核等，其次是解决民众实际问题与内容贴近民众，但政务社交媒体在民众关注度与互动性上做得最差。他们普遍对政务社交媒体的沟通特性认知不足，与社交优众——高知青年民众的相关诉求存在较大落差。

身在基层一线，直接与民众打交道，他们大多数比较敏锐地感知到了基层政府社会治理所面临的突出危机，多数人明显地感知到基层政府与民众的沟通整体欠佳，双方关系欠佳，民众对基层政府不大信任，基层政府在民众心目中的形象也不甚乐观。尽管他们中多数人认为有必要开通个人微信和个人微博与民众直接沟通交流，但基于种种顾虑和约束，普遍缺乏积极性。

第二节 回归分析

一 影响政民沟通整体绩效的主要因素

我们想进一步了解哪些因素可能对基层政府与民众之间沟通的整体绩效（变量"政民沟通整体绩效"是通过因子分析获得的，包含了政民沟通的顺畅情况、双方关系的和谐情况、民众对政府的信任情况、政府的形象状况）产生重要影响，以便为提升政民之间的沟通绩效找到突破口。一开始将此次测量的 80 余个指标作为自变量，采用逐步回归法，在每一步骤中使用 F 统计检验进入回归模式的每一个自变量，采纳 SPSS 内定的标准，移除其标准化回归系数显著性检验之 F 值≥0.100 的变量，选择其标准化回归系数显著性检验之 F 值≤0.050 的变量进入回归模式。同时考察变量之间的容忍度，结合散点图并剔除容忍度接近 0 的变量以避免共线性问题。其次，对逐步回归法得到的回归结果综合考虑统计上的显著性，尽量选择回归系数较大的自变量，剔除回归系数很小、影响很微弱的变量，以便获得简洁明了并具有较好解释力的回归模型。

通过逐步回归分析最后获取的回归模型，相对简洁并且具有较好的解释力，如表 5 - 30 所示：

表 5 - 30　　　　基层政民沟通整体绩效的回归分析结果

模型	非标准化系数 B	标准误差	标准系数	t	Sig.	共线性统计量 容差	VIF
（常量）	-0.220	0.091		-2.425	0.015		
传统媒体对政民沟通的效用	0.187	0.033	0.188	5.620	0.000	0.616	1.623
社交媒体上民众的正面态度	0.226	0.029	0.227	7.798	0.000	0.813	1.230
社交媒体对政府的积极影响	0.117	0.032	0.116	3.614	0.000	0.663	1.507
社交媒体上民众的负面态度	-0.110	0.027	-0.110	-4.055	0.000	0.941	1.062
基层政务社交媒体沟通特性	0.099	0.032	0.098	3.095	0.002	0.689	1.452
社交媒体对政府的消极影响	-0.098	0.028	-0.097	-3.466	0.001	0.872	1.147

续表

模型	非标准化系数 B	标准误差	标准系数	t	Sig.	共线性统计量 容差	VIF
基层政府在社交媒体上的被动角色	0.074	0.029	0.074	2.544	0.011	0.814	1.229
干部对民众投诉虚心接受	0.058	0.024	0.071	2.413	0.016	0.803	1.246

注：因变量：政民沟通整体绩效。回归平方和290.664，残差783.582，F值49.196。模型整体的拟合优度 $R^2 = 0.271$，调整 $R^2 = 0.265$，模型具有26.5%的解释力。模型统计显著性 Sig. = 0.000。

研究发现，传统媒体对政民沟通的效用、社交媒体上民众的正面态度、社交媒体对政府的积极影响、基层政务社交媒体沟通特性、基层政府在社交媒体上的被动角色、干部对民众投诉虚心接受、社交媒体上民众的负面态度、社交媒体对政府的消极影响，这8个变量显著影响到政民沟通的整体绩效，亦即影响政府与民众在沟通上的顺畅情况、双方关系、民众信任情况以及政府形象状况等。

具体而言，如下5个方面对基层政府与民众之间的整体沟通绩效具有显著的积极影响：传统媒体对政民沟通的效用越大，社交媒体上民众的正面态度（肯定与建议）越多，社交媒体对政府的积极影响越大，基层政务社交媒体沟通特性越突出，干部对民众的投诉越是虚心接受，则基层政民沟通的整体绩效就会得到更大提升。

回归分析验证了研究假设H4：政务社交媒体的沟通特性，对政民沟通的整体绩效有显著的积极影响。

另外，如下3个方面对基层政府与民众之间的沟通绩效具有显著的消极影响：基层政府在社交媒体上的被动角色（被动挨骂受气者）越突出、社交媒体上民众的负面态度越多、社交媒体对政府的消极影响越大，则基层政民沟通的整体绩效就会越差。

回归分析说明，沟通的双向性决定了要提升政民沟通的整体绩效，增进政府和民众之间在各方面的良性互动是关键。一方面，干部要虚心接受民众意见,更好地增进政务社交媒体的沟通特性,发挥社交媒体对政府工作的积极影响;另一方面,良好的网络环境,减少负面态度,尤其是减少那些缺乏理性的谩骂、攻击、过激言论等,多给基层政府出谋划策、提供积极的意见和建议,帮助他们改进工作,这些都有助于提升基层政府在与民众沟通中的整体绩效。

回归分析同时还说明,不能无视传统媒体的作用。尽管在社交媒体时代,政务社交媒体在与民众沟通中承担了重要的作用,甚至成为很多基层政府部门信息发布的主要窗口。但是,传统媒体的影响力余威仍在。传统媒体长久的公信力支持和丰富多样的内容、节目与表现形式,可以帮助基层政府改进形象,提高民众对政府的信任。要善于充分发挥和挖掘传统媒体的涵化教育功能,作为重要的侧翼,辅助基层政府建立与民众的良好沟通关系。

二 影响政民沟通顺畅度的主要因素

为进一步解析具体有哪些变量可能对基层公务人员感知到的基层政府与民众沟通的顺畅程度有重要影响,如上方法,我们通过逐步回归分析,同时考察变量之间的容忍度,结合散点图并剔除容忍度接近0的变量以避免共线性问题。另外,对逐步回归法得到的回归结果综合考虑统计上的显著性,尽量选择回归系数较大的自变量,剔除回归系数很小、影响很微弱的变量,以获得简洁明了而又有较强解释力的回归模型。结果如表5-31:

表5-31　　　　基层政民沟通顺畅度的回归分析结果

模型	非标准化系数 B	标准误差	标准系数	t	Sig.	共线性统计量 容差	VIF
(常量)	1.842	0.172		10.707	0.000		

续表

模型	非标准化系数 B	标准误差	标准系数	t	Sig.	共线性统计量 容差	VIF
社交媒体增进政府公信力	0.051	0.031	0.053	1.618	0.106	0.674	1.483
民众对干部肯定	0.080	0.019	0.127	4.279	0.000	0.825	1.212
社交媒体上政府更多作秀	-0.098	0.021	-0.139	-4.587	0.000	0.796	1.257
传统媒体改善政民关系	0.153	0.029	0.157	5.272	0.000	0.817	1.224
社交媒体令政府信息更及时	0.096	0.031	0.107	3.097	0.002	0.610	1.638
打电话效果	0.177	0.046	0.107	3.871	0.000	0.950	1.053
平等对话参与者角色	0.050	0.022	0.066	2.256	0.024	0.838	1.193
政务App	-0.185	0.067	-0.082	-2.780	0.006	0.835	1.198
民众对干部批评	-0.050	0.022	-0.065	-2.334	0.020	0.943	1.060
政务微博联系频率	0.047	0.018	0.077	2.613	0.009	0.827	1.209
面对面效果	0.133	0.056	0.069	2.357	0.019	0.855	1.169
社交媒体上政民关系更密切	0.065	0.031	0.076	2.108	0.035	0.557	1.796

注：因变量：政民沟通顺畅度。回归平方和158.677，残差524.348，F值26.671。模型整体的拟合优度 $R^2 = 0.233$，调整 $R^2 = 0.224$，模型具有22.4%的解释力。模型统计显著性 Sig. = 0.000。

在基层政府公务人员的感知中，对基层政府与民众之间的沟通具有显著的消极影响的是如下3个变量，根据回归系数大小依次是：政务App的使用；在社交媒体上基层政府更多的作秀行为；民众在社交媒体上对政府的批评。

对于政务App的使用反而对基层政府与民众之间的沟通具有显著的消极影响，我们比较困惑，所以专门就此开展了相应的田野访问[1]。田野访问发现，政务App目前在基层政府中使用较多，很多地市县的党政部门开通了这方面的移动手机客户端应用，政务App已经成为基

---

[1] 这部分田野调查来自笔者对浙江新华移动传媒股份有限公司的调查访问［该公司属新华社旗下，在全国范围运营推广县市区的党政客户端App（同时也是地方政府的门户App）］；对开通党政App客户端的相关地市县宣传部部长的访问。

层政府部门信息发布的重要平台之一,集合了当地广播电视报纸等新闻媒体,成为当地新闻资讯的主要窗口。如上回归分析,调查统计发现,政务 App 的使用对增进基层政府与民众之间的沟通反而具有消极影响。结合田野调查分析,这当中的一个重要原因在于,一些政府宣传部门在运营管理政务 App 上经验不足,尤其是在推广上比较乏力,在对民众信息的反馈上普遍反应滞后,民众对其兴趣不大,使用积极性不高。比如一些地方市县宣传部门通过赠送流量、发红包等方式来吸引辖区民众下载并安装其 App 客户端,还有的市县宣传部门则是以任务分配形式要求各部门发动一定数量的辖区民众下载并安装其 App 客户端。尽管如此,基层宣传部门发现,很多民众在领了红包等小礼品后并不一定就使用其 App,有的是领完红包流量之后就卸载了 App。

通过访问有关辖区民众,发现大致如下:民众觉得这些党政客户端上的信息与自身关系不大,或者不是自己关心的,或者不是自己感兴趣的内容、没有什么特别有趣的信息,或者信息不怎么有用,等等。这些政务 App 往往是集结了此前地方报纸、电视、电台、政府门户网站的新闻信息内容,以信息发布为主,而其互动反馈功能发挥有限,对民众来说,此类 App 比较鸡肋又占用手机内存,安装兴趣并不大。吸收了这方面的经验教训后,有一些党政 App 客户端将自身定位调整为:"新闻+资讯+本地民生服务",尤其是侧重大力发展便民利民的各类服务,运作就比较出色,比如上海松江区政府的"松江时空"、浙江三门县的"掌上三门"、云南曲靖市的"云南通·曲靖市"等。[①]

基层政府作秀对增进政民沟通的顺畅及成效具有显著的消极影响。因为基层政府作秀,进一步加剧了民众对一些基层政府的浮夸作风以及诚信不足、失信于民等行为的反感,不利于双方的沟通交流。民众在社

[①] 相关信息来自杭州市互联网信息办公室和浙江新华移动传媒股份有限公司联合主办的"互联网+政务服务"春季论坛,杭州,2016 年 4 月 14 日。

交媒体如微博、微信上对基层政府的批评,在基层政府公务人员看来,基层政府的工作没得到民众的肯定,这也反映了基层政府在联系民众、沟通民情、为民服务上做得不够好。

在基层政府公务人员的感知中,对基层政府与民众之间的沟通具有显著的积极影响的是如下9个变量,根据回归系数大小依次是:传统媒体改善政民关系;社交媒体上民众对干部的肯定;社交媒体令政府信息发布更及时;平时打电话联系民众的沟通效果;政务微博联系民众的频率;社交媒体上政民关系更密切;平时与民众面对面沟通的效果;在社交媒体上基层政府作为平等对话参与者的角色;社交媒体增进政府公信力。

归结上述9个变量,影响政民沟通顺畅程度与成效的主要是传播平台、人际媒介、传播行为这三个方面:一是平台,政民沟通顺畅既主要依托社交媒体,同时又离不开传统媒体,后者的作用不容小觑。传统媒体改善政民关系越好,越有助于政民双方的顺畅沟通。二是媒介,政民沟通顺畅既需要依靠媒体,同时又离不开人际交往的媒介,尤其是打电话和面对面的沟通交流,在日常与民众的联系中发挥的效果越好,越有助于政民双方的顺畅沟通。三是行为,政府在与民众沟通中的具体作为很关键,政府的公信力、信息发布的及时、联系民众的频率、作为平等对话参与者的角色定位等,有助于政民双方的顺畅沟通。

三 影响政民关系和谐度的主要因素

为进一步解析,具体有哪些变量可能对基层政府公务人员对基层政府与民众的关系和谐程度的感知有重要影响,通过逐步回归分析,具体方法同上,最后获得简洁明了而又有较强解释力的回归模型。结果如表5-32:

表 5-32　　　　　　基层政民关系和谐度的回归分析结果

模型	非标准化系数 B	标准误差	标准系数 试用版	t	Sig.	共线性统计量 容差	VIF
（常量）	1.705	0.120		14.238	0.000		
传统媒体畅通表达渠道	0.070	0.027	0.100	2.631	0.009	0.490	2.040
改善了形象	0.128	0.023	0.161	5.546	0.000	0.828	1.208
民众对干部肯定	0.073	0.018	0.129	4.155	0.000	0.727	1.376
互动率	0.078	0.023	0.106	3.418	0.001	0.733	1.364
干部对民众投诉虚心接受	0.042	0.017	0.071	2.447	0.015	0.830	1.205
民众对干部谩骂	-0.042	0.015	-0.075	-2.794	0.005	0.986	1.014
政务微信联系频率	0.040	0.015	0.076	2.722	0.007	0.891	1.123
传统媒体改善政民关系	0.082	0.031	0.093	2.622	0.009	0.554	1.804
民众对干部建议	0.053	0.019	0.087	2.705	0.007	0.679	1.472
更作秀	-0.043	0.018	-0.067	-2.425	0.015	0.924	1.082

注：因变量：政民关系和谐度。回归平方和 144.588，残差 413.686，F 值 36.908。模型整体的拟合优度 R^2 = 0.259，调整 R^2 = 0.252，模型具有 25.2% 的解释力。模型统计显著性 Sig. = 0.000。

在基层政府公务人员的感知中，对基层政府与民众之间的关系具有显著消极影响的是如下 2 个变量，根据回归系数大小依次是：基层政府在政务社交媒体上更多的作秀行为；社交媒体上民众对干部的谩骂。而对基层政府与民众之间的关系具有显著积极影响的是如下 8 个变量，根据回归系数大小依次是：社交媒体对基层政府形象的改善，依据表60 排列顺序为：民众对干部肯定，互动率，传统媒体畅通表达渠道，传统媒体改善政民关系，民众对干部建议，政务微信联系频率，干部对民众投诉虚心接受。

概括而言，这 8 个积极因素，主要涉及两个方面：一，政务社交媒体与民众的互动情况是影响政民关系和谐度的重要指标，包括：主动联系民众的频率，双方互动的频率，互动双方的积极态度（即民众对干部的肯定与建议及干部对民众意见的虚心接受），基层政府在整体形象上得到的改善；二是传统媒体在表达渠道和关系改善上的积极作为，对增进政民关系和谐度也具有重要影响。

四 影响对基层政府信任度的主要因素

基层政府公务人员感知到民众对基层政府的信任情况整体不乐观。前文对相关研究的回溯发现，沟通与信任之间存在复杂的纠缠关系。沟通并不必然有助于信任的增加。本研究尝试了解，在基层部门，哪些因素会影响到基层政府公务人员所感知到的民众对基层政府的信任情况。所以，本课题通过研究聚焦集中于社交媒体应用调查，进而试图寻找哪些因素是会显著影响到基层公务人员对信任的感知情况的，而不是全面探索影响民众信任政府的因素。民众对政府的信任问题，显然是需要通过另一项专门研究进行深入探讨的宏大课题。

具体回归方法同上，通过逐步回归分析，最后获得简洁明了而又有较强解释力的回归模型。结果如表 5-33：

表 5-33　　基层民众对政府信任度的回归分析结果

模型	非标准化系数 B	标准误差	标准系数 试用版	t	Sig.	共线性统计量 容差	VIF
（常量）	2.306	0.173		13.300	0.000		
社交媒体上民众的正面态度	0.214	0.026	0.243	8.203	0.000	0.777	1.288
民众充分参与政务社交媒体	0.108	0.025	0.133	4.333	0.000	0.730	1.371
社交媒体提高政府公信力	0.051	0.019	0.076	2.608	0.009	0.795	1.259
社交媒体上更多负面言论	-0.068	0.025	-0.080	-2.673	0.008	0.755	1.324
干部对民众投诉虚心接受	0.062	0.021	0.087	2.978	0.003	0.807	1.239

续表

模型	非标准化系数 B	标准误差	标准系数 试用版	t	Sig.	共线性统计量 容差	VIF
社交媒体上民众的负面态度	-0.092	0.024	-0.104	-3.838	0.000	0.924	1.083
干部个人用微信频率	-0.077	0.021	-0.107	-3.652	0.000	0.797	1.254
干部个人上微博频率	0.046	0.018	0.074	2.514	0.012	0.785	1.274
政务社交媒体更及时发布信息	0.093	0.030	0.094	3.161	0.002	0.764	1.309
更作秀	-0.062	0.023	-0.079	-2.634	0.009	0.750	1.333
面对面	-0.273	0.077	-0.130	-3.529	0.000	0.507	1.973
打电话效果	0.184	0.054	0.101	3.396	0.001	0.777	1.287
个人微信直接沟通必要性	0.063	0.025	0.073	2.539	0.011	0.827	1.209
面对面效果	0.192	0.077	0.090	2.473	0.014	0.519	1.928
打电话	-0.135	0.056	-0.074	-2.386	0.017	0.711	1.406

注：因变量：民众对政府的信任度。回归平方和235.504，残差597.282，F值27.627。模型整体的拟合优度 $R^2=0.283$，调整 $R^2=0.273$，模型具有27.3%的解释力。模型统计显著性 Sig. = 0.000。

影响基层政府公务人员所感知的民众是否信任基层政府的显著因素，主要有15个变量。其中，显著的消极影响因素依次有6项：平常与民众以面对面交流为主，平常与民众以打电话交流为主，社交媒体上民众对干部的负面态度（谩骂、批评与投诉等），用微信频率，社交媒体上对政府的更多负面言论，基层政府更多作秀。概括而言，社交媒体上民众对政府的负面态度或者负面言论，正是民众对政府缺乏信任的直接反映。对此，基层政府公务人员有着直接的观感，从中深切感知到了民众对政府存在的不信任。而在与民众的交流中，越来越多地采用面对面、打电话、微信等人际社交交流途径，也令基层政府公务人员更显著地感知到民众对基层政府缺乏信任。

相比于传统媒体，微信社交、面对面或打电话的人际社交，这些是更为直接的交流工具，能够在与民众直接的沟通中，更多地了解民众的真情实感,真实的民情舆情,从而更加显著地感知到民众对基层政府的信任情况。这也说明,更多更直接的交流沟通,才是更好地掌握民众对政府实际态度的有效手段,是准确把握民心舆情的关键。而人际交流、社交媒体平台是实现这一目标的重要途径。而对另外9项显著的积极因素的观察则可以看出:从传播途径上,面对面、打电话等人际沟通效果越好的,也能够更显著地感知到民众对政府的信任。从具体的传播行为上,在基层政府公务人员的感知中,上微博,虚心接受民众意见,通过个人微信与民众直接沟通,让民众更多参与到与政务社交媒体的互动中,提高政府的公信力,更及时地发布信息保障民众的知情权,这些措施,均有助于增进民众对政府的信任。

关于政务社交媒体沟通特性中的"及时性——及时发布信息""参与性——民众充分参与政务社交媒体",这两个变量,对所感知的民众对政府的信任度具有显著的积极影响。回归分析支持了研究假设H7:政务社交媒体的沟通特性,对民众信赖基层政府有显著的积极影响。

五 影响基层政府形象的主要因素

研究尝试了解,在基层政府公务人员的感知中,哪些因素会影响到基层政府在民众心目中的形象。具体方法同上,通过逐步回归分析,最后获得简洁明了而又有较强解释力的回归模型。结果如表5-34:

表5-34 基层政府在民众心目中的形象回归分析结果

模型	非标准化系数		标准系数	t	Sig.	共线性统计量	
	B	标准误差	试用版			容差	VIF
(常量)	1.943	0.155		12.546	0.000		
社交媒体上民众对干部肯定	0.088	0.017	0.151	5.171	0.000	0.843	1.186

续表

模型	非标准化系数 B	标准误差	标准系数 试用版	t	Sig.	共线性统计量 容差	VIF
社交媒体改善了政府形象	0.133	0.025	0.164	5.294	0.000	0.748	1.338
面对面效果	0.175	0.053	0.097	3.321	0.001	0.849	1.178
打电话效果	0.147	0.044	0.095	3.376	0.001	0.897	1.115
积极回应民众	0.071	0.021	0.102	3.318	0.001	0.755	1.324
社交媒体令政府更作秀	-0.051	0.020	-0.078	-2.586	0.010	0.786	1.272
干部对民众投诉与其争辩	-0.055	0.017	-0.094	-3.223	0.001	0.841	1.189
民众对干部投诉	-0.065	0.020	-0.088	-3.203	0.001	0.954	1.048
社交媒体令政府受更多监督	0.055	0.023	0.072	2.372	0.018	0.773	1.294
使用微信联系民众	0.176	0.049	0.108	3.572	0.000	0.790	1.265
政务App	-0.182	0.066	-0.086	-2.752	0.006	0.732	1.366
干部对民众投诉虚心接受	0.039	0.018	0.064	2.175	0.030	0.831	1.203
平等对话参与者角色	0.041	0.021	0.059	1.976	0.048	0.793	1.260

注：因变量：基层政府在民众心目中的形象。回归平方和142.555，残差454.511，F值25.598。模型整体的拟合优度R^2=0.239；调整R^2=0.229，模型具有22.9%的解释力。模型统计显著性Sig.=0.000。

研究发现，在基层政府公务人员的感知中，政务App目前对改善基层政府的形象非但没有显著的积极影响，反而是最显著的消极影响因素。另外，他们还感知到，在社交媒体上，民众对政府的投诉和干部对投诉的争辩，是显著影响政府在民众中形象的负面因素。而虚心接受民众投诉，以平等的对话参与者角色与民众交流，积极地回应民众则可以显著地改善政府在民众心目中的形象。对改善基层政府形象具有显著的积极影响的因素，首推微信的使用，其次便是有效使用面对面、打电话的人际媒介途径与民众联系；社交媒体对政府的积极作用也有助于显著改善政府在民众心中的形象。

回归分析中政务社交媒体的"回应性——积极回应民众"这一个变量,是显著的积极影响因素,支持了研究假设 H5:政务社交媒体的沟通特性,对基层政府的形象有显著的积极影响。

综上五个方面的回归分析,概括而言,通过调查基层政府公务人员的实际感知,进一步强调了微信在增进民众与政府的交流沟通中的重要作用。同时强调了:需要充分发挥社交媒体以及传统媒体对政府工作的积极影响,发挥其在政府与民众沟通中的积极效用,而且增进双方在沟通交流中的积极态度,这对于整体上提升政府与民众的沟通是有显著效益的。因此,增进对微信的有效利用,是提升双方沟通质量的有效途径。加强基层政府在政务社交媒体尤其是微信上的沟通,换言之,即增强基层政务社交媒体的沟通特性,是增进双方沟通成效的关键。

六 影响政务社交媒体沟通特性的主要因素

那么,哪些因素会影响到基层政府政务社交媒体的沟通特性强弱?根据对变量间相关关系的统计分析,结合田野调查结果,在尝试了多次逐步回归分析筛选模型之后,最后选定了 8 个显著的积极因素进入回归分析,获得了对影响和增进基层政务社交媒体沟通特性的模型,该模型的解释力达到了 60%,对于如何增进基层政务社交媒体的沟通特性,具有较好的解释力。如表 5-35:

表 5-35　　基层政务社交媒体沟通特性的回归分析结果

模型	非标准化系数 B	标准误差	标准系数 试用版	t	Sig.	共线性统计量 容差	VIF
(常量)	-4.127	0.120		-34.463	0.000		
话语表达接受度	0.401	0.033	0.369	12.164	0.000	0.390	2.561

续表

模型	非标准化系数		标准系数	t	Sig.	共线性统计量	
	B	标准误差	试用版			容差	VIF
利益关系协调者角色	0.105	0.021	0.112	5.142	0.000	0.762	1.312
平等对话参与者角色	0.146	0.020	0.156	7.136	0.000	0.749	1.336
内容贴近性	0.202	0.032	0.192	6.288	0.000	0.385	2.596
个人微信直接沟通必要性	0.115	0.019	0.118	5.928	0.000	0.902	1.109
提高政府公信力	0.047	0.015	0.062	3.115	0.002	0.893	1.120
内部协调畅通	0.084	0.028	0.086	2.976	0.003	0.431	2.320
政府与民众沟通顺畅度	0.129	0.025	0.103	5.212	0.000	0.913	1.095

注：因变量：基层政务社交媒体沟通特性。回归平方和 669.412，残差 440.646，F 值 209.834。模型整体的拟合优度 $R^2=0.603$；调整 $R^2=0.600$，模型具有 60.0% 的解释力。模型统计显著性 Sig. =0.000。

结合该模型分析，增强基层政务社交媒体的沟通特性，需要重点做好如下方面工作：一是需要重点进行话语表达的研究，以增加话语表达的接受度。从回归系数看，基层政务社交媒体在话语表达上的可接受度，是回归系数最大的显著影响因素。二是对内容的设计，以增进内容的贴近性，实现对民众传播的"三贴近"。在回归系数上，内容的贴近性仅次于话语表达的可接受度。三是注重调整角色定位，以平等对话参与者和利益关系协调者的身份与民众交流，帮助民众排忧解难。四是干部有必要开通个人微信与民众直接交流，这有助于增加与民众的人际亲和力。五是要提高政府的公信力，增加日常与民众沟通的顺畅度，增进政府机构内部的协调畅通，这些日积月累的积极影响也会延伸到基层政务社交媒体与民众的日常沟通上。

七　小结

综上六个方面的回归分析结果，对于基层公务人员——基层政府的社交媒体应用调研情况，我们进一步归结提炼出如下两个值得关注的方面。

一是推动传统媒体转型升级，充分发挥传统媒体——社交媒体的协同作用。

回归分析发现，传统媒体的影响力余威仍在，其存量效应不容忽视。传统媒体一直以来积蓄的传播效应已经构成了增进政府与民众沟通的存量。尤其在改善政民关系、畅通政民沟通渠道、提高政府公信力等方面。继续发挥传统媒体的作用，对促进基层政府与民众之间的沟通，促进双方的关系和谐，进而提升基层政民沟通的整体绩效等均具有显著的积极影响。

这是因为传统媒体长久的公信力支持和丰富多样的内容、节目与表现形式，可以帮助基层政府改进形象，提高民众对政府的信任。因此，要善于充分发挥和挖掘传统媒体的涵化教育功能，作为重要的侧翼，辅助基层政府建立与民众的良好沟通关系。在这方面，尤其要善用影视节目的娱乐教化，在寓教于乐的过程中传播新知识新观念，增进社会价值共识。在具体实现途径上，当务之急是要将传统媒体的优势与社交媒体的优势进行嫁接，优势互补，这方面进行的主要探索就是对地方传统媒体尤其是广播电视媒体的转型升级。笔者对此进行了专项的田野调查。① 其中有不少地方基层政府在推进地方传媒转型升级、增强媒体在线沟通优势上有亮点，闯出了一条新路。

如"智慧萧山"App已经成为活跃在萧山智慧城市建设第一线的公共信息服务平台，由杭州市萧山区政府重点打造，萧山广播电视台开发运营，是集城市公共信息、生活服务应用、新闻资讯、电视节目于一

---

① 关于这方面的相关研究，课题组已经成文公开发表于学术期刊，是本项目阶段性成果之一，详见袁靖华、翁超萍、洪飘林《移动互联网时代市县级广电媒体融合的生态适应路径》，《电视研究》2016年第8期。

这方面的田野调查情况：笔者带课题组成员于2016年4—7月在地市县广播电视台进行了相关调研，并就调研结果和本课题的相关研究成果于2016年10月18日在国家新闻出版广电总局主办的全国地市县广播电视台台长培训班上与各位参加培训的台长们进行了交流，反响较热烈，引发了他们的强烈共鸣和充分认可。

体的城市移动应用云平台。该平台通过"直播"节目大力拓展了原有广播电视的传播影响力。

又如"掌上武汉",是武汉广播电视台打造的手机客户端,联手武汉市各区、各职能单位,搭建政府与市民之间的新媒体沟通平台,并与武汉台的《一诺千金》栏目合作,推出"我要上问政"网络问政平台,实现问政常态化,监督常态化,及时与民众沟通,解决老百姓的问题,推进了政务公开透明,提高了政府办事效率。

再如最高人民法院与上海广播电视台共同筹建的"中国法院手机电视 App"（2015 年 12 月开通上线）,主要有五个栏目:法治新闻、法治热点、庭审直播、发布现场、法官拍案。包含五大功能模块:热门推荐、直播预约、视频点播、个人中心、其他通用功能。通过视频方式,将人民法院重点新闻和重要案件庭审信息等司法信息第一时间向社会传递,让人人都能通过手机随时观看法院新闻,实现司法公开透明,增进社会普法成效。

移动互联网正全面革新媒介生态,传媒竞争及舆论生态的原有格局均发生了深刻变化,传统的大众传播路径已无法满足各级地方政府在宣传及舆论领域亟待应对的挑战。市县广播电视必然承担起地方媒体转型升级的重任。课题组通过调查访谈,从组织管理模式、媒介角色定位、传播途径构建等方面,着力研究了市县广电媒体在扁平化组织再造、"贴地"社区服务、基于场景的内容传播与节点传播等方面实现创新的可行路径,以推动传统媒体与移动社交媒体的融合,将基层政府的政务服务和地方媒体的在地资讯服务嫁接,既能够有效利用社交媒体的 5A 优势,又能够发挥广播电视的传统公信力和丰富多样的节目形式;通过视频、直播等当前社交优众偏好的样式来吸引民众关注;通过增进对民众的民生服务,来改善政民关系,这些均进一步有助于政民双方的顺畅沟通,将地方广播电视的新媒体转型与移动社交媒体的舆情引导进行较好的功能整合。

二是有效沟通是主体间的双向良性互动，需要"沟通的态度与行为—人际媒介—社交媒体"三方面因素的相互配合。

沟通的双向性决定了增进政府和民众在各方面的良性互动是提升政民沟通整体绩效的关键。沟通中双方的态度和行为是影响沟通的重要因素。无论是对于基层公务人员还是对于民众，双方态度积极，行为理性，是开展顺畅沟通的重要保障。回归分析发现，网络上的负面情绪、负面态度，对双方的沟通具有显著的消极影响，最要不得的就是民众辱骂和政府作秀，对双方的沟通、关系和信任伤害最大。

所以，首先在沟通的态度与行为上，干部要虚心，民众要积极。一方面，干部要虚心接受民众的投诉和意见，这对增进与民沟通、提升民众信任、改善与民关系等均具有显著的积极影响。而以平等的对话参与者角色与民众交流，积极地回应民众，则可以显著地改善政府在民众心目中的形象。另一方面，民众要积极理性，共同营造良好的网络环境，减少负面情绪和负面态度，尤其是减少那些缺乏理性的谩骂、攻击、过激言论等，多给基层政府出谋划策，提供积极的意见和建议，帮助他们改进工作，这些都有助于提升基层政府在与民众沟通中的整体绩效。

其次，政务社交媒体已经成为很多基层政府部门信息发布的主要窗口，同时还应该是政府与民众进行直接沟通的重要平台。增强基层政务社交媒体的沟通特性，是增进双方沟通成效的关键。但目前，其沟通特性未充分发挥，影响了政务社交媒体的传播效用。回归分析发现，政务社交媒体与民众的互动情况是影响政民关系和谐度的重要指标，包括：主动联系民众的频率，双方互动的频率，互动双方的积极态度（即民众对干部的肯定与建议及干部对民众意见的虚心接受）。因此，政府在与民众沟通中的具体作为是关键，需要增加主动与民众积极对话的频率，增进信息发布的及时性。调查还进一步揭示了微信在增进民众与政府的交流沟通中的重要作用。增进对微信的有效利用，是提升双方沟通质量的有效途径。

最后，对改善基层政府形象具有显著积极影响的因素，第一推荐微信的使用，第二便是有效使用面对面、打电话的人际媒介途径与民众联系。因此，政民沟通顺畅既需要依靠媒体，同时又离不开人际交往的媒介，尤其是打电话和面对面的沟通交流，在日常与民众的联系中发挥的效果越好，越有助于政民双方的顺畅沟通。微信社交、面对面或打电话的人际社交，这些是更为直接的交流工具，能够在与民众直接的沟通中，更多地了解民众的真情实感，真实的民情舆情，从而更加显著地感知到民众对基层政府的信任情况。这也说明，更多更直接的交流沟通，才是更好地掌握民众对政府实际态度的有效手段，是准确把握民心舆情的关键。面对面、打电话等人际沟通效果越好，越能够显著地增强民众对政府的信任。

第三节　基层政府社交媒体应用案例研究

在日常工作中，政务微博、微信公众号，是基层政府与民众联系的主要政务社交媒体。政务社交媒体在基层政府社会治理过程中承担着重要的职能。善用政务社交媒体，有助于推进政府管理方式创新，增进社会多方力量协同推动社会治理实现"善治"。本章主要通过案例研究来进一步探讨，当前基层政府部门是如何运用政务社交媒体改善政府公共服务，拓展政府与公众沟通的渠道，密切与民众的关系的，当前的具体运作中又存在哪些问题。通过田野访问与案例调查，结合前两章的定量研究，进一步揭示政务社交媒体应用存在的具体沟通问题，探索进一步完善政务社交媒体的政—民沟通机制的具体路径。

一 "善治"理念与双向对称沟通[①]

（一）案例研究的视角、思路与方法

1989年，世界银行在对撒哈拉以南非洲的研究报告中首次使用了"治理危机"（Crisis in Governance）一词。随着时间推移，"治理"（governance）一词逐渐被赋予新的内涵，被视为一套不同于传统政府管理体系的新机制。1995年全球治理委员会（The Commission on Global Governance）发布的研究报告《我们的全球伙伴关系》中，将"治理"定义为各种公共的或私人的个人和机构管理其共同事务的诸方法的综合。它是一个使相互冲突或不同的利益可以得到调和并可采取合作行动的持续的过程，包括有权强迫人们遵守正式的制度和政体，也包括各种人们同意或认为符合其利益的非正式的制度安排。[②] 以"治理"理论为基础，美国经济学家莱福特维奇（Adrian Leftwich）提出要建立"善治"理论，认为"善治"包含了如下内涵：一种有效率的公共服务、一种独立的司法体制以及履行合同的法律框架；对公共资金进行负责的管理；一个独立的、向代议制的立法机构负责的公共审计机关；所有层次的政府都要遵守法律、尊重人权；多元化的制度结构以及出版自由。[③]"善治"逐渐成为公共事务管理的主流话语范式，许多组织机构和学者们对"善治"进行阐释。联合国亚太经社理事会由此确认了善治的8个主要特征：本质上是参与、方向上达成共识、具有公信力、透

[①] 本节内容主体此前已成文公开发表于学术期刊，是本项目阶段性成果之一。具体详见袁靖华、郝文琦《中美政府社交媒体的公共危机传播比较研究——以天津爆炸、波士顿爆炸等突发公共危机事件的传播为例》，《浙江传媒学院学报》2016年第4期。

[②] The Commission on Global Governance, *Our Global Neighborhood: the Report of the Commission on Global Governance*, Oxford University Press, 1995, p. 2.

[③] Adrian Leftwich, *Governance, Democracy and development in the Third World*, Third World Qu, Vol. 14, No. 3, 1993.

明、积极回应、有效用和效率、公平和包容、法治。①

俞可平认为,所谓"善治"(good governance)就是使公共利益最大化的社会管理过程,其本质特性在于它是政府与公民社会对公共生活的合作管理,是政治国家与公民社会的一种新颖关系,是两者结合的最佳状态。②善治的基本主张是：以实现公共利益为目的,主张公共权力的社会分享、公共事务的社会参与。政府是善治中最重要、最核心和最关键的治理主体,与公共利益相关者相互合作,对公共事务进行一种网络协同治理。

本研究选取了天津港爆炸案和美国波士顿爆炸案中的政务微博应用,从"善治"视角,具体探讨政府社交媒体在公共危机事件传播中如何在思想观念上确立"善治"理念,如何与公众进行及时高效地沟通,并据此在具体渠道建设与传播表达上"善用"社交媒体,通过加强与民众的沟通协作来增信释疑、处置危机。探索政府通过社交媒体增进"善治"、化解危机、改善公共关系、合作开展公共事务协同治理的可行途径,为实现社会治理理念的转向,治理举措的切实转变,帮助基层政府部门在与民众的公共关系建设、政府形象与公信力建设等方面避免双输,实现政府与民众的双赢,提供研究参照。

社交媒体具备信息传播与舆论引导的功能,但在新媒体环境中,突发事件的传播也往往会呈现出非理智、情绪化、舆论极化的弊端,使得社交媒体传播的"广场"效应持续放大,造成不可逆的负面影响。因此,在突发性公共危机事件出现后,政府如何及时高效地通过社交媒体与民众积极良性互动,是政府危机管理的重要内容,也是危机事件中化解公共关系危机的重要路径。我们以"波士顿马拉松爆炸""天津塘沽爆炸"为研究对象,综合运用案例比较研究、网络田野调查、数据挖

---

① 熊节春：《善治的伦理分析》,中国社会科学出版社2014年版,第12—13、251—253页。
② 俞可平：《治理与善治》,社会科学文献出版社2000年版,第8—9页。

掘、内容分析等研究方法,梳理两次危机事件中政府社交媒体的信息处置过程,比较中美地方政府社交媒体的公共危机传播应用,从而探讨政府机构通过社交媒体传播增进"善治"、化解公共关系危机的可行路径。

(二)具体案例的分析与比较

2015年8月12日23点30分左右,在天津塘沽开发区的瑞海国际物流有限公司装箱码头内发生了一起严重的危险品爆炸事件。截至9月11日下午3点,遇难者人数上升至165人,此次突发事件引发了舆论的持续高度关注,网民参与度迅速上升。在爆炸事件救援进程中,公众舆论焦点不断变化,从"世界上最帅的逆行"到"彻查追责爆炸负责人",到"要求信息公开",舆情热度持续高涨。据艾利艾智库数据统计,截至2015年8月19日17时,关于事件相关文章及转载达48.6万篇,微博主贴共292万条,微信的公众号相关文章达3万篇。①

1. 中外社交媒体有关"天津爆炸"的信息传播情况

通过新浪微博的"微指数"监测系统,我们以"天津爆炸"为关键字搜索,以PC&移动信息发布趋势为目标,以事件爆发当天至两周后(8月12—26日)为时间节点分析信息发布情况。如图5-14所示:在"天津爆炸"PC&移动传播分布中,事件爆发后的第二天8月13日微博信息量达到最高值,PC端微博量为214628条,移动端微博量为1341840条。在整体趋势线上,该突发事件热议度持续约一周时间,在事件发生后的最近日期内达到峰值,三天之后热议度迅速降低,在事件第三天后,新浪的微博实时热搜榜上有关天津爆炸的话题从第一位降到了第八位。两周后热议度消失。这说明,突发事件的信息传播也同样具

---

① 数据源自微信公众账号:一天一堂舆情课对艾利艾智库的数据统计分析。艾利艾智库为中国传媒大学新机制、新模式的产学研相结合的创新型研究机构,亦是目前国内规模最大的专以网络舆情管理及社会化媒体传播为主的第三方权威研究咨询机构之一。

有突发性、不可持续性，信息短时间内迅速爆发，产生巨大的传播能量。尤其在移动端，信息热议指数是 PC 端的 3 倍多，占据了整体网络热议指数 77% 的比值，这说明移动社交媒体已经成为突发事件信息的主要舆论场。

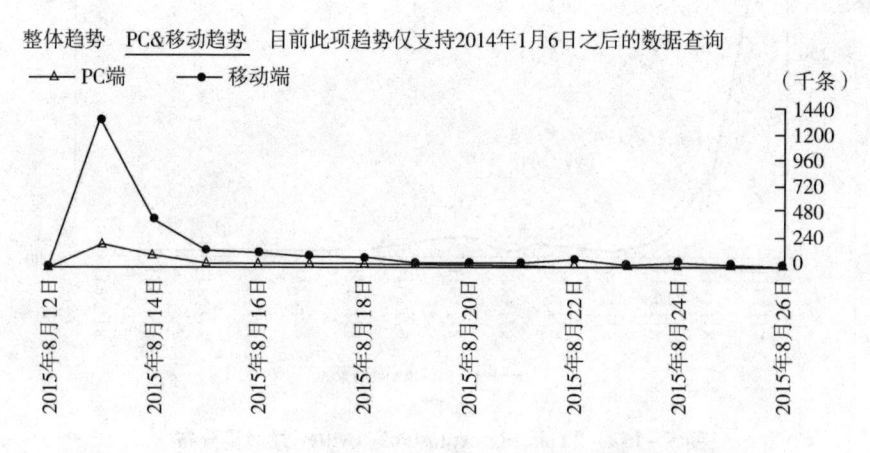

图 5-14 "天津爆炸" PC& 移动两周内微博量发展趋势

在国外社交媒体 Twitter 上，天津爆炸事件也受到极大关注。事件爆发后的第二天 8 月 13 日 Twitter 上的 #tianjin# 登上热门话题榜，并以 27.4 万话题量排名第一。我们以 #Tianjin explosion# 作为话题搜索，统计 2015 年 8 月 13—28 日共两周的相关 Twitter 量。如图 5-15 所示：13 日最高，此后呈逐日递减趋势。从事件爆发第三天 8 月 15 日开始，相关 #tianjin# 话题已不在 Twitter 热门话题榜中。

从中外社交媒体相关信息传播情况看，如下两个特点较为显著。

一方面，突发性公共危机事件的社交媒体传播具有很强的时效性与阶段性。对天津爆炸事件，中外社交媒体均在事件发生后一天内话题量达到峰值，呈现出高热议度、高热搜度的双高特点，随着事件发展进程，三天后关于"天津爆炸"事件的热议度、热搜度均显著降低。

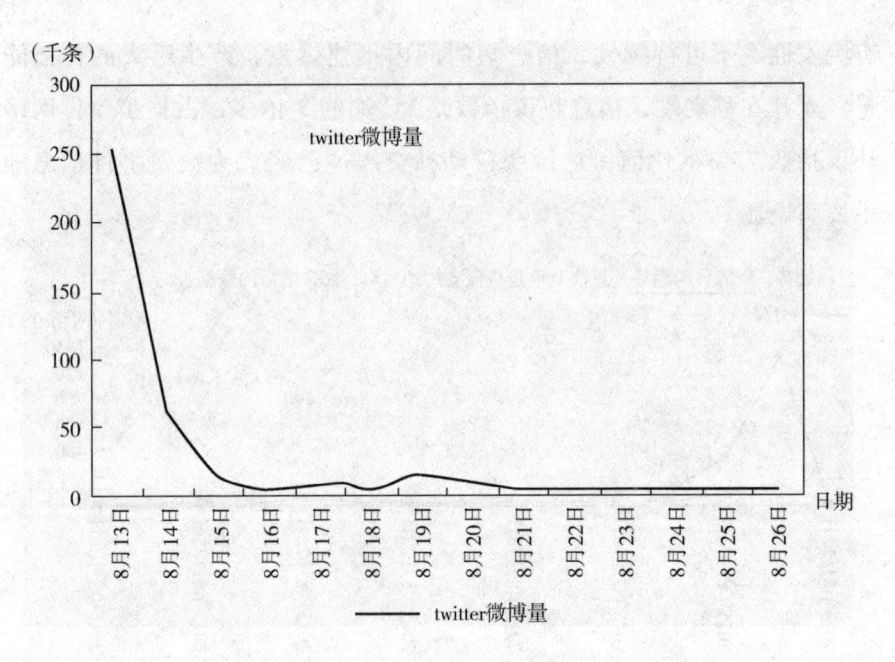

图 5–15 "Tianjing explosion" twitter 微博量分布

另一方面，借助社交媒体，突发性公共危机事件的传播具有突出的全球流通性与信息扩张性。从中外社交媒体内容比较发现，突发性的危机事件可在短短数分钟内就迅速传播到世界各地用户的移动社交媒体端。国外社交媒体与国内微博微信等社交媒体的信息互通迅捷，Twitter 与 Facebook 上的相关信息大多源于中国社交媒体微博与微信内容，而这次事件中不断爆出一些非真实信息在国内外社交媒体端广泛传播，如"美国 CNN 记者在报道中遭遇官方人员阻拦""天津爆炸导致一小区全灭"等，引发新一轮"谣言爆炸"。

前述特点进一步说明，政府机构在处置危机事件时，面对的不仅是危机事件本身的处置，还有着面向全球的及时信息传播与应对处置。一旦政府传播应对稍不及时、权威真实信息滞后，就会旋即发生舆情次生灾害。因此，面对公共危机事件，政府机构更需要充分认知社交媒体的传播特性，熟练运用社交媒体建立多方关系网络，借助多方社会力量的协同合作实现危机事件的传播应对。

2. 政府机构微博与公众微博有关"天津爆炸"的信息传播情况及相互关系

首先比较天津市相关政府机构官方微博与新浪微博公众信息传播情况，分析官民之间的舆情差异与信息关联情况，其次比较《新京报》官方微博与政府机构官方微博信息传播情况，分析市场化媒体与政府机构官方微博的舆情差异及信息关联情况。

选取天津市相关政府官微平安天津（天津市公安局官微）、天津发布（天津市人民政府新闻办公室官微）、滨海发布（天津市滨海新区政府官微）统计事件发生两周内的相关微博数量，制成折线图。如图5-16所示：

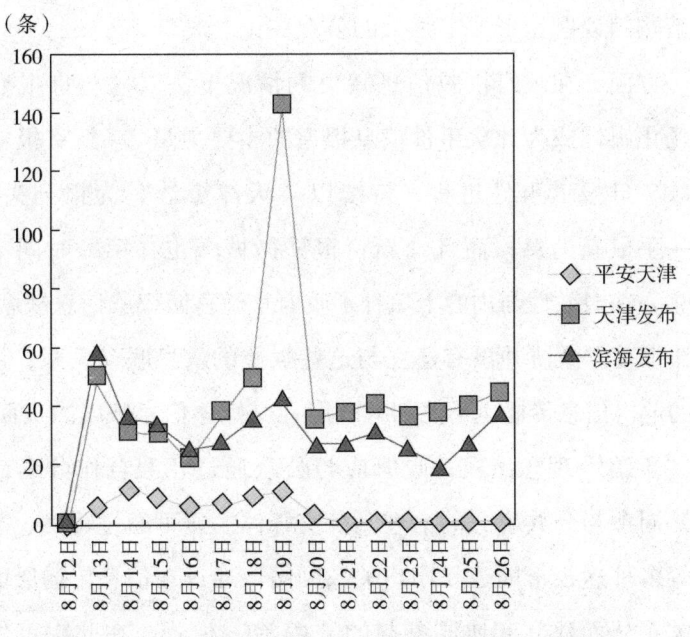

图5-16 天津相关政府官方微博"天津爆炸"微博量

从图5-16可看出，事件发生后的当天及其最近三天内，天津市官方微博均未担当信息来源的主要发布者，有关信息发布量很少。相对前述图 5-14、5-15 所示，事件爆发后的一天是舆情峰值，事件爆发后的三天内是高热议度、高热搜度的双高期，而在这两个关键时间节点上，天津市官方微博的主动发声均相当微弱，无论在时效性、还是在信息量上都远不足以占据舆情主导地位，在事件爆发的最初一周内，天津相关官方微博均自居社交媒体舆情引导的边缘地位。

与政府机构微博的传播缺位相比，突发危机事件中，普通公众中的事件亲历者往往成为主要信息源。几乎在爆炸发生同时，博主@小寳最爱旻旻通过文字配视频的形式首发了关于天津爆炸的微博，而天津市政府官微在爆炸当天均没有报道，在时效上远低于事件亲历者。在微博微信上转载量大、掀起话题性讨论的主要是公众和部分中小V，纷纷就爆炸进程、救援、是否存在有毒气体灾害、城市规划等展开热烈讨论，主导了舆情热门议题，形成了强大的公众舆论。

另一方面，在政府权威信息缺失的情况下，以《新京报》等为代表的市场化媒体成为此次事件信息报道的主要力量。《新京报》不仅在报端连续 7 日报道事件进程，持续以"天津爆炸"为报刊头版头条，发布第一手最新消息，而且《新京报》微博端也在第一时间不断发布最新讯息，在时效性与内容上填补了政府官微官博权威信息缺席的不足。由于天津市官方微博并没有建立与这些媒体的信息联动关系，市场化媒体出色的危机信息传播也不能削减政府社交媒体信息缺席的负面影响。

从"善治"理念出发，政府应与公众通过相互合作分享社会治理权力，协同参与公共事务的治理。社交媒体主要可通过转发、关注、话题、@等多种途径帮助建立用户关系网络，通过在信息传播层面实现信息协作关系从而建立起协同参与的"善治"模式。在此次事件中，天津相关官方微博未与辖区内事件亲历者、普通公众及积极发声的中小V、市场化媒体等微博用户建立信息关联或转发关系，因此不可能通过微博用户关系网建立起协同合作的公共关系，也难以借助普通民众的第一时间信息或市场化媒体的全面深度报道来弥补自身信息传播的缺陷。

从微博内容来看，政府官方微博着重于对政府官员讲话内容的报道，虽链接了新闻发布会，主要对应天津爆炸事件第十次新闻发布会内容，在爆炸事件发生一周后（8月19日）达到其微博信息发布最大值。但与民众的信息互动寥寥无几。由于信息公开不及时，信息互动匮乏，在事件爆发的关键时间节点传播缺位、信息缺失，未能就公众最关切的问题予以及时答复，使政府部门失去了信息权威者的地位，加剧了信息传播的混乱，严重危及政府形象及其公信力。

3. "波士顿马拉松爆炸"事件中的政府社交媒体传播。

同样是政府社交媒体对突发性危机事件的信息传播，"波士顿马拉松爆炸"事件[①]，作为一个具有重大国际影响力的公共危机事件，当时美国地方政府社交媒体对该突发危机事件的传播应对是一个值得借鉴的成功范例。

早在2010年12月，美国政府就关注到社交媒体技术，要求制定新的传播政策，根据公众参与治理的理念，来规范建立危机应对机构。[②] 美国国土安全部的科学技术指挥部（DHS S&T）成立了虚拟社交媒体工作组（Virtual Social Media Working Group, VSMWG），作为政府社交媒体危机应对的主要机构，并制定了相应的社交媒体战略，总结政府机构合理使用Twitter、Facebook的成功案例，通过联邦政府各级机构架构一系列社交媒体处理危机事件的指导体系，帮助地方政府通过学习优秀案例并实践于当地日常的突发性危机事件中。[③] 其中，波士顿警察局于

[①] 北美东部时间2013年4月15日14点50分左右，在波士顿科普里广场马拉松比赛重点位置突然发生了爆炸，造成4人死亡，183人受伤。

[②] 谢起慧：《美国政府危机应对中的社交媒体使用分析》，《中国应急管理》2015年第3期。

[③] DHS Launches Virtual Social Media Working Group, http://www.emergencymgmt.com/emergency-blogs/disaster-zone/ dhs-launches-virtual- social-media- working-group-032311. html, 2014－09－19.

2009 年开通了 Twitter 账号"@ bostonpolice",由媒体关系办公室指派专人管理,负责审核和发布每条 Twitter。当地警局的警察也开通了个人账户,实时发送突发事件情况,警局还特设信息官,负责信息的及时更新、推送定制信息。

2011 年底,波士顿警察局开发了"Beat"项目,运用 Twitter 话题功能,允许授权用户在发布时加上"#Tweet form the Beat#"标签,将信息从他们的个人账号直接公布在警局官方账号上,[①] 建立起了基于官方社交媒体的民众互动途径。通过"Beat"项目,波士顿警察局可以借由公众参与及时获得辖区内的最新资讯,从而与当地公众实时互动,给所管辖社区居民传播治安信息、犯罪通知、天气预报、实时路况等与居民密切相关的信息。这是基于社交媒体实现公众参与式治理、合作开展公共事务协同治理的良好范例。

有了这些充分准备,"波士顿马拉松爆炸"事件发生后,上述社交媒体传播机制迅速发挥作用,根据危机事件发展的不同阶段特点,采取了有针对性的传播应对措施。

第一阶段,与"天津爆炸事件"不同,此次事件最早发布来源为现场的警局人员,并在一小时之内,官方 Twitter 发布了"波士顿警察局确认马拉松终点线发生爆炸并伴有伤亡"的消息,这条推文转发 436 条,这在危机爆发的第一阶段,初步满足了危机事件爆发后观众对信息时效性与权威性的急切需求。

第二阶段,与危机事件相伴随的谣言危机爆发,波士顿警察局指定公共信息部主管、律师、前电视记者 Cheryl Fiandac 对事件信息发布进行全方面真实性审核,并及时纠正来自网络上的各种误导性信息,及时辟谣,积极主动地回应媒体的报道和公众的质疑,波士顿警察局长还发

[①] Edward F. Davis Ⅲ, Alejandro, A., *Alves and David Alan Sklansky*, *Social Media and Police Leadership*: *Lessons From Boston*, New Perspectives in Policing, 2014, 4, pp. 1 – 20.

布慰问信以消除公众恐惧。

第三阶段，在案件侦破过程中，警察局利用监控，尤其是现场公众提供的大量视频、照片，找出了目标嫌疑人，媒体关系办公室在 Twitter 上公布了疑犯信息与照片，转发量高达 5413 次。在疑犯全部落网后，官方社交媒体发布了抓获信息。这一阶段，警局的官方 Twitter 充分发挥了社交媒体的"放大"、"参与"与"监控"的特点，用现场公众通过 Twitter 发来的各类信息为执法部门抓获嫌犯提供便利。

最后第四阶段，对该事件处置过程进行全面分析、总结。警察局长 Davis 撰文发表了多篇关于通过社交媒体应对爆炸案的研究论文，将事件信息处置过程分为：快速发布、澄清谣言、疑犯落网、分析总结等四个阶段。

通过该事件，波士顿警察局声誉日增，其官方 Twitter 也从原有的 54000 粉丝上涨到 49000000。远在西岸的俄勒冈州立大学一群年轻人在 4 月 21 日出版的校报 The Daily Borometer 上回顾道："我们当时在不断地看手机，而不是盯着 CNN 或是登陆《波士顿环球报》和《波士顿先驱报》的官网，而且绝对不会等待第二天报纸上的美联社报道。我们都在 Twitter 上，这个夜晚会因为旧媒体的死亡而被铭记。"[1]

波士顿警察局充分发挥了社交媒体良好的危机信息处理优势，不仅以成功的实践为政府社交媒体的危机传播提供了范例，而且还深入研究撰写论文，为政府社交媒体传播理论的建立添砖加瓦，这对我国政府社交媒体的危机传播工作具有很好的借鉴意义。

（三）善治理念下，善用政务社交媒体处理公共危机事件的有效路径与策略

社交媒体时代的社会治理和舆情特点，决定了传统的"管控"手

---

[1] Editorial Staff, "The death of 'old journalism': We're all jour-nalists now", http://www.dailybarometer.com/the-death-of-old-journalism-we-re-all-journalists-now-1.3032587#.UX-2qwrWG05p.

段已经面临重大挑战，无论是管理社会还是处置舆情，都必然要求基层政府从"善治"理念出发，政府应与公众通过相互合作分享社会治理权力，协同参与公共事务的治理。

本研究以天津爆炸、波士顿爆炸等中外危机事件为案例，通过比较研究，从"善治"角度探讨了政务社交媒体的公共危机传播。社交媒体时代的公共危机事件传播具有突出的时效性与阶段性、全球流通性与信息扩张性。面对公共危机事件，政府机构更需要充分利用社交媒体的传播特性，善用社交媒体建立公共关系网，与辖区内民众、普通公众及积极发声的加V用户、各类媒体等社交用户建立密切的信息关联关系，借助多方社会力量的协同合作应对危机事件的传播。

概言之，善用社交媒体与民众进行及时有效的互动和沟通，是政府协同民众力量处理公共危机，提升突发事件信息处理能力的关键。即需要以"善治"理念推进政务社交媒体应对公共危机事件的传播能力与信息应急处置能力。重点在于如下两方面工作：

1. 政府机构应通过微博微信等社交媒体与民众建立广泛的信息交往关系，将社交媒体平台作为主要的公共关系平台和舆论发声阵地。

公共危机事件的传播具有显著的阶段性特点，尤其是在第一阶段的事件爆发期，信息时效性与权威性是公众最急切的需求，而第一时间发布的信息往往来源于跟事件现场最具接近性的微博微信用户，"双微"传播在时效性上显然大大超过了科层制结构下的传统媒体与官方信源。

"天津爆炸事件"的第一条信息就来自新浪微博账号@小寶最爱旻旻于爆炸发生的同时（2015年8月12日23点26分）所上传的视频，配文称"重大火灾，爆炸声跟打雷一样！"之后，关于现场爆炸状况、窗户破裂、受伤群众等消息通过不同来源的双微用户，在微博与微信朋友圈铺天盖地而来。而报纸电视等传统媒体对事件的最早报道是13日凌晨开始介入的，新华社、央视等在信息速度及现场报道上都输给了微博和微信。

在此次天津爆炸事件中，微博微信以其信息多样度、传播速度、信源广度成为各大媒体抢占一手新闻线索、公众获取首发讯息的主要阵地，成为危机事件中的主导舆论场。而且微博微信根据各自特点各有分工，在内容上实现了功能互补。微博的"广场"效应往往是第一现场信息渠道，有利于在第一时间快速传播扩散公众观点、官方信息，具时效性优势；微信则因其"圈层"效应更注重将微博的碎片化信息整合加工、深度讨论分析，由用户依兴趣分享到朋友圈，具深度化优势。微博的时效性与微信的深度化使"双微"传播差异实现信息与功能的互补，能在广度、强度与深度上较以往媒体更显著地影响社会舆论。

社交媒体主要通过转发、关注、话题、朋友圈、@等多种途径帮助建立用户关系网络，从"善治"理念出发，政务社交媒体能不能建立广泛多样的用户关系网，是政府与公众建立协同合作的公共关系的媒介基础。政府机构应通过微博微信等与社交媒体用户建立广泛的信息交往关系，充分利用微博微信的信息多样度、传播速度、信源广度、引导力度、影响深度、关系黏度等优势，弥补自身信息传播的不足与缺陷，将社交媒体平台作为主要的公共关系平台和舆论发声阵地。通过在信息传播层面实现信息协作关系，从而有助于推进政府与公众协同参与公共事务的"善治"模式。

2. 政务社交媒体应广泛、深入地建立并完善能够与公众积极互动的多信源多媒介交互途径，方便公众参与危机事件中公共事务的协同治理。

危机事件的信息传播是一个高度复杂、需要多方面协同的过程。在政府实现社会善治的过程中，媒体尤其是社交媒体作为公共资源始终是重要的辅助手段，是实现参与式协同治理的主要途径。公开性是公信力的来源，因此也是政府部门处理突发危机事件的基本保障，然而在突发危机事件中,政府也不是全知全能的,兼之相关机制不完善,目前在信息公开方面还存在很多主客观阻碍因素。2003年的SARS事件和此次的天津爆炸事件都足以证明信息闭塞必然谣言四起,有违信息的公开性,公共安全危机往往演变成社会危机和舆论危机。在突发事件发生后如果不善于利用新媒体来配合危机管理工作,不向公众及时传递信息,其结果往往适得其反,[①] 且易引发公众对政府的信任危机,使政府治理能力受到严重质疑,与民众的关系也陷入困局。

美国学者费姆·邦茨（Kathleen Feam Banks）认为,一个有效的传播不仅能减轻危机,还能给组织带来比危机发生之前更为正面的声誉,而低劣的危机处理则会损伤组织的可信度、公众的信心和组织多年来建立起来的信誉。[②] 在"波士顿马拉松爆炸事件"中,谣言危机之所以得以及时浇灭、爆炸之所以能快速破案,主要原因并不在于波士顿警局的工作能力超常,也不在于他们破案水平多高,而是该警局善于通过社交媒体的用户关系网络建立起一个多信源汇集的信息交互平台,在日常Twitter应用中建立完善了广泛的公众参与渠道及其相应机制。

一是充分运用社交媒体Twitter的话题功能,建立起了与民众实时互动、方便民众参与辖区治理的有效途径。二是特设信息官、专人管理,以积极主动及时地回应公众的信息需求,建立了信息互动的长效机制。三是指定有经验的主管、律师与前媒体人负责全方面审核所发信息的真实性,建立了信息发布应急管理机制。

上述措施发挥了至关重要的作用,帮助建立了政府与民众之间的"双向互动对话机制",直接以政务社交媒体作为与民众交流沟通的途径,避免传播失真与信息噪音,消减谣言,而且保证了公民的知情权,

---

① 王国华、武国江:《新闻媒体在政府危机管理中的作用》,《云南行政学院学报》2004年第3期。

② 转引自廖为建、李莉《美国现代危机传播研究及其借鉴意义》,《广州大学学报》（社会科学版）2004年第8期。

推动与政府的平等对话权，有助于建立双方的互信关系，改善公共关系及政府形象。

在危机事件爆发后，尽管民众充满各种质疑，但也正是此时，他们更期待权威机构及时发布全面、真实的信息。政府机构作为社会治理最重要、最核心和最关键的治理主体，其权威性、可信度更被寄予厚望，往往更具备掌握舆论主动权与信息权威度的先天优势。因此，更要积极运用社交媒体的多信源交互功能，善加利用社交媒体来管理危机事件议程，引导社会舆论的良性发展。

概言之，危机事件的传播具有突出的时效性与阶段性特征，如前所述，我们将危机事件处置分为四个阶段，针对不同阶段需要完备相应的传播措施。在突发危机爆发时，往往会有大量谣言迅速涌现，处置不当，谣言传播失控容易演变成舆论危机，网民情绪极易受到影响。因此，在事件爆发的第一、第二阶段，尤其要注意谣言应对处置，完善网络谣言监管与舆论引导机制。"天津爆炸事件"中，"700吨氰化钠泄漏毒死全中国人""爆炸企业负责人背景深厚，是副市长之子""城管抢志愿者的东西"等各类谣言频发，而相关政务社交媒体却不能提供权威信息来浇灭谣言，导致舆论一度失控。而在"波士顿爆炸事件"中，谣言同样随着危机事件的爆发而爆发，但波士顿警察局通过对信息真实性的全面审核机制、应对媒体报道与公众质疑的积极回应机制、方便民众实时参与协同治理的有效途径等多种手段，迅速解除了谣言危机，占据了舆论引导的主动权。

因此，对危机事件的传播应对，需从如下四方面有阶段性地进行布置。一是平时注意完善公众参与渠道，建立与公众的互动关系网络，发展并强化政务社交媒体与用户的公共关系黏性；二是在危机爆发时，着力建立完善的网络谣言监管与应对机制，对谣言源头依法进行处理；三是加强危机事件爆发后网络信息发布的审核制度，通过及时、高效的权威信息发布,确立政府威信;四是要完善实时便捷的公众参与渠道,建立公共事务的协同治理机制,真正有效占据舆论引导的主动权。

综上小结:社交媒体是一个双向互动的平台。1976年美国公共关系专家格伦尼格(Grunig)和亨特(Hunt)提出过公共关系的四种模式,其中一种为"双向对称模式",强调双向的相互理解以及与相关公众真诚交换观点和信息。[①] 笔者认为,政务社交媒体更应该发挥双向交流的优势,应基于"对称式沟通"的理念,完善与民众的"双向互动对话机制",及时回复民众的疑惑,对其反馈做出恰当处理,正确面对、合理处理公众对政府的负面评价,逐渐减少以往单方面传递信息的姿态,克服畏惧舆论的认识,建立专门专业的社交网络机制,选用媒介素养高的从业人员负责突发性公共事件的舆论回应,为公众答疑解惑,建立持久的传授双方信任度,建设健康服务型的政府形象,实现良性互动的政民"双向对称式沟通"。

二 平台机制建设与"整体互动"

政府与民众的"双向互动对话机制",不仅要能够在舆情危机时有卓越表现,而且更需要平时的点滴积累,不断为自己积累用户、攒粉丝、积累信赖。政务社交媒体开展舆论引导,更是离不开平日里的用心经营。政府与民众之间的沟通需要细水长流、长期坚持,通过平台机制建设,以"整体互动"的传播理念开展卓有成效的、多维立体的日常对话沟通,这是至关重要的。

笔者选择了浙江省 TL 县作为田野调查对象,就其政务媒体的沟通

[①] Richard D. Waters, Jensen M. Williams, *Squawking, tweeting, cooling, and hooting: analyzing the communication patterns of government agencies on Twitter*, Wiley Online Library, 2011, p. 11.

情况进行了田野访问，重点以该县县政府认证的政务微博、微信公众号"TL 发布"和政府门户网站"TL 欢迎您"为例，了解其政务媒体的日常沟通情况。①

（一）"TL 发布"双微社交媒体平台网的建设

选择"TL 发布"作为田野对象，主要是基于其代表性和研究者对其的熟悉性。笔者自该认证微博、微信公众号开通起就一直关注它。

"TL 发布"是经 TL 县委、县政府授权后，以县政府新闻办官方微博、微信为认证身份的政务发布平台。该政务社交媒体在浙江省政务双微排行中位居前列，传播力和影响力均表现不俗，在 2017 年浙江省政务双微评比中获得了"金舆奖"，得到了省内主流媒体的好评和认可。其功能定位是：权威信息发布、热点事件回应、民生信息服务。主管部门是该县宣传部和网信办，编辑部则设在该县信息传媒中心《今日 TL》报社，具体的日常运营均由报社的编辑、记者完成：包括了多名骨干记者、县信息传媒中心编委、原编辑部主任担任的总编，两位熟悉新闻工作、熟练新媒体运作的资深编辑等。

关于"TL 发布"双微平台的稿件信源情况调查，通过对编辑部的采访，发现主要有三类稿件及信源：

"TL 发布"的稿件来源主要有三块：一是自主策划稿件，以推介 TL 城市形象为主，县委、县政府中心工作、重大活动等；二是我们记者采写的稿件，报纸记者采写的稿件，发布编辑进行重新编辑加工；三是各乡镇（街道）、单位报送的信息，对这些信息进行挑选，采写其中有价值的信息。乡镇（街道）、单位的双微每月要

---

① 访谈所使用的工具主要包括访谈提纲、电脑及录音设备。在征得访谈对象同意后，使用录音笔对访谈全程进行录音，以确保访谈资料的准确与完整。在录音之前，向受访者详细解释了此次访谈的目的，向其确保不会公布访谈者的私人信息，以打消访谈者的顾虑，在放松真实的状态下回答问题。由于部分政府工作人员工作性质的特殊性，个别访谈采用了电话访谈与微信访谈。

完成一定的信息报送和录用任务，由 TL 发布编辑部对信息报送情况进行考核。(谷 F，女，TL 发布编辑部主任)

对具体的编辑要求，"TL 发布"双微平台的编辑部主要在时效性、可读性、趣味性、亲和性等四个方面提出了具体的要求：

1. 在速度上求快。坚持重要事件"第一时间发声"，以及时性凸显权威性，宣传好党委、政府的中心工作、重点工作。对于不能做到第一时间发布的消息，也要寻求独到的角度。2. 在内容上求深。发布政务信息不照搬政策原文，而是表现政策出台的本意、对政策进行解读，做到深入浅出。3. 在形式上求新。创新形式让政务信息更加直观、可视化、有趣味。突发事件、重要通告、重要发布等即时性、快讯类消息，可以直接用纯文字形式排版，或者搭配少量图片。使用图文结合的表达形式，比如在解读重大活动和重要政策时，采用"一图看懂""一图解读"的形式进行重点解读；应用 H5 的表现形式，通过 H5 应用创建高级图形、版式、动画以及过度效果等多种形式，把单调的文字转换成视觉听觉的效果。4. 在表达上求活。区别于报纸文字的传统表达方式，TL 发布多使用接地气、网络化的文字表达，通过活泼的文字风格让政务发布更加亲民、亲和。另外，关于留言消息方面，对于网友一般性的留言消息由编辑部负责回复解答；涉及部门工作的，编辑部向相关部门了解后回复解答；对于投诉类信息，转交宣传部和相关部门处理。(谷 F，女，TL 发布编辑部主任)

从平台的建设情况看，"TL 发布"的微博和微信公众号作为主平台，同时还链接了其他各部门和各个乡镇街道的微博与微信公众号，共涉及了53个部门和14个乡镇街道，形成了一个总量达68*2个双微、以总分关系链接的微博与微信公众号体系。除了"TL发布"由设在报社的编辑专职管理发布，各部门和各乡镇街道自身有自己的编辑人员来完成相关的信息编辑、审核与发布工作，彼此之间在信源上也通过该体系建立了链接关系。

该县网信办主持的"TL发布"网络平台工作领导小组于2015年4月28日发布了关于《"TL发布"网络平台成员单位"双微"工作考核办法》，其中的具体考核内容则包括了对53个部门和14个乡镇街道形成的各个双微子平台的考核，以推进"TL发布"的双微社交媒体平台建设。主要内容如下：

一　为推进"TL发布"网络平台建设，规范各子平台信息发布、报送工作，及时准确发布权威信息，整体提升各成员单位"双微"传播力和影响力，特制定本办法。

二　考核对象为"TL发布"网络子平台单位开设的官方微博、微信公众账号。原则上考核各成员单位"双微"（新浪微博和腾讯微信）运行情况、与"TL发布"网络平台互动联动情况等。

三　考核类别主要包括各成员单位"双微"日常信息报送与反馈、集群影响与互动、重大突发事件信息发布等情况。

四　考核以月度为单位进行。每月考核结果由"TL发布"网络平台工作领导小组发文通报，并抄送县四套班子领导。

五　对连续三次月度考核均处于末三位的子平台，由领导小组办公室给予内部通报批评，并责令改进。

六　对半年度考核综合排名前十位的子平台，由领导小组办公室发文通报表扬。

七　考核工作由领导小组办公室和"TL发布"编辑部具体操作。

八　考核结果纳入各单位年终精神文明建设考核范围。

……

该办法显然是从推进各子平台的双微在社交媒体上的信息发布角度，进行了奖惩统一、权责清晰的考核机制建设。

在这一考核机制推动下，我们县里的双微社交媒体平台中，公安、旅游、教育和乡镇街道中的 FCJ 镇、城南街道等双微都是表现比较不错的，信息更新和发布比较及时，上报的稿件质量也比较好。（雷 Y，男，TL 县委宣传部副科级干部）

通过这样的机制建设，"TL 发布"综合了该县各职能部门、各乡镇街道，形成了一个网络化链接的双微媒体群，集合县级部门、乡镇（街道）各类政务信息资源，统筹开展信息发布，并且方便对县乡两级政务信息进行进一步的集散、加工和展示。这样，在遇到突发的危机或者公共事件时，就能够迅捷调动各方信源，及时发布准确的权威信息，避免舆情危机。

对于突发事件，负面舆情，我们明确以"涉事责任部门作为第一责任主体发布第一声"原则，由各乡镇（街道）、部门在本单位官方发布平台第一时间发布权威信息。根据事态发展变化，"TL 发布"及时介入，对于影响较广的事件通过"TL 发布"网络平台及时转发，积极正面引导舆论。近年来，我们通过这一机制，很好地处置了 FC 路路面开裂、FB 中心学校诺如病毒感染等问题，赶在谣言产生之前及时地发布相关信息，引导社会舆论（杨 XW，男，TL 县县委宣传部部委、网信办主任）。

在推进媒介影响力方面，TL发布结合重大活动、重大主题，进行重大事件发布策划，比如在杭州G20峰会时，第一时间发布外国媒体记者团来TL的微信，将TL之美向世界展示，阅读量近10万。在2017年的推进文明城市建设中，则结合"文明城市建设"主题进行信息发布策划。据统计，全县68家政务发布（微信、微博）平台2017年共推送了有关文明创建内容的微信合计3120余条，阅读量达342万。通过重点事件发布和平台推广，进一步扩大了"TL发布"的平台影响力。

结合全国文明城市创建，我们以"TL发布"为龙头，以"TL公安""TL城管"等10余家单位为骨干，全县68家平台为主阵地的三级发布梯队，各单位以"创建文明城市"为主题，形成微信微博系列栏目，对本单位特色活动、进社区志愿服务、参与文明劝导、先进典型为重点进行推送。县网信办指导68家政务微信平台加强对内容的编辑，丰富微信形式。各单位编辑人员通过丰富的图片、视频、表情包，并制作H5，给广大网友提供赏心悦目的视觉效果。各单位微信推送后，组织所有机关干部转发朋友圈，并发动亲朋好友参与。县教育局、县总工会、团县委、县妇联等单位发动学生家长、工会会员、青年、妇女等参与到文明创建微信传播中来，通过指尖行动，提升群众的参与度。特别是全县教育系统开展创建全国文明城市微信PK活动中，已推送的15条微信阅读总量达13.6万，点赞总量达4.6万。（杨XW，男，TL县县委宣传部部委，网信办主任）

鉴于前两章的调查发现，民众对政务双微的关注度较低，因此，积极拓展重大事件、重大活动、重大主题策划等议题，结合丰富多样的发布形式，提升可读性、趣味性和亲和力，通过朋友圈扩大发布范围，大力提升基层政务双微在民众中的影响力和关注度，是建设好基层政务双微传播力和影响力的基本功。"TL发布"在这方面着力甚多，也颇有成效。只有将基层政府双微建设成在民众中有广泛关注度和美誉度的社交媒体平台，被广大民众积极关注，才能够进一步地提升政务媒体的传播力，进而更多地开展与民众的在线社交沟通互动。

但是另一方面，"TL发布"作为基层政府政务微信公众号中的佼佼者，也同时反映出了一个普遍性的问题：正如其名一样，当前的政务双微，无论是微博还是微信公众号，都仍旧局限于"信息的发布"。这种单向性的传播思维，并没有得到根本的扭转。

从推进社会协同治理、共商共建的角度，实现基层协同治理的前提是基层政府要主动与民众开展对话、合作、互动、交流。这就要求当前基层政府开通的政务网站、政务微博、政务微信公众号，以及政务App客户端等，应该兼具如下五大功能：

信息传播功能——及时传递有用、准确、权威的信息；

社区建设功能——凝聚社区辖区内民众的"在线共同体"；

动员促进功能——动员民众积极参与基层社会的善治建设；

双向对话功能——与民众开展活泼的、亲切的、理性的、平等的协商对话；

舆论引导功能——增进理性、健康、积极的社会舆论，减少社会危机事件。

而且，上述五大功能的发挥不是孤立的，而是相互辅助的。信息传播是最基础的功能。双向对话则是最关键的功能。随着对民众的影响力的提升，进一步发挥社区建设功能、动员促进功能、舆论引导功能等，而这些功能都依赖于双向对话功能的有效发挥。

"TL发布"等为代表的多数优秀的政务社交媒体，在信息传播功能上有了长足的进步，而且在话语表达方式上、在信源处理上、在主题策划上，也开始更多地关注民众所关心的内容。比如其中的 H5 "我为 TL 代言"等相关征集活动，就是为了更多地吸引民众参与。但是，从主管部门到编辑人员，其基本的思维模式还停留于基本的信息发布传播功能，未充分意识到在社区建设、对话、动员、情感纽带等层面的功能建设，这是远远不够的。对社会舆论的引导，更是需要通过对话，走进民众的心中，建立起情感连接，增进价值理念的共识，才可能真正实现有效的沟通。

（二）TL 县政府门户网站"TL 欢迎您"联动省政务服务网的建设

"TL 欢迎您"则是该县县政府的网络信息集散中心。由中心网站和子网站组成，既是该县政府各部门在互联网上信息发布的总平台，也是各部门子网站联络外界的总窗口。由 TL 县人民政府主办，县政府办公厅负责组织实施，并设信息管理中心负责中心网站的建设、管理和维护；子网站由县政府统一规划，各乡镇（街道）政府、县政府各部门自行建设、自主管理。具体包括了信息公开、政务服务等一般涉及老百姓日常生活的各类政务在线办理窗口，提供各项热点政务服务。如图 5-17 所示：

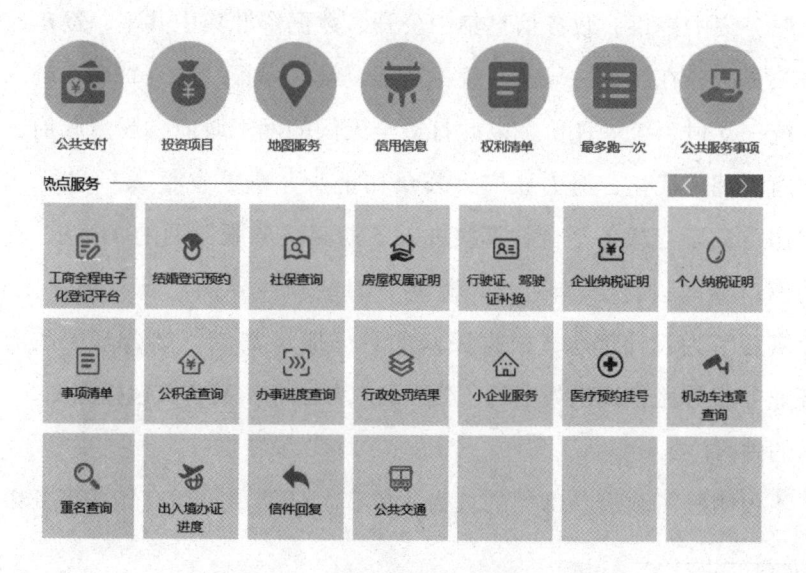

图 5-17　"TL 欢迎您"政务服务菜单

该平台同时将来自民众的电话投诉进行了公开处理。电话投诉主要包括：县长热线、967000（百姓热线）。每一项来电来信都进行编号、归类，对具体内容主题、具体办理状态、答复情况、答复单位、答复时间、在线的阅读与评论情况等进行公开。同时还可以进行在线的网络投诉，即效能投诉热线，主要是针对相关职能部门工作效能，尤其是处置民众的投诉、举报、建议、咨询等方面的工作效能问题，为民众提供了相关的投诉渠道。

在"TL欢迎您"首页，居中力推的是"阳光政务平台"，统一于所在的浙江省政务服务网，TL是该平台服务网的一个站点。浙江政务服务网（www.zjzwfw.gov.cn）是浙江全省统一架构、五级联动的新型电子政务平台。其中，省、市、县（市、区）政府部门设服务窗口，乡镇（街道）、村（社区）设服务站点，为社会公众提供综合性、一站式的在线服务，也因此被喻为"政务淘宝"。其宗旨是"服务零距离，办事一站通"。作为在全国率先运用"互联网+"理念、云计算技术和一体化思维打造的政府网站，该网站"大力推进权力事项集中进驻、网上服务集中提供、政务信息集中公开、数据资源集中共享，逐步实现全省政务服务在线统一导航、统一认证、统一申报、统一查询、统一互动、统一支付、统一评价，以此打造全天候的网上政府、智慧政府，促进政府治理现代化，努力让广大公众和企业办事更省心"。[1] 进入"TL欢迎您"的阳光政务平台就直接进入了浙江政务服务网的TL站，在具体的窗口界面设计上借鉴了"淘宝"的亲和性界面，以"用户便利、用户满意"为设计理念，根据民众的具体服务需求，结合基层政府的政务业务服务流，提供集中的、公开的政务服务。其首页包括如图5-18展示的内容。

不仅明确了政府各部门的权力清单和责任清单，还有相关事务申报

---

[1] http://www.zjzwfw.gov.cn/zjzw/zj/about/.

第五章 基层公务人员 | 243

图 5-18 阳光政务平台政务服务菜单

审批等信息平台。对于民众有直接沟通诉求的相关内容，则有专门的咨询投诉平台，该平台同时还以醒目的侧拉条形式呈现于首页，并提供移动端的服务（浙江政务服务微信和App）。具体包括了涉及政府各个相关部门的咨询、投诉或者举报、建议等，统一于"浙江省政务服务网统一政务咨询投诉举报平台"建设，同时也提供统一的政务热线电话12345。如图 5-19：

图 5-19 浙江省政务服务网统一政务咨询投诉举报平台首栏菜单

向各部门对应的相关咨询投诉，一般限时一周内必须答复，答复包括了网上的按照咨询投诉编号进行的答复，还包括了针对咨询投诉人的电话联系答复。具体看，有的时候还包括了有关部门到咨询投诉人所反映情况事发地的实地调查，当面的情况沟通了解，就地的事务服务，等等，以便及时解决民众的相关诉求。

其中的菜单栏"阳光桌面"是"面向公众公开各地市、各级部门处理咨询、投诉、举报、建议等信件的工作效率及办理情况"，民众可以在线查询政务阳光办理情况。如图 5-20：

图 5-20　阳光桌面

这一"阳光桌面"相当于是将政府机构各部门处理民众来信来电情况，包括各类咨询、投诉、举报、建议等信件的处理情况进行的汇总汇报。其中，"信件总量"，目前提供了 2017 年 4 月到 9 月，每一个月奇数日汇总的接信总量、各部门接信量；"满意率"，提供了各市县的群众满意率和参评率，信访部门和责任单位的满意度情况等，对不满意的情况也毫不避讳。如图 5-21（2017 年 9 月最新情况）：

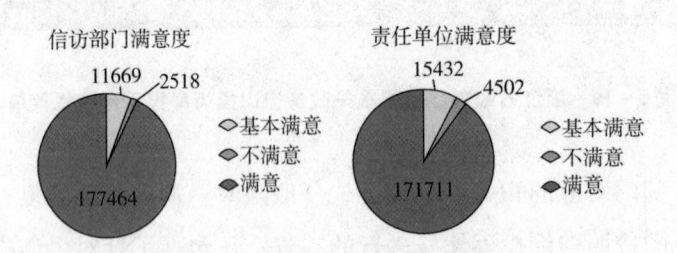

图 5-21　民众对回应部门的满意度

"未按期受理"，则反映了各地各部门未按期受理民众来信来电的情况；"未按期办结"，则反映了各地各部门未按期办结民众来信来电的情况；"办理时效"，则反映了各地各部门回复民众来信来电的平均办理时效（单位：天数）。"信息公开"，则可以查询各地民众的投诉、举报、咨询等情况的具体内容，可以根据属地、标题、内容等进行查询。最后有一个"综合排名"，是根据前述几项内容，对各地各部门受理民众投诉、咨询、举报的办理沟通情况进行的整体排名，一个月一次排名，可以从中看出各地各部门基层政府处理百姓来信的工作绩效，一些地方的群众参评率做得比较差，也可从中一目了然。如图 5－22（2017年 9 月最新情况）：

综合排名

各地市信件总量排行榜

序号	地市名称	数量（件数）
1	杭州市	148462
2	湖州市	53934
3	宁波市	25365
4	温州市	20474
5	金华市	15399
6	台州市	13040
7	绍兴市	12772
8	嘉兴市	10414
9	衢州市	5944
10	丽水市	4992
11	舟山市	3514

各地市平均办理时效排行榜

序号	地市名称	天数（天数）
1	杭州市	0.39
2	宁波市	5.43
3	温州市	6.30
4	嘉兴市	4.94
5	湖州市	2.31
6	绍兴市	5.85
7	金华市	4.24
8	衢州市	4.13
9	舟山市	5.52
10	台州市	4.70
11	丽水市	2.68

各地市群众参评率排行榜

序号	地市名称	百分比（%）
1	杭州市	99.11
2	宁波市	78.42
3	温州市	90.06
4	嘉兴市	85.15
5	湖州市	51.14
6	绍兴市	87.96
7	金华市	92.45
8	衢州市	93.55
9	舟山市	95.24
10	台州市	98.37
11	丽水市	92.57

各地市群众满意率排行榜

序号	地市名称	百分比（%）
1	杭州市	99.78
2	宁波市	92.73
3	温州市	85.66
4	嘉兴市	95.15
5	湖州市	96.21
6	绍兴市	94.53
7	金华市	90.66
8	衢州市	96.54
9	舟山市	93.10
10	台州市	98.71
11	丽水市	96.00

图 5－22　各地处理民众来信来电服务情况排名

综上，阳光桌面提供了"公开、透明"的政务服务情况整体汇总评价，对该省 4000 多个行政部门的政务服务质量情况进行了全面的"曝光"。自 2014 年开通建设以来，浙江政务服务网的注册用户也突破千万，每 5 个浙江人就有 1 个注册成为该网用户，日均浏览量超过 600万，日均访问人数达 90 万，日均受理"一站式"办理事件量 10 万余件，被誉为"浙江人 24 小时在线的网上政府"，其便捷性、透明度、公开性、政务服务能力得到大力提升，较大程度地拓展了民众的利益诉求表达渠道，也因此得到了民众的认可。①

> 浙江省政务网、政务热线电话，"TL欢迎您"政府官网上面都有的，网站上还有县政府领导班子成员的联系电话，包括电子信箱、工作电话、通信地址和邮政编码等，老百姓有事情找政府，除了以上的渠道，还可以打县长公开电话县长热线，打百姓热线，如果有关部门处置不及时，还可以打电话或者在线向纪委投诉，比如网站上面有效能投诉。另外还有一些媒体的投诉电话，TL微博、TL微信平台也接收投诉信息，这些也会通过媒体转交相关部门进行对应的处理。市民反映问题或者求助等的渠道是很多的。(胡HB，TL县政府，信息中心主任)

网络投诉机制、电话投诉渠道和原有信访制度中的主管领导接待日面访投诉机制等结合，形成了线上线下的多维立体投诉渠道。比如12345投诉电话和百姓热线967000等已经运行数年、广为人知，而且尤其适合不大上网的老年群体使用，采访发现，老百姓对其口碑反映较好。

> 我们现在年纪大了，眼睛花了，你们年轻人上网玩手机，我们玩不来的。还是打电话比较方便。今年夏天那么热，结果有天夜里听着远处是雷声轰隆隆的，我们这里就是不下雨，闷热得不得了，不知道怎么突然电光火石的，灯泡突然就黑了，楼道里也是漆黑一片，乌漆墨黑的啥也看不见。嗝么好嘞，停电了还是怎么啦啊！可怎么办啊！老头子和我老太婆两个一点办法没有。打12345，占线了，再打百姓热线967000，通了，一个女的接的电话，一听情况，

---

① 此处相关数据来自浙江政务服务网，http://www.zjzwfw.gov.cn/。

马上就说好的，态度很热情的。等了20分钟不到，来了一个电工师傅来我们小区了，是外面的电表变压器烧掉了，很快就修好了。连口水都没喝就走了，材料费也都不要的。人真好！（沈 CL，女，TL 县城南街道，退休工人）

对于一些相对比较复杂的事件，处理可能更加费时费力，涉及的工作面比较多，一般的网络投诉和电话投诉可能还不足应付，这个时候就需要县领导、职能领导等的公开接待日来进行面访沟通处理。

我们这个事情拖得久了。还是2014年发生的事情。一开始时因为我们不知道跟哪个部门去反映，就直接找派出所报案了。现在看来其实不应该找派出所的。应该直接去找法院的。耽误了。当时是承包砖厂的老板拿了我们村里十来户人家造新房子买砖的预付款项，总计有11万多，结果他们将砖厂承包给别人，跑了，我们去找他，他给我们看合同，说砖厂的法人代表（所有人）拿了这笔钱。但我们去找这个法人代表，这个法人代表又说这是承包人抵债的钱，不是我们的。来回了几次，我们就是拿不到货款。我们再去砖厂里面交涉，因为砖厂已经转包给另外一个老板了，他不管的。我们还是没有拿到砖头。后来就报案了，派出所一看，答复我们说没办法立案的，这个属于合同纠纷、经济纠纷。这样一拖两拖拖到2015年，我们在网上投诉到工商局，然后县长接待日我们也去了，才明白过来，他们提供了法律援助，我们就去法院里面起诉承包人和法人代表（所有人），这样法院立案了，可以对砖厂老板法人代表他们立案了。后来省里有巡视组、督查组来，我们又去了，那么这样呢县里也很重视了，法院第二天就来村子里面调查了。现在这个事情总算有眉目了。（袁 KL，男，65岁，TL 县 TJ 街道 XUL 村二组，农民）

必须充分肯定，在积极应用新媒体推进现代政府治理转型，提升政务服务质量和服务成效方面，浙江确实走在了全国的前列。从2014年推出至今，以浙江政务服务网为代表的这类服务型的网络建设、在线政务办理窗口，其政务服务能力得到了较显著的提升，在民众中赢得了较好的口碑。

然而，同时我们也要注意到，前述调查研究发现，民众对政府的评价，不仅是基于绩效的。社交媒体时代的社交优众同时越来越看重政务媒体的"沟通"能力。有没有沟通特性，在多大程度上具备了及时性、准确性、公开性、回应性、参与性这五个基本维度，是人们评价政务媒体社交沟通能力的基本标准，也是政务社交媒体具备"用户黏性"——能够黏住社交民众持续关注政务媒体的显著影响因素。

包括浙江政务服务网、"TL欢迎您"等为代表的这类表现比较出色的政府政务媒体，以及相关的微信公众号、App等两微一端建设，目前在及时性、准确性和公开性上有了长足的进步，也得到了民众的充分肯定和积极认可。但是在回应性、参与性上表现乏力。如其中设置的投诉、举报、咨询、建议等栏目，本是与民众开展在线对话的窗口，能够有效推进其互动参与性的，但实际使用过程中，这种对话是非常有限的，而且在语言表达上比较生硬、过于书面化、公文式，语体语态上则往往比较生硬、刻板。

用什么样的语态来回应民众的诉求，虽然看似简简单单的几句话而已，但应该要认识到，政务媒体当中回应民众诉求的窗口，本身就是建构政府机构形象、呈现基层政府部门政务服务态度与服务品质的重要途径。应该提倡用"对话体"的沟通语态来回应民众，进一步增进如同日常面对面交流一般的亲切对话感，适当地使用口语化的、百姓常用喜欢用的活泼生动的语言，这些都是提高"用户黏性"，增进民众关注并喜用政务社交媒体的有效手段。

（三）思考与总结

1. 基层政务社交媒体仍停留在"发布"型的单向传输模式，需要大力开展"对话"体的沟通模式，增强沟通特性，将社区民众黏吸在政务社交媒体上，通过推进社区建设进而实现五大基本功能。

从推进社会协同治理、共商共建的角度，实现基层协同治理的前提是基层政府要主动与民众开展对话、合作、互动、交流。实现这一目标，需要政务社交媒体真正发挥好五大功能：信息传播功能——及时传递有用、准确、权威的信息；社区建设功能——凝聚社区辖区内民众的"在线共同体"；动员促进功能——动员民众积极参与基层社会的善治建设；双向对话功能——与民众开展活泼的、亲切的、理性的、平等的协商对话；舆论引导功能——增进理性、健康、积极的社会舆论，减少社会危机事件。

目前的大多数基层政务社交媒体还仅停留于"信息传播"这一最基础的功能，开展双向对话较少，对民众的影响力比较有限，而且还普遍面临着推广乏力、民众关注度较低等尴尬事实。

要解决这一困局，需要政务社交媒体的运作者（基层政府和基层干部）转换思维模式。基层政务社交媒体尤其应该致力于成为以社区对话交流为主的交互式社区媒体，以"对话"体的沟通模式取代"发布"型的单向传输模式，在社会治理层面开展社区共同体的建设，推动民众的社区归属感与共享价值认同感。只有这样，才能将社区民众黏吸在政务社交媒体上。其五大基本功能才能够有效发挥，而其在动员促进、舆情引导等方面的功能——这些传播功能对于推进基层社会治理是更为迫切的需要——也就能够水到渠成地实现。

基层政府所治理的社会范围，更适合以基层社区的视角来加以观察。[①]

---

① 此部分有局部内容以论文形式公开发表于学术期刊，是本项目阶段性成果之一，详见袁靖华《新型社区媒体：社区传播与公民素养——基于小区业主论坛的田野调查》，《浙江传媒学院学报》2014年第3期。

笔者此前通过对基层社区进行的田野调查，以小区业主论坛为研究对象，研究了社区共同体中的对话与沟通现象。

最早提出"社区"概念的德国社会学家 F. 滕尼斯于 1887 年发表《共同体与社会——纯粹社会学的基本概念》中,将"社区"的核心特质确立为"共同体"①。英国社会学家邓肯·米切尔就此进一步提出:归属于社区这一社会单位的人们是"具有了某些共同价值标准和相互从属的心情的"②。传播学创始人施拉姆就说:"传播(communication)一词与社区(community)一词有共同的词根,这绝非偶然。"③ Communication 一词,最初意义源于拉丁语 communicare,本意是:告知、分享、使之共同。④ 该词源意义与"社区"密不可分,要表达的正是人群在沟通过程中所特有的资源共享的行为或过程。美国社会学奠基人杜威敏锐地意识到了这一现象,他将形成"社区"这一概念所必需的特质"共享""共识"与传播(沟通)活动联结在一起。

> 人们凭借他们共享的东西在社区中生活,传播(沟通)是他们得以拥有共同的东西的方式……共识需要传播(沟通)。⑤

这都说明,正是在沟通的过程中,信息、资源、思想、情感等得以共享,人与人之间的共识得以生成。持续地进行沟通,从而帮助社区中的人们"具有了某些共同价值标准和相互从属的心情",建立起了情感连接。正是在这一意义上,"共同体"得以形成了。共同体是一种"共存之道",社区中的人们一旦确立起了其归属于特定的社区"共同体"的理念,就对共同体所构建的价值理念形成了认同感和归属意识。社会整合

---

① [德] F. 滕尼斯:《共同体与社会——纯粹社会学的基本概念》,林荣远译,商务印书馆 1999 年版,第 53 页。
② [英] 邓肯·米切尔:《新社会学词典》,蔡振扬等译,上海译文出版社 1987 年版,第 51 页。
③ [美] 威尔伯·施拉姆、威廉·波特:《传播学概论》,陈亮等译,新华出版社 1984 年版,第 2—3 页。
④ [美] 彼得斯:《交流的无奈》,何道宽译,华夏出版社 2003 年版,第 6 页。
⑤ John Dewey, *Democracy and Education*, New York: Macmillan, 1916, pp. 5–6.

的意义正是借由这一过程实现的。政务社交媒体实现社区建设的功能,其价值和意义正在于此。所以说,政务社交媒体要进一步发挥社区建设功能、动员促进功能、舆论引导功能,均依赖于对话沟通功能的有效发挥。

人与人之间取得共识的过程,是通过社会交互行为中的集体建设实现的,这也正是理性生成的过程。沟通的过程增进了理性的生成。哈贝马斯在沟通行动理论中强调:

> 理性的根源不在主体意识,而在于交往沟通地相互关联着的社区,最终依赖于对辩论对话——它是不受限制、努力统一、寻求共识的力量——的主要经验。①

公民通过言谈对话、充分沟通的社会交往过程,也是逐渐建立并产生公共理性的过程。而只有经过就共同关注的问题进行争论、交流而达到理性共识的这样一个对话过程,社区这一共同体才能够形成并牢固确立起来。正如梅洛·庞蒂所言:"在对话体验中,语言是他人和我之间的一个公共领域。"② 开展广泛而多样的日常对话有助于建立人们的公共理性。

离我们这个时代最近的对话理论家戴维·勃姆在《论对话》中说:

> 对话就像一条流淌在我们当中,经由我们,又从我们之间穿过的意义的溪流……那些被分享的意义,像"胶水"和"水泥"一样,将人与社会粘合到一起。③

---

① Habermas J., *The Theory of Communicative Action: Reason and the Rationalization of Society*, McCarthy, trans. Boston: Beacon Press, 1984, p. 10.
② [法] 梅洛·庞蒂:《知觉现象学》,姜志辉译,商务印书馆 2005 年版,第 446 页。
③ [英] 戴维·勃姆:《论对话》,王松涛译,教育科学出版社 2004 年版,第 34 页。

正是通过对话，人与人之间从原本松散的原子状态，进入了一个向心凝聚的社区共同体状态，社会才有可能实现整合与团结。公共利益则是拥有共享价值的个人间的对话结果，而非个人自我利益的加总。

通过政务社交媒体，开放与民众的网络人际对话，既是为了推动人们的公共理性生发，也是为了推动利益共享的社区共同体的形成。从这一意义上理解，政务社交媒体应该致力于成为以邻里间、社区中的对话交流为主的交互式社区媒体，成为社区"趣闻逸事/故事讲述"的对话集结空间，"一个持续进行的创作和分享逸事信息/故事的传播过程"，[1]这样的政务社交媒体，对社区归属感与共享价值认同感的产生具有不可替代的作用，这样能够真正有效地具有强大的黏吸力，将辖区的民众牢牢地吸引在政务社交媒体的平台上，从而也可以有效解决当前政务社交媒体在关注度、推广度、沟通特性等诸方面的不足。

2. 政务社交媒体应将提供政务服务的过程同时视为与民沟通的过程，借鉴"整体互动"的传播理念，将人际传播、大众传播、网络传播进行优势整合，实现多维立体的多平台、多渠道的沟通机制。

"整体互动"的传播思维，即是要求将人际传播系统、大众传播系统、网络传播系统协同并存、互动互进。这里的"互动，一是指信息的相互沟通、相互交换和相互创造、相互分享；二是指各种传播要素之间的相互制约、相互影响和相互作用"。"整体互动模式抛弃了传播的单向性和被动性，突出强调了传播的双向性和能动性，昭示了传播的多向性和复杂性。"[2] 借由整体互动模式，来推进传播思维的有机性、整体性、辩证性。经由这一思考方向，可以帮助我们对基层政府的政务媒体传播网络建设提出方向性的指导。

---

[1] Ball-Rokeach, S. J., Kim, Y. C., & Matei, S., "Storytelling Neighborhood: Paths to Belonging in Diverse Urban Environments", *Communication Research*, 2001 (4), pp. 392–428.

[2] 邵培仁：《传播学》（第三版），高等教育出版社 2015 年版，第 85、86 页。

我们倡导以整体互动的传播思维,通过多维立体的多平台、多渠道建设,方便民众获取及时、高效的政务服务,提升民众对政务平台的使用参与,提升民众对基层政务服务的满意度,推动双方之间的联结与沟通形成良性循环。

在日常生活中,向民众提供各项政务服务工作的过程,是政府联系民众、与民众沟通的主要机会。反之,如果基层政府与民众双方之间的日常联系存在"脱节",民众无法从政府的相关平台上获取所需要的服务。那么,政府发布的信息,民众不关注;民众关心的话题,政府不注意,双方形成了自说自话的格局,就不利于政府与民众之间的互动与沟通,这就形成了所谓的"两个舆论场"的区隔问题。只有将政府形成的所谓官方舆论场和民众表达形成的所谓民间舆论场之间的区隔打通,增加双方的场域重叠,双方叠合度越大,彼此沟通交流机会就越多,最终逐渐形成政民共识的可能性就越高,政务媒体进行舆论引导和传播影响的效力也就越有效。反之,政务媒体乏人问津,舆论引导又从何谈起呢?

政府机构在进行政务服务时,其信息传播平台和与民沟通渠道的建设,非常需要以"整体互动"的传播思维来进行系统的优化建设,将人际传播系统、大众传播系统、网络传播系统统筹综合,全面综观,注重发挥系统中各要素的能动性、有机性,推进政府传播的整体协调性。同时,在平台建设和渠道建设上,将三类传播系统综观协调,而且在具体沟通的过程、手段、方式方法上,也要综合吸收三大传播类型的各自优势:既追求大众传播般的权威性与公信力,又追求网络传播的社交性互动性,更要吸收人际传播的亲和力与黏着性。将三者的优势互补,共同用以建设好政务社交媒体的沟通特性。

社交媒体本身就是兼具了人际传播、大众传播、网络传播等相关特性的融合型媒体,更是以社交作为其突出优势,通过实时在线,方便人与人之间的日常沟通交流，这是社交媒体的主要特性。因此，使用社交媒体进行政务传播和政务服务，要注重"人"的特性，尤其是注重通过政务媒体来呈现一个个亲切、温暖、善于倾听、平等对话、界面友好、易用高效的政府形象，增进民众对政务媒体的可亲近感。

  田野调查说明，基层政府应致力于通过社交媒体平台的双微建设、政府门户网站政务服务建设等，将电话、网络、社交媒体、面访接待等多种渠道相结合，形成一个立体多维的沟通渠道，并结合考核机制、联动机制、网络化建设，将各个渠道连接起来，同时，大力推进基层政府在便民、利民、服务于民等方面的工作绩效，提升民众对政府工作效能的满意度和上述平台接触使用的参与率。通过在渠道和服务两个方面的同时用力，以有效增进与民众在日常的沟通，及时解决民众日常生活中的相关利益诉求和服务需求。

  通过第四章的调查也发现，对基层政府的工作满意度和政务媒体沟通特性的发挥，这两个指标在增进社会治理、增进与民关系、增进民众信任、增进政府整体评价、增进民众对政府的信赖、降低社会溃败感知等各方面，都是具有全局性影响的、非常重要的显著积极因素，可以有效地帮助提升对政府的整体评价。日常的沟通工作，也正是在一点一滴的日常事务沟通处理中，逐渐积累起了民众对政府工作的美誉度和信赖度。这种美誉和信赖，对于维系双方长久的和谐关系，至关重要，可以帮助建立起基层政府可信赖的、可靠的形象，在公共危机爆发的特殊舆情事件中，这种信赖关系就能成为政府进行有效舆情引导的定盘星。

  总之，平台建设、渠道拓展、话语表达，兼之政务服务绩效，多方面因素的整体互动，帮助基层政府推进整体的形象建设和与民沟通建设，从而形成了政府—民众的"整体互动"的沟通模式。这当中，有效发挥基层各个职能部门，包括乡镇街道等最基层一线部门在媒介平台建设中的能动性和积极性，充分发挥平台内部各个行为要素的互动，推进彼此的信息共享、沟通，对于推进政务服务平台的传播力、沟通力和服务效力具有积极作用。这也正是浙江政务服务网、"TL发布"等双微体系在进一步建设完善当中需要线上线下、各部门各地区统筹发展的基本思路。

结语　研究结论与对策建议

政府与民众的关系，是现代社会治理要面对的最基本关系，政府与民众之间的沟通，则是社会治理过程中最重要的沟通活动。政府与民众沟通的顺畅与否，与社会肌体发展的健康与否息息相关。政府与民众沟通中出现的问题和矛盾，也往往意味着社会肌体的主要病症。因此，研究政府与民众彼此的沟通，也是研究社会发展的核心症结问题。任何沟通都离不开媒介，研究沟通问题既是研究社会问题，同时亦是研究媒介问题。本研究的基本框架就是建基于社会—沟通—媒介的理论三角建立起来的。

我们的研究聚焦点是政务社交媒体。与民众的沟通是政务社交媒体获得生命力的根本源泉。没有成功的沟通就没有良好的关系，没有良好的关系，就没有成功的政务媒体。政—民的有效沟通是政务社交媒体发挥五大传播效应的重要基础与前提条件。有效的政务社交媒体端的政—民沟通，必须兼顾线上线下传播环境和整个传播过程中各种要素的有机互动，并积极呼应民众、及时反馈民声、切实采取行动。

一　理论思考层面的探索

社交媒体改变了政府与民众的对话方式，挑战了原有的政府信息传播格局与社会管治模式。而化解政治风险、减少社会冲突,依赖政府主动地与民众进行双向沟通与理性对话,呼应公众利益诉求,提高民主执政与社会协同治理能力。这是适应社交媒体时代的社会治理模式,其目标是建设平等合作、互信互利的政—民关系,推进社会的长治久安。

社交媒体时代对沟通提出了新要求。过去的以应激性、信息传递为主导的政府信息沟通工作已逐渐不适应社交媒体时代危机沟通的需要。社交媒体时代的传播特征是:关系、认同、分享、人人,讲求的是共享性与协同性,连接性和整体性。因此,社交媒体时代需要建立起适应其基本传播特征的新的沟通模式,即注重:关系、长期、价值与连接。

首先,政府—民众的沟通中,信息是沟通的主要内容之一,必须注重信息的及时、准确、有效等品质。

人们基于信息进行沟通。信息的品质和效用是影响对话活动的重要因素。对话能够产生,与双方是否能够提供准确、有效的信息是分不开的。信息是一种特殊的体验型、可共享的产品。信息不会因为被使用、被分享而消耗掉。恰恰相反,人们越多地使用、分享某一信息,信息所发挥的效用就越显著。按照罗伯特·梅特卡夫定律(Robert Metcalfe's Law),一个网络的有用性或者效用等于使用者数量的平方。这一定律同样适用于信息。一条信息的有用性或者效用是与其使用者、分享者的数量成正比例的。对人们来说,越是有用的信息,越有更多概率被使用和分享。反过来说,越是希望人们更多地使用和分享信息,就越需要提供对人们有用的信息。

其次,政府—民众的沟通,既是信息的,同时也是关系的连接过程,应该注重通过积极的回应和广泛的参与,积极进行沟通中的关系建设和情感建设。

传播学认为,在人与人之间的沟通过程中,任何信息都是一种关系信息。而关系往往是与沟通双方的情感、意图、思想等相关的。沟通强调的是沟通行为对沟通对象的心理、情绪和行为的感染和影响，其中，语言、文字、符号甚至手势、表情、语气、态度、姿态、行为与装束都可以成为传递信息的媒介与手段。B. Dearstyne 提出，协调和沟通是很重要的环节，信息的准确性及透明性对事态的发展起到至关重要的作用，信息沟通有助于政府决策的制定。[1] 2009 年 L. Kaman 针对"非典"事件分析了香港特区政府丧失公信力的主要原因，很大程度上是政府面对危机时信息沟通不畅引起公众恐慌，造成局面混乱。[2] "技术本身既不能创造一种关系，也不能破坏一种关系：影响组织—公众关系的，是如何运用这种技术。"[3] 因此，在完整意义上理解，沟通是思想、情绪、意图、感情、信息的传递、扩散与共享，并使之为群体中成员共同所有的过程，是人与人之间逐渐聚合形成关系的过程。

公共关系研究和组织管理研究都响应了这样的观点，即对话有助于提升传播效果和影响用户对与组织的关系的感知。越依赖于公众关系达成目标的组织，越需要利用社会化媒体进行对话。包括 Facebook、Twitter、微博、微信等均通过在线对话，培育并建立组织与公众的线上关系。[4] "政府公共关系被认为是一种重要的公众服务，只有反映了公民的各种不同观点才能算是有效的。"需要将与民众的关系的处理，视为政府对社会进行管理的重要职能，以确保公众，也就是政府的服务对象，可以看见、接近并且信任政府机构。

这就是说，通过沟通来处理好与民众的关系，是为了推动政府机构

---

[1] Dearstyne, B., "The FDNY on 9/11: Information and Decisionmaking in Crisis", *Government Information Quarterly*, 2007 (24), pp. 29 – 46.

[2] Kaman, L., "How the Hong Kong Government Lost the Public Trust in SARS: Insights for Government Communication in a Heath Crisis", *Public Relations Review Short*, 2009 (35), pp. 74 – 76.

[3] Kent, M. L., Taylor, M., "Building Dialogic Relationships through the World Wide Web", *Public Relations Review*, 1998, 24 (3), pp. 321 – 334.

[4] Rybalko, S., Seltzer, T., "Dialogic Communication in 140 Characters or less: How Fortune, 500 companies Engage Stakeholders Using Twitter", *Public Relations Review*, 2010, 36 (4), pp. 336 – 341.

在服务民众过程中成为一个可以看见、可以接近并且可以信任的政府机构。美国学者斯塔林就此提出："政府回应意味着政府对公众提出诉求要做出及时的反应，并采取积极的措施来解决问题。政府回应强调及时与主动，政府应该是'第一时间''第一地点'地出现在现场，定期主动地向公众征询意见、解释政策和回答问题。"①

再次，从上述意义出发，对政府—民众的沟通应该注重内外双方面的建设，处理好"术"与"道"的关系，推动双方相互理解、相互尊重，增进共识，建立价值认同。

在社交媒体时代，媒介泛化时代，渠道易得，共识难得。政府与民众之间沟通渠道的增加和扩散，从技术和物质平台上提供了沟通对话的机会与可能，但这些均是操作层面的"术"。"术"是外部的条件保障，但真正有效沟通以达至理想状态，在于"道"，从沟通的角度，则是"认同"的问题，核心是价值认同。

只有政府与民众之间在价值认同上真正缩小差距，减少冲突和对抗，沟通才不会出现鸡同鸭讲的情况。英国危机管理专家里杰斯特（Regerster）指出，"对沟通的有效管理如同处理危机本身一样重要"。②总结前述研究诸章，概言之，在政府与民众的对话沟通中要处理好如下六大关系：政府内部沟通与政府外部沟通；政府与民众的隐性情感沟通与显性信息沟通；社交平台沟通与传统媒体平台沟通；线上媒介沟通与线下人际沟通；组织沟通与个人沟通；直接沟通与中介沟通。

对此，我们提出，应该采用整体互动的全局传播思维，进行全面综观的思考和建设，将与民沟通联系的人际传播系统、大众传播系统、网络传播系统（包括社交媒体网络）进行多维立体的整体交互建设，注重发挥基层一线部门的能动性与积极性，主动在提高政务服务品质的过

---

① [美] 格罗弗·斯塔林：《公共部门管理》，陈宪译，上海译文出版社 2003 年版，第 132 页。
② [英] 迈克尔·里杰斯特：《危机公关》，陈向阳译，复旦大学出版社 1995 年版，第 30 页。

程中，积极对话民众，积极回应民众的各项诉求。

最后，从政—民沟通出发，深入推进整个社会的对话沟通，进一步推进社会共识的达成，增进全社会的价值共识，这也是当前社会亟须沟通的关键所在。

自古以来，与民众对话便是一种重要的政治价值理念。民本思想、人民主权、群众路线和公共治理等，都强调政府主动与民对话。从当前现实来看，无论是香港的"占中"混乱、新疆的"疆独"暴乱，还是从南到北不少城市居民为阻挠垃圾焚烧厂建设、PX项目等而上街封路，各类群体性事件的爆发一再说明，政—民沟通的不畅，最终导致的价值分裂和社会断裂，已经对社会的长治久安带来了严重危机和巨大挑战。可以说，当下社会出现的局部对峙与群体割裂，思想意识的混乱，价值判断标准的不一，这是社会治理中最深刻的危机，从深层社会心理上则是价值认同的危机。不同的群体之间、不同的阶层之间，往往因为"沟通障碍"与"信任鸿沟"的复合作用，导致了社会断裂的危机后果。

因此，必须要认清沟通的本质。渠道与信息是沟通的外壳、载体，而沟通的根本问题是价值观念层面的交流与分享。政府与民众的沟通，其最根本的目的是从关系的视角，审视社会转型背景下的社会治理与执政方式的转变，通过建设性的途径推进政府和民众通过双方的互动对话来达成社会认同，以实现政府与民众的价值共识与利益共赢，增进社会关系的整体和谐。

"行政之要，首在得人"（曾国藩语），政府在行使其管理职能时要得民心。基于社会转型、思想多元的复杂背景下，强求一律、强制灌输、强硬删帖很可能适得其反，效率甚微，与其堵、删，不如引导。消除沟通障碍，填平信任鸿沟，离不开双方开诚布公的对话。

对话沟通是最有效、最易接受的、实现价值认同的社会治理途径。

对话理论倡导人类沟通应是一种人与人之间"我—你"对话式的交流，强调双方的平等、开放、达成理解和共同创新的认识空间。① Kent 与 Taylor 针对互联网提出了"对话公共关系理论"，强调对话双方应基于互动和双赢的理念，进行观点和意见的协商与交换，并提出了通过网络与公众开展对话的五项原则：界面易用、黏性、创造回访、信息有用、形成对话回路。② 从政府—民众的双主体视角理解沟通，尤其需要开放全媒体的对话回路，以整体互动思维建设多元沟通渠道，通过全方位的政—民关系共建，深入对话，实现思想、情感、价值理念层面的广泛共识，进而推动整个社会的价值认同（value identity）。彼得斯在《交流的无奈》中所强调的正是这一点：我们不应该问"我们能够交流吗？"而是应该问："我们能够相互爱护，能够公正而宽厚地彼此相待吗？"

二 实践应用层面的策略

本课题研究发现，微博、微信、QQ、App、微信公众号等社交媒体已成为社会信息流通的主要出入口，更是广大民众日常生活中须臾不离的信息平台。面对这一新的社会信息传播生态，基层政府的舆论宣传和社会治理工作，亟须改变以往的单向传播思维，充分利用新的传播渠道，调整宣传策略和方式，着力提升与民众沟通的成效，推进构建和谐的政府—民众关系。

通过深入社会调查，课题组发现，基层政—民关系存在较多问题，政—民之间往往缺少有效沟通，缺乏互信，稍有矛盾就易起冲突。为方便发布信息、疏通民意，不少基层政府部门开通了数字化政务平台，在

---

① ［德］马丁·布伯：《我与你》，陈维纲译，生活·读书·新知三联书店 1986 年版。
② Kent, M. L., Taylor, M., "Building dialogic relationships through the world wide web", *Public Relations Review*, 1998, 24（3），pp. 321 – 334.

政府网站之外，官方微博、微信公众号、党政客户端等"两微一端"政务社交媒体纷纷上线。在传统媒体日渐式微的情势下，各级政府部门对政务社交媒体在信息发布、舆论引导等方面寄予厚望，致力于将其打造成政务信息与宣传的主力军。

研究认为，当前基层政府开通的政务网站/微博/微信公众号/手机App客户端等，需要具备五大功能：信息传播功能、社区建设功能、动员促进功能、双向对话功能、舆论引导功能。而这些功能的发挥不是孤立的，而是相互辅助的。目前多数政务社交媒体还仅停留于基本的信息发布传播功能，未充分认识到在社区建设、对话、引导等层面的功能建设。不仅如此，这些平台在使用过程中往往还存在如下问题：一是推广乏力，民众对接触这些政务新媒体缺乏主动性和积极性；二是信息单一，主要局限于政府单方面的信息发布；三是反馈迟滞，缺乏互动，不少政务媒体仍停留于传统的单向传播思维，没有转换到社交互动的新传播思维。研究发现：政务媒体属于官方舆论场，而民众则天然地栖息于民间舆论场，由于"两个舆论场"之间往往存在"区隔"，政府发布的信息，民众不关注，民众关心的话题，政府不注意。这都使得政务社交媒体的传播功效大打折扣。不少政务社交媒体甚至被民众戏称为"僵尸"媒体，既不能广泛接触群众，又不能及时与民众交流，在舆情危急时刻更是难以发挥切实有效的舆情引导作用。

2016年10月9日，习近平总书记在中共中央政治局第三十六次集体学习时强调，随着移动互联网的发展，社会治理模式正在从单向管理走向双向互动，从单纯的政府监管向更加注重社会协同治理转变。打通两个舆论场的区隔，增进政务媒体与民众的互动，必然要求政务媒体主动融入民间舆论场，基层干部主动进入民众的"线上栖息地"。只有真正"到群众中去"，才能够有效疏通民意，切实引导舆论。尤其是基层干部，必须与民众直接交往、密切交流。加强和改善基层干部与民众的直接沟通工作是建设和谐政—民关系的重中之重。

社交媒体增进了社交网络中人与人之间的关系黏性，将人在信息传输网络中的能动作用发挥得淋漓尽致。尤其是微信类即时聊天共享型的社交媒体，其人人参与性、即时互动性、双向交流性、关系连接性，充分释放了人与人之间在信息、情感与关系等方面进行充分沟通的需求，是民众最聚集、使用最频繁的"在线栖息地"。社交媒体时代，其真正意义上是以社交为媒的时代，媒介的形态不是过去理解的媒介组织如广播、电视、报纸等，而是社交，是人人。加强和改善政—民关系，可从基层政府、基层干部与民众在社交媒体上的在线沟通交流着手，发挥人在政务舆情引导中的能动参与性与双向协同性，抓住关键传播"节点"，重点做好以下几项工作。

（1）在沟通主体上，抓住关键节点，培训沟通达人。社交媒体是基于"节点"的社交传播网络，其高维度的人—人传播模式具有乘积效应，能够迅捷、高倍地扩大传播效果。基层政府和基层干部应主动抓住重要的网络关键"节点"，发挥能动作用，成为建设理性对话沟通的主力军。应重点培训基层骨干力量，使他们成为"沟通达人"，能够通过社交媒体广泛联系民众，深入人心、开诚布公，与民众积极沟通交流，推进社会共识的形成，增进基层民众对基层政府的信任与支持。

（2）在沟通渠道上，借助微信群和朋友圈，降低沟通成本。社交媒体的结构是社群化的，民众"栖息"在朋友圈、微信群里。像微信公众号、App等，建立微信群、朋友圈，既经济又便捷，是基层政—民沟通的首选平台。基层政府和基层干部应利用政务社交媒体踏实践行群众路线，主动联络一定数量的社区辖区民众，扩大与辖区民众的朋友圈，主动与社区民众在朋友圈、微信群建立密切的、实时的联系，增进在线的积极交流互动，充分激发好、发挥好群友群众的能动参与性，协同推进社区辖区的社会善治。

(3) 在沟通的认知层面上，多做互动交流，实时知悉观察舆情一线，及时疏导民意，化解民怨。微信群、朋友圈等社交媒体是强互动、高黏性的自媒体，"人人都是广播台"。基层政府和基层干部要转变单向传播宣传思维，注重多维沟通互动，及时疏导公众情绪。在互动过程中要换位思考，注意多倾听民众的声音，想方设法关心关爱民众，积极为民众排忧解难，将可能出现的舆情危机消解在萌芽状态。

(4) 在沟通的情感层面上，注重情感联络，增进与民众的关系和谐。社交媒体立基于圈层化交叉的人—人传播，其即时交互性能够有效增进人与人的情感连接，密切人际关系。人与人沟通，不仅是思想的传递与反馈，还是情感的传递与反馈，以求关系的融洽。基层政务社交媒体，不仅要注重及时发布政务信息，更要注重采用活泼多样的传播手段，以心连心，增进情感沟通，激发社区民众的向心力与凝聚力，提升政府与民众的彼此互信和相互支持。

(5) 在沟通的语体语态上，注重对话感，拉近与民众的心理距离。社交媒体兼具人际传播、大众传播和网络传播的特性，人际社交则是其突出特征。基层政府和基层干部在社交媒体上与民众的互动，是基于社交的对话过程，要尽量去除生硬、刻板、公文式、教条式的冷冰冰的"机构脸"，换以亲切、活泼、日常家常式、温暖如坐春风般的"人性脸"，既可以拉近与民众的心理距离，更是借此树立政府和干部良好形象的重要途径。

(6) 在沟通的效果检验上，增强组织指导，建立激励机制。大力提升基层政府和基层干部应用社交媒体与民众沟通的能力，是改善基层社会治理的重要抓手。需要加强对基层政府部门在社交媒体使用上的指导，完善考核和奖惩机制，充分调动基层政府和基层干部的主观能动性，促使他们在社交媒体上有担当有作为，敢于发声、愿意发声、能够发好声，有效树立政府和干部为民服务的良好形象。

总之，需要针对"沟通事实"的各个元素，重点关注谁和谁（沟通双主体），通过什么渠道（沟通的媒介渠道），沟通了什么（沟通的内容与话语），取得了什么效果这 5 个 W。重点是：沟通的双主体需要增进沟通意识，提升沟通技能，拓宽双方的沟通渠道，丰富和完善沟通的表达形式，注重沟通的信息质量，这些对于一个好的沟通来说是基本的要件。但仅仅认识到这些要件而光说不练则不行，根本的还是要通过制度建设、平台建设，以及作为社会基本硬件的法律法规与法制建设的完善，来推进政府与民众主动沟通，这是解决政府与民众之间各类沟通问题的基本途径。

三 研究的创新与不足

（一）重要观点

本研究明确了一个"沟通事实"的各个元素，即重点关注：谁和谁（沟通双主体），通过什么渠道（沟通的媒介渠道），沟通了什么（沟通的内容与话语），取得了什么效果，从而建构了关于沟通研究的新的"5W"。并据此形成了基本的研究线索，通过对沟通双主体的实证研究、调查与案例分析，结合具体的政务社交媒体应用，就沟通的主体、渠道、内容、话语、效果以及过程等展开了深入研究。下述重要观点可能是研究的创新之处。

1. 研究认为，手机终端及其移动社交网络所带来的社会结构变革，是对整个社会系统的神经网络的更迭。手机等智能社交媒体终端实现了前所未有的个体赋权，交谈与协商模式正越来越可能成为人类信息传播的主流模式。对传统媒体传播的社会整合模式、自上而下的训示式管理模式、传统的社会治理与官民关系模式等，都是前所未遇的挑战。

2. 通过深入剖析社交媒体的传播生态对社会治理和社会关系的影响，研究指出：通过社交关系进行信息扩散的方式构成了从移动社交网络到整个社会的行为模式。社交媒体时代的特征是社交为媒，本质是以人与人的社交关系为媒介。处理好关系也就是经营好媒介。成功的传播效果建基于良好的关系的营建。对政务社交媒体而言，处理好与民众的沟通关系就是政务媒体进行成功传播的首要目的。

3. 研究认为，社交媒体已成为社会信息流的主要出入口，由此生成的是一个"多点交叉回环水系式"的新的意见生成机制，多向的、可逆的互动式传播。政府—民众的沟通研究需要深入讨论：如何适应社交媒体所建构的人与人的社交关系模式及其沟通方式。研究提出：通过参与式协商合作建立有效沟通机制，完善基于多方利益协调的"善治"型社会治理与双主体对称关系下的平等对话沟通，成为基层政府进行基层社会治理必要的选择。

4. 综合理论探讨，建立了分析政务社交媒体沟通特性的五个维度测量指标。研究揭示了政务社交媒体的沟通特性是其具备"用户黏性"，能够黏吸民众持续关注的显著影响因素。通过建构测量量表，对基层政务社交媒体的"沟通"属性进行测量评估，归结出有效的政务社交媒体沟通特性的五个基本测量维度——准确性（准确发布信息）、公开性（信息公开透明）、及时性（及时与民众沟通）、回应性（积极回应民众）、参与性（让民众充分参与）。

5. 从推进社会协同治理的角度，研究确立了基层政务社交媒体的五大基本功能：信息传播功能——及时传递有用、准确、权威的信息；社区建设功能——凝聚社区辖区内民众的"在线共同体"；动员促进功能——动员民众积极参与基层社会的善治建设；双向对话功能——与民众开展活泼的、亲切的、理性的、平等的协商对话；舆论引导功能——增进理性、健康、积极的社会舆论，减少社会危机事件。研究发现：基层政务社交媒体普遍停留于"信息传播"这一最基础的功能,对民众影响力有限,且普遍面临着推广乏力、民众关注度较低等尴尬事实。

6. 从关系视角讨论了政府与民众的沟通,进而以沟通双主体协同推进社会善治的社会建设目标,审视社会转型背景下的社会治理与执政方式的转变。提出:通过平台建设、渠道拓展、话语表达、兼政务服务绩效、多方面因素的整体互动等建设性的途径,帮助基层政府推进整体的形象建设和与民沟通建设,形成政府—民众的"整体互动"的对话沟通模式,推进政府和民众达成相互理解,增进社会共识和价值认同,以实现政府与民众的价值共享与利益共赢,增进社会关系的整体和谐。

总之,与民众的沟通是政务社交媒体获得生命力的根本源泉。没有成功的沟通就没有良好的关系,没有良好的关系,就没有成功的政务媒体。政—民有效沟通是政务社交媒体发挥传播效应的重要基础与前提条件。有效的政务社交媒体端的政—民沟通,必须兼顾线上线下传播环境和整个传播过程中各种要素的有机互动,并积极呼应民众、采取实际行动。

(二)研究价值

以下几方面是本研究可能具备的学术价值之处。

1. 梳理和追溯了有关沟通理论的研究,提出元意义上的沟通,所隐含的本质是基于关系的主观心理活动过程;研究提出需要注重社交媒体的信息沟通功能,同时更需注重其情感关系的沟通联络功能。

2. 通过对对话理论的梳理研究,提出了基于社交媒体的双向互动的对话机制。从信息、关系、连接、价值与共识,层层深入地推进了关于政府与民众的对话沟通研究。

3. 研究梳理了沟通与信任的关系,以此视角揭示了社交媒体平台的社会心理机制。进一步揭示了政务社交媒体的定位,提出了将其建设成为交互式社区媒体的理念。

4. 对手机终端的移动社交网络所形成的社会传播生态变革进行了多维度的深入研究，深入解读了"社交优众"的概念、特征、行为方式等，揭示了手机社交网络社会出现治理困境的成因。

5. 围绕政府——民众在社交媒体上的关系，揭示了社交媒体以关系为媒的本质，提出了沟通双方的"多点互动的扁平关系""多点交叉回环水系式"的意见生成机制，整体互动的传播沟通模式等。

下述研究结论对政府机构的政务社交媒体建设具有重要的应用参考价值。

1. 提出以"善治"理念提升政务社交媒体应对公共危机事件的传播能力与信息应急处置能力的具体路径：与民众建立广泛的信息交往关系，广泛多样的用户关系网，多信源多媒介交互途径，与民众之间的"双向互动对话机制"，等等。

2. 研究锁定基层政府和基层公务人员作为调查的对象，极具必要性和现实针对性。回归分析从多个角度验证了政务社交媒体的沟通特性和基层政府工作绩效在增进社会治理、增进与民关系、增进民众信任、增进政府整体评价、增进民众对政府的信赖、降低社会溃败感知等方面，都是具有全局性影响的显著积极因素。

3. 针对基层政务社交媒体普遍存在的定位不清、互动不足、表达不当、信息不畅、推广乏力、关注度较低、功能单一等沟通障碍，提出了解决政务社交媒体当前困局的基本对策路径：基层政府和基层干部转换思维方式，以"对话"体的沟通模式取代"发布"型的单向传输模式，增强沟通特性，通过政务社交媒体，开放与民众的网络人际对话，致力于成为以社区对话交流为主的交互式社区媒体，推进民众的社区归属感与共享价值认同感，只有这样，才能将社区民众黏吸在政务社交媒体上。其引导舆论、动员促进等基本功能才能有效发挥。具体从沟通的主体、渠道、认知、情感、语体语态、效果检验等方面提出建议。

（三）研究存在的不足和进一步努力的方向

首先，本研究的对象主体是基层政府和基层公务人员，由于该部分群体的特殊性和纪律性，尽管研究者花费了大量的精力，尝试了各种努力进入一些政府机构、部门进行了田野的访问和调查，但是由于调查对象本身存在种种纪律约束和比较保守的思维方式，不可能完全敞开交流，一些内容在采访中经常被对方以"这是我们要保密的，不对外的"等理由拒绝回答。因此，田野访问中仍旧存在一些遗憾。如果条件许可，这方面的调查还有待进一步深入。其次，关于政府与民众的沟通问题，本研究的视角是立足于传播学角度对媒介平台、沟通主体和沟通表达等层面进行5W研究，进而以此切入基层社会治理研究。后续还可以从更宏大的政治研究视角进行深入全面的探究。最后，从实证研究的测量指标与调查设计看，也存在一些遗憾。由于这方面实证研究较少，可以参考的成熟理论鲜见，因此，本研究尝试进行了一些探索性的测量和量表建构，后续还可以通过进一步的建构检验来更好地完善相关的测量量表。

参考文献

Adrian Leftwich, "Governance, Democracy and Development in the Third World", *Third World Qu*, Vol. 14, No. 3, 1993.

Alam, L., Lucas, R., Tweeting Government: A Case of Australian Government Use of Twitter: DASC 2011: Proceedings of the Ninth IEEE International Conference on Dependable, Autonomic and Secure Computing, Sydney, December 12 – 14, 2011, New Jersey: IEEE, 2011.

Amy Mitchell, Jeffrey Gottfried, Michael Barthel & Elisa Shearer, *The Modern News Consumer*, *News Attitudes and Practices in the Digital Era*, Pew Research Center, July 7, 2016.

Avery, E. J., Lariscy, R. W., *FEMA and the Rhetoric of Redemption: New Directions in Crisis Communication Models for Government Agencies*, The Handbook of Crisis Communication, Wiley-Blackwell, 2010.

Bell, G., The Age of the Thumb: a Cultural Reading of Mobile Technologies from Asia, in P. Glotz, S. Bertschi & C. Locke (ed.), *Thumb Culture: the Meaning of Mobile Phones for Society*, Piscataway, NJ: Transcript Press, 2005.

Bennett, W. L., Lyengar, S., "A New Era of Minimal Effects? The Changing Foundations of Political Communication", *Journal of Communication*, 2008, 58 (4).

Bollen, J., Pepe, A., Mao, H., *Modeling Public Mood and Emotion: Twitter Sentiment and Socio-economic Phenomena*, [2009-08-11] http://arxiv.org/abs/0911.1583.

Bortree, D., Seltzer, T., "Dialogic Strategies and Outcomes: An Analysis of Environmental Advocacy Groups Facebook Profiles", *Public Relations Review*, 2009, 35 (3).

Chris Willis, *Shayne Bowman*, We Media, The Media Center, 2003 (7).

Coombs, W. T., Holladay, S. J., "Further Explorations of Post-crisis Communication: Effects of Media and Response Strategies on Perceptions and Intentions", *Public Relations Review*, 2009, 35 (1).

Dan Gillmor, "News for the Next Generation: Here Comes We 'Media'", *Columbia Journalism Review*, January/February, 2003.

Dearstyne, B., "The FDNY on 9/11: Information and Decisionmaking in Crisis", *Government Information Quarterly*, 2007 (24).

Edward F. Davis Ⅲ, Alejandro, A., *Alves and David Alan Sklansky, Social Media and Police Leadership: Lessons From Boston*, New Perspectives in Policing, 2014.

Gaber, I., "Exploring the Paradox of Liberal Democracy: More Political Communications Equals Less Public Trust", *The Political Quarterly*, 2009, 80 (1).

Garrett, R. K., "Echo Chambers Online?: Politically Motivated Selective Exposure among Internet News Users", *Journal of Computer-Mediated Communication*, 2009, 14 (2).

Greene, J. C., Caracelli, V. J., Graham, W. F., "Toward a Conceptual Framework for Mixed-Method Evaluation Designs", *Educational Evaluation & Policy Analysis*, 1989, 11 (3).

Habermas, J., *The Theory of Communicative Action*: *Reason and the Rationalization of Society*, McCarthy, trans. Boston: Beacon Press, 1984.

Hanson, G., "Message from President", *Indian Journal of Virology*, 2010, 21 (1).

Hassanpour, N., *Transparency and Repression*: *An Explanation for the Democratic Civil Peace*, Social Science Electronic Publishing, 2011.

Hill, A., Rand, D., Nowak, M., et al., "Emotions as Infectious Diseases in a Large Docial Network: The SISA Model", *Biological Sciences*, 2010, 8 (2).

Himelboim, I., McCreery, S., & Smith, M., "Birds of a Feather Tweet Together: Integrating Network and Content Analyses to Examine Cross-ideology Exposure on Twitter", *Journal of Computer-Mediated Communication*, 2013, 18 (2).

Hughes, A. L., Denis, L. A. S., Palen, L., & a NDERSON, K. M., *Online Public Communications by Police & Fire Services during the 2012 Hurricane Sandy*, Acm Conference on Human Factors in Computing Systems. ACM, 2014.

James C. McCroskey, Virginia P. Richmond, Robert, A., *Stewart*: *One On One*: *The Foundations of Interpersonal Communication*, 1986 by Prentice-Hall.

James Manyika, Michael Chui, Jacques Bughin, Richard Dobbs, Peter Bisson, and Alex Marrs, McKinsey Global Institute, Disruptive technologies: Advances That Will Transform Life, Business, and the Global Economy, Retrieved from http://www.mckinsey.com/mgi/publications/multimedia/pdf. , 2013.

John Allen Hendricks and Robert E. Denton, Jr (eds), *Communicator-in-Chief: How Barack Obama Used New Media Technology to Win the White House*, Plymouth, UK: Lexington Books, 2010.

Johnson and Kaye, "A Vehicle for Engagement or a Haven for the Disaffected?" Bonchek, From Brooiicast to Netcnst; Katz, "The Digital Citizen", W/mf, December 1997.

Johnson, R. B., Onwuegbuzie, A. J., "Mixed Methods Research: A Research Paradigm Whose Time has Come", *Educational Researcher*, 2004, 33 (7).

Johnson, T. J., Kaye, B. K., "Using is Believing: The Influence of Reliance on the Credibility of Online Political Information among Politically Interested Internet Users", *Journalism & Mass Communication Quarterly*, 2000, 77 (4).

John Stewart, *Bridges Not Walls: A Book about Interpersonal Communication*, McGraw-Hill Inc., 1995.

Karl, W., Deutsch, *The Nerves of Government: Models of Political Communication and Control*, American Political Science Association, 1964, 58 (3): 671.

Kaman, L., "How the Hong Kong Government Lost the Public Trust in SARS: Insights for Government Communication in a Heath Crisis", *Public Relations Review Short*, 2009 (35).

Kent, M. L., Taylor, M., "Building Dialogic Relationships through the World Wide Web", *Public Relations Review*, 1998, 24 (3).

Kevin A. Hill, John E. Hughes, *Cyberpolitics: Citizen Activism in the Age of the internet*, Lanham: Rowman & Littlefield Publishers, Inc., 1998.

Lindeay, H., "Hoffman, Participation or Communication? An Explication of Political Activity in the Internet Age", *Journal of Information Technology & Politics*, 2012 (9).

Lilleker, D. G., *Key Concepts in Political Communication*, London: Sage Publications, 2006.

Manuel Castells, et al., *The Mobile Communication Society: a Cross-cultural Analysis of Available Evidence on the Social Uses of Wireless Communication Technology* (unpublished), A Research Report Prepared for the International Workshop on Wireless Communication Policies and Prospects: A Global Perspective, Held at the Annenberg School for Communication, University of Southern California, October 8th and 9th, Los Angeles, 2004.

Mike Thelwall, Buckley, K., Paltogloug, "Sentiment in Twitter Events", *Journal of the American Society for Information Science & Technology*, 2011, 62 (2).

Mccroskey, J. C., Larson, C. E., Knapp, M. L., *An Introduction to Interpersonal Communication*, Prentice-Hall, 1971.

Metzgar, E., "Social Media and the 2008 U. S. Presidential Election", *Journal of New Communications Research*, 2009 (4).

Oliveira, G. H. M., and E. W. Welch, "Social Media Use in Local Government: Linkage of Technology", Task, and Organizational Context, *Government information Quarterly*, 2013, 30 (4).

Paquette, S., "Emergency Knowledge Management and Social Media Technologies: A Case Study of the 2010 Haitian Earthquake", *International Journal of Information Management*, 2011, 1 (31).

Paul Adrian, "The Use of New Media in Electoral Campaigns: Analysis on the Use of Blogs, Facebook, Twitter and YouTube in the 2009 Romanian

Presidential Campaign", *Journal of Media Research*, 2011, 2 (10).

Picazo-vela, S., Gutierrez-Martinez, I., Luna-Reyes, L. F., "Understanding Risks, Benefits, and Strategic Alternatives of Social Media Applications in the Public Sector", *Government Information Quarterly*, 2012, 29 (4).

Richard, D., Waters, Jensen M. Williams, *Squawking, Tweeting, Cooling, and Hooting: Analyzing the Communication Patterns of Government Agencies on Twitter*, Wiley Online Library, 2011, 11.

Richard, P., McKeon, "Communication, Truth, and Society", *Ethics*, 1957 (2).

Richardson, I., "Pocket Technospaces: the Bodily Incorporation of Mobile Media", *Continuum: Journal of Media & Cultural Studies*, Vol. 21, No. 2, 2007.

Rybalko, S., Seltzer, T., "Dialogic Communication in 140 Characters or Less: How Fortune, 500 Companies Engage Stakeholders Using Twitter", *Public Relations Review*, 2010, 36 (4).

Sarah Trenholm: *Humon Communication Theory*, 1991 by Prentice Hall, Inc.

Sandoval-Almazana, R., Gil-Garciab, J. R., "Are Government Internet Portals Evolving towards More Interaction, Participation and Collaboration? Revisiting the Rhetoric of E-government among Municipalities", *Government Information Quarterly*, 2012, 29 (S1).

Shirky, C., "Political Power of Social Media-Technology, the Public Sphere Sphere, and Political Change", *The Foreign Affairs*, Vol. 90, No. 28, 2011.

Thomas Heverin Lisl Zach, "Twitter for City Police Department Information

Sharing", *Proceeding of the American Society for Information Science and Technology*, 2011 (2).

Trisha, T. C. Lin, L. L., "Perceived Characteristics, Perceived Popularity, and Playfulness: Youth Adoption of Mobile Instant Messaging in China", *China Media Research*, Vol. 10, No. 2, 2014.

Welch, E. W., Hinnant, C. C., Moon, M. J., "Linking Citizen Satisfaction with E-government and Trust in Government", *Journal of Public Administration Research and Theory*, 2005, 15 (3).

Wigand, F., "Twitter Takes Wing in Government: Diffusion, Roles, and Management", DGS 2010, *Proceedings of the 11th Annual International Conference on Digital Government Research*, San Diego, May 17 – 20, 2010, New York: ASME, 2010.

William Schutz, *FIRO: A Three-Dimensional Theory of Interpersonal Behavior*, New York, NY: Rinehart, 1958.

Yamamoto, M., Kushin, M. J., Dalisay, F., "Social Media and Mobiles as Political Mobilization Forces for Young Adults: Examining the Moderating role of Online Political Expression in Political Participation", *New Media & Society*, 2013, 17 (6).

[美] 安德鲁·查德威克：《互联网政治学》，任孟山译，华夏出版社2010年版。

[美] 保罗·莱文森：《数字麦克卢汉——信息化新纪元指南》，何道宽译，社会科学文献出版社2001年版。

[美] 彼得斯：《交流的无奈：传播思想史》，何道宽译，华夏出版社2003年版。

[英] 波特·马金、凯瑞·库帕，查尔斯·考克斯：《组织和心理契约》，王新超译，北京大学出版社2000年版。

陈力丹：《精神交往论》，开明出版社 2002 年版。

陈力丹、曹文星：《微博问政的优势及其有效开展的途径》，《人民论坛》2011 年第 12 期。

陈力丹、宋晓雯、邵楠：《传播学面临的危机与出路》，《新闻记者》2016 年第 8 期。

陈先红、陈欧阳：《政务微博中的对话传播研究——以中国 10 个政务机构微博为例》，《武汉理工大学学报》（社会科学版）2012 年第 12 期。

陈云云：《突发性公共危机事件的舆论引导——以上海踩踏事件为例》，《东南传播》2015 年第 7 期。

程曼丽：《新媒体对政府传播的挑战》，《对外大传播》2007 年第 12 期。

[英] 戴维·勃姆：《论对话》，王松涛译，教育科学出版社 2004 年版。

[英] 戴维·米勒、韦农·博格丹诺主编：《布莱克维尔政治学百科全书》，邓正来等译，中国政法大学出版社 2002 年版。

[英] 邓肯·米切尔：《新社会学词典》，蔡振扬等译，上海译文出版社 1987 年版。

丁煌：《西方行政学说史》，武汉大学出版社 1999 年版。

董立人：《当情绪舆论遭遇政务微博》，《人民论坛》2012 年第 2 期。

[德] F. 滕尼斯：《共同体与社会：纯粹社会学的基本概念》，林荣远译，商务印书馆 1999 年版。

[美] 弗兰西斯·福山：《信任——社会道德与繁荣的创造》，李宛蓉译，远方出版社 1998 年版。

[美] 格里·斯托克：《作为理论的治理：五个论点》，《国际社会科学》1999 年第 2 期。

[美] 格罗弗·斯塔林：《公共部门管理》，陈宪译，上海译文出版社 2003 年版。

郭萍：《从"抢盐风波"看微博在舆论监督上的作为》，《新闻传播》2011

年第 5 期。

郭小安、刘明瑶：《媒介动员视角下"表演式抗争"的发生与剧目——以"中青报门口访民集体喝农药事件"为例》，《现代传播》2016 年第 5 期。

[德] 哈贝马斯：《公共领域的结构转型》，曹卫东等译，学林出版社 1999 年版。

何子英、陈丽君、黎灿辉：《突发公共事件背景下的有效政府沟通与政府公信力——一个新的分析框架》，《浙江社会科学》2014 年第 4 期。

胡位钧：《政治沟通：当代中国政治制度研究的新途径》，《复旦政治学评论》2002 年第 1 期。

华炳啸主编：《公共治理与政治传播》，社会科学文献出版社 2014 年版。

黄小勇：《中国政府与公民的关系：现状与思考》，《国家行政学院学报》2001 年第 5 期。

[荷] 简·梵·迪克：《网络社会——新媒体的社会层面》（第二版），蔡静译，清华大学出版社 2014 年版。

蒋颖：《试论媒体在突发性公共危机事件中的舆论引导——以 5·12 四川汶川特大地震为例》，《新闻界》2009 年第 4 期。

荆学民：《政治传播简明原理》，中国传媒大学出版社 2015 年版。

荆学民、施惠玲：《政治与传播的视界融合：政治传播研究五个基本理论问题辨析》，《现代传播》2009 年第 4 期。

荆学民、邹迪：《2015 年中国政治传播研究盘点》，《中国社会科学报》2016 年第 1 期。

荆学民主编：《当代中国政治传播研究巡检》，中国社会科学出版社 2014 年版。

[美] 凯斯·桑斯坦：《网络共和国：网络社会中的民主问题》，英维明译，上海人民出版社 2003 年版。

[美] 库利:《人类本性与社会秩序》,包凡一、王源译,华夏出版社 1989 年版。

[美] 兰斯·本奈特等主编:《媒介化政治:政治传播新论》,董关鹏译,清华大学出版社 2011 年版。

李智:《全球传播学引论》,新华出版社 2010 年版。

廖为建:《政府公共关系》,中国人民大学出版社 2010 年版。

廖为建、李莉:《美国现代危机传播研究及其借鉴意义》,《广州大学学报》(社会科学版) 2004 年第 8 期。

林莉、刘祖云:《政府与公民关系的组合模式:一种逻辑分析的进路》,《理论探讨》2010 年第 3 期。

刘成璐、尹章池:《微博在公共突发事件中的负面影响与对策研究——以"7·23"温州动车追尾事件为例》,《现代商贸工业》2011 年第 12 期。

刘海龙:《中国语境下"传播"概念的演变及意义》,《新闻与传播研究》2014 年第 8 期。

刘佳:《社会化媒体与政治的关系——以美国大选奥巴马获胜为例》,《青年记者》2009 年第 2 期。

刘小燕:《社交媒体在社会事件中的"动议"释放》,《山西大学学报》(哲学社会科学版) 2013 年第 11 期。

刘小燕、崔远航:《作为政府与公众间距离协调机制的网络政治沟通研究》,《新闻大学》2013 年第 2 期。

刘远亮:《网络政治传播对当代中国政治发展的影响——基于政府与民众关系的分析》,《天津行政学院学报》2013 年第 4 期。

[法] 卢梭:《社会契约论》,何兆武译,商务印书馆 2003 年版。

罗大蒙、邓雪红:《微博问政:类型、局限及其改善路径探讨》,《攀登》2015 年第 4 期。

［美］罗杰斯:《传播学史:一种传记式的方法》,殷晓蓉译,上海译文出版社2002年版。

［英］洛克:《政府论》(下篇),商务印书馆1964年版。

［德］马丁·布伯:《我与你》,陈维纲译,生活·读书·新知三联书店1986年版。

［美］马修·辛德曼:《数字民主的迷思》,唐杰译,中国政法大学出版社2015年版。

［美］迈克尔·E. 罗洛夫:《人际传播:社会交换论》,王江龙译,上海译文出版社1991年版。

［英］迈克尔·里杰斯特:《危机公关》,陈向阳译,复旦大学出版社1995年版。

［法］梅洛·庞蒂:《知觉现象学》,姜志辉译,商务印书馆2005年版。

欧阳静:《提高基层政府公信力关键在增强沟通能力》,《中国社会科学报》2012年2月27日第B3版。

裴宜理:《中国人的权利观念———从孔子到毛泽东延至现在》,《国外理论动态》2008年第2期。

［英］齐格蒙·鲍曼:《来自液态现代世界的44封信》,鲍磊译,漓江出版社2013年版。

［美］乔·萨托利:《民主新论》,冯克利等译,东方出版社1993年版。

［美］乔治·H. 米德:《心灵、自我与社会》,赵月瑟译,上海译文出版社1992年版。

任孟山、朱振明:《试论伊朗"Twitter革命"中社会媒体的政治传播功能》,《国际新闻界》2009年第9期。

邵培仁:《传播学》(第三版),高等教育出版社2015年版。

邵培仁:《全媒体时代政治传播的现实特征与基本转向》,《探索与争鸣》2015年第2期。

邵培仁等：《媒介生态学——媒介作为绿色生态的研究》，中国传媒大学出版社 2008 年版。

邵培仁主编：《政治传播学》，江苏人民出版社 1991 年版。

[美] 斯蒂芬·P. 罗宾斯、玛丽·库尔特：《管理学》，中国人民大学出版社 2004 年版。

[美] 斯蒂文·小约翰：《传播理论》，陈德民、叶晓辉译，中国社会科学出版社 1999 年版。

唐柳青：《微博时代的"电子政府"——政务微博在改变什么》，《今传媒》2012 年第 4 期。

唐绪军主编：《新媒体蓝皮书：中国新媒体发展报告 No.5（2014）》，社会科学文献出版社 2014 年版。

[美] 托夫勒：《托夫勒著作选》，贾旺等译，辽宁科学技术出版社 1984 年版。

万旋傲：《新媒体环境中的公民政治参与研究》，《新媒体与社会》2015 年第 2 期。

王二平、周洁：《政府与民众的关系——公共管理的核心问题》，全国心理学学术会议，2012 年。

王国华、武国江：《新闻媒体在政府危机管理中的作用》，《云南行政学院学报》2004 年第 3 期。

王焕：《美国政府社交媒体研究——以美国联邦政府总务管理局的政府社交媒体应用体系为例》，《情报资料工作》2015 年第 6 期。

王俊秀、杨宜音：《中国社会心态研究报告（2012—2013）》，社会科学文献出版社 2013 年版。

王浦劬：《政治学基础》，北京大学出版社 2005 年版。

王秋菊、师静：《从"7·23 动车追尾"看微博舆论波的成因》，《新闻界》2011 年第 9 期。

王怡红：《人与人的相遇：人际传播论》，人民出版社 2003 年版。

王怡红、胡翼青主编：《中国传播学 30 年》，中国大百科全书出版社 2010 年版。

［美］威尔伯·施拉姆、威廉·波特：《传播学概论》，陈亮等译，新华出版社 1984 年版。

吴剑敏：《社会化媒体时代政府公共关系优化策略研究》，硕士学位论文，华中师范大学，2012 年。

吴明霞：《论奥巴马政府的新媒体外交》，硕士学位论文，上海国际问题研究院，2012 年。

夏德元：《突发公共事件中微博传播的若干规律》，《新闻记者》2014 年第 5 期。

夏德元、张燕：《突发公共事件中的微博传播问题》，《杭州师范大学学报》（社会科学版）2014 年第 12 期。

谢金林：《情感与网络抗争动员——基于湖北"石首事件"的个案分析》，《公共管理学报》2012 年第 1 期。

谢起慧：《美国政府危机应对中的社交媒体使用分析》，《中国应急管理》2015 年第 3 期。

谢起慧：《危机中的地方政务微博：媒体属性、社交属性与传播效果——中美比较的视角》，博士学位论文，中国科学技术大学，2015 年。

谢岳：《当代中国政治沟通》，上海人民出版社 2006 年版。

熊节春：《善治的伦理分析》，中国社会科学出版社 2014 年版。

徐贲：《通往尊严的公共生活：全球正义和公民认同》，新星出版社 2009 年版。

许一飞：《政府回应网络民意的政治沟通模型、特征、问题及路径选择》，《行政论坛》2015 年第 4 期。

薛立勇：《政府信任的层级差别及其原因解析》，《南京社会科学》2014

年第 12 期。

杨国斌:《悲情与戏谑:网络事件中的情感动员》,《传播与社会学刊》2009 年第 9 期。

杨善华主编:《西方社会学理论》,北京大学出版社 1999 年版。

[德] 尤尔根·哈贝马斯:《沟通行动理论》第一卷,洪佩郁、蔺青译,重庆出版社 1994 年版。

俞可平:《政治传播、政治沟通与民主治理》,《现代传播》2015 年第 9 期。

俞可平:《治理与善治》,社会科学文献出版社 2000 年版。

喻国明、马慧:《关系赋权:社会资本配置的新范式——网络重构社会连接之下的社会治理逻辑变革》,《编辑之友》2016 年第 9 期。

喻国明主编:《中国社会舆情年度报告(2013)》,人民日报出版社 2013 年版。

袁靖华:《论移动微屏传播时代的影视生态变革》,《鄱阳湖学刊》2015 年第 2 期。

袁靖华:《微博的理想与现实——兼论社交媒体建构公共空间的三大困扰因素》,《浙江师范大学学报》(社会科学版)2011 年第 6 期。

袁靖华、郝文琦:《中美政府社交媒体的公共危机传播比较研究——以天津爆炸、波士顿爆炸等突发公共危机事件的传播为例》,《浙江传媒学院学报》2016 年第 4 期。

袁靖华、翁超萍、洪飘林:《移动互联网时代市县级广电媒体融合的生态适应路径》,《电视研究》2016 年第 8 期。

[美] 约翰·克莱顿·托马斯:《公共决策中的公民参与:公共管理者的新技能与新策略》,孙柏瑛等译,中国人民大学出版社 2005 年版。

[美] 詹姆斯·W. 凯瑞:《作为文化的传播——媒介与社会论文集》,丁未译,华夏出版社 2005 年版。

詹文都：《政府公共关系》，华南理工大学出版社 2005 年版。

张成福、孟庆存：《重建政府与公民的信任关系——西方国家的经验》，《国家行政学院学报》2004 年第 3 期。

张涵嫣：《试论网络政治传播》，《社会科学家》2009 年第 11 期。

张明新、张凌、陈先红：《Web 2.0 环境下政府机构的对话沟通与社会资本——基于对公安微博的实证考察》，《现代传播》2014 年第 10 期。

张书维、景怀斌：《民众为什么不信任政府？—政治信任前因及对合作/对抗行为的影响》，全国心理学学术会议，2012 年。

张树辉：《当代大学生政治冷漠现象探析》，《中国青年政治学院学报》2002 年第 6 期。

赵洪凯：《浅析奥巴马政府的"E 外交"》，《现代国际关系》2010 年第 7 期。

[美] 珍妮特·V. 登哈特、罗伯特·B. 登哈特：《新公共服务——服务而不是掌舵》，丁煌译，中国人民大学出版社 2004 年版。

郑也夫：《信任论》，中国广播电视出版社 2006 年版。

郑永年、黄彦杰：《中国的社会信任危机》，《文化纵横》2011 年第 2 期。

周永坤、赵树凯、秋风：《拓展民众与政府的沟通渠道》，《社会科学报》2009 年 10 月 29 日第 1 版。

朱春阳：《新媒体时代的政府公共传播》，复旦大学出版社 2014 年版。

朱星华：《从政府应用与产业融合的视角看社交媒体的发展——以美国社交媒体的发展及政府对其的应用为例》，《全球科技经济瞭望》2013 年第 5 期。

附 录

问卷一　高知青年民众社交媒体应用调查

编号：　　　高知青年民众社交媒体应用情况调查问卷

您好！我们是国家社科基金"微博时代政民沟通的困境与出路研究"课题组，为了解青年人的社交媒体使用情况，开展这次问卷调查。所有数据纯粹用于学术研究。所有回答无对错，不具姓名，严格保密。请按真实情况和想法如实填写，在选定序号上打√，确保整份问卷由您本人完成，您的回答非常重要。感谢您的支持与配合！

1. 您的性别：①男　　　　　②女
2. 您的年龄（周岁）：①18岁以下　②18—22岁　③23—27岁
　　　　　　　　　　④28—35岁　⑤35岁以上
3. 您的受教育程度：①初中及以下　②高中/中专/职高　③大专
　　　　　　　　　④本科　　　　⑤研究生
4. 您的家在：_____省/自治区/直辖市_____市/州/盟_____城区/县/旗_____乡镇/街道

1. 最近一年内您与家乡基层政府部门直接打过交道吗?

　　①从不　　②很少　　③有时　　④经常　　⑤几乎天天打交道

2.

您平时使用下列媒介吗?	从不	很少	有时	经常	几乎每天
QQ					
微博					
微信					
App					

3.

您平时关注下列媒介吗?	从不	很少	有时	经常	几乎每天
党政客户端（指国内政府部门 App）					
政务微博（指国内政府部门的微博）					
政务微信公众号（指国内政府部门的微信公众号）					

4. 发生重大突发事件，您倾向相信下列媒介发布的信息吗？【完全不相信记 1 分，完全相信记 10 分，根据您的信任度，1—10 分自由赋值】

评估项目	新华社	中央电视台	《人民日报》	市场化的报纸等主流媒体	事件当地媒体	事件当地政府的政务微博	事件当地政府的政务微信公众号	事件当地政府的党政客户端	微博微信大 V	QQ微信的朋友圈
得分										

5. 您认为基层政府通过政务微博/微信/客户端等各类社交媒体是否做到了：

	完全不认同	大部分不认同	不认同与认同各半	大部分认同	完全认同
及时与民众沟通					
准确发布信息					
信息公开透明					
让民众充分参与					
积极回应民众					

6. 如果您发现某项政策对您的利益有很大损害,您会采取下列行动维护自身权益吗?

【肯定不会记 1 分,肯定会记 10 分,根据您可能采取的程度,1—10 分自由赋值】

评估项目	在QQ/微信的朋友圈求助	发帖发微博表达不满	向新闻媒体反映	直接找当地政府反映	@当地政府的政务微博	@当地政府的政务微信公众号	参加游行集会等抗议	能忍则忍,算了
得分								

7. 您对家乡所在地基层政府工作满意吗?【非常不满意记 1 分,非常满意记 10 分,根据满意程度,1—10 分自由赋值】

评估项目	服务态度	工作作风	办事效率	执法公正	官民关系	依法办事	廉洁反腐
得分							

8. 根据您的观察和感受,您认为基层政府与民众的关系如何?

	很不融洽	不太融洽	好差各半	比较融洽	很融洽
村/居委会与村/居民的关系					
乡/镇/街道与农/居民的关系					
县/市/区/旗与居民的关系					

9. 在社交媒体上您参与这些活动吗?

①从不;②很少;③有时;④经常;⑤几乎每天

在朋友圈聊天	①	②	③	④	⑤	
浏览微博/微信	①	②	③	④	⑤	
阅读微信公众号信息	①	②	③	④	⑤	请在选定的序号上打√
点赞	①	②	③	④	⑤	
转发微博/微信	①	②	③	④	⑤	
评论他人的微博/微信	①	②	③	④	⑤	
发表微博/微信	①	②	③	④	⑤	

10. 在微博/微信上,您主要关注哪些信息?【从不关注 1 分,非常关注 10 分,根据关注程度,1—10 分自由赋值】

关注内容	时事政治经济	社会热点新闻	政府/官员信息发布	购物美食	亲友生活状态	娱乐八卦	幽默笑话
得分							

11. 在微博/微信上,您主要关注哪些人?【从不关注 1 分,非常关注 10 分,根据关注程度,1—10 分自由赋值】

关注对象	家人/朋友	企业/商业机构	公共新闻媒体	媒体从业者	明星/网红	政府部门/官员	专家学者
得分							

12. 通过使用微博/微信,主要满足了您的哪些需要?【最不满足 1 分,最满足 10 分,根据满足程度,1—10 分自由赋值】

满足了:	及时获知信息	主动参与社会	方便议论时事	分享观点意见	人际交往	生活休闲娱乐
得分						

13. 根据您的观察和感受,您认为当前基层政府跟民众沟通的总体情况怎么样?

①没沟通　　　　　　　　②沟通很不顺畅,成效很差

③沟通不太顺畅,成效一般　　④沟通还顺畅,成效较好

⑤沟通很顺畅,成效很好

14. 您信任您家所在地的基层政府吗?

①很不信任　　②不太信任　　③信任与不信任各半

④比较信任　　⑤非常信任

15. 家乡基层政府在您心目中的形象怎么样?

①很差　　②较差　　③好差各半　　④较好　　⑤很好

16. 您对下列陈述的态度是:①强烈反对;②轻微反对;③不确定;④轻微支持;⑤强烈支持【请在表内选定序号上打√】

在任何情况下，公共场所的规则都必须遵守	①	②	③	④	⑤
公民无论在何种情况下，都应该履行纳税义务	①	②	③	④	⑤
遵守规则对社会的正常运作极其重要	①	②	③	④	⑤
国家政策每个公民都应该积极支持配合	①	②	③	④	⑤
在中国，官员对社会的重要性大于企业家	①	②	③	④	⑤
要有效治理国家，最重要的是需要一批有高尚道德的官员	①	②	③	④	⑤
政府官员大都是一心一意为人民服务的	①	②	③	④	⑤
大多数的政府官员都有足够的才干去处理政务	①	②	③	④	⑤
在当前中国，有权好办事	①	②	③	④	⑤
有关系或后台硬，要找份工作不是件难事	①	②	③	④	⑤
只要管好自己的事就够了，政府的好坏与我无关	①	②	③	④	⑤
政府官员没有几个是清廉的	①	②	③	④	⑤

问卷二　基层干部—基层政府的社交媒体应用调查

编号：　　基层干部—基层政府的社交媒体应用调查问卷

您好！我们是国家社科基金"微博时代政民沟通的困境与出路研究"课题组，为深入了解基层政府与基层干部的社交媒体（QQ/微博/微信/手机客户端）使用情况，特开展这次问卷调查。所有数据纯粹用于学术研究。所有回答无对错，不具姓名，严格保密。请按真实情况和想法如实填写，在选定选项上打√，确保整份问卷由您本人完成，您的回答非常重要。感谢您的支持与配合！

1. 您的性别：①男　　　　　②女
2. 您的年龄：①18—29 岁　②30—39 岁　③40—49 岁　④50 岁及以上
3. 您的受教育程度：①初中及以下　　②高中/中专/职高　　③大专
　　　　　　　　　④本科　　　　　⑤研究生

4. 您的工作单位：①村/社区　　②乡镇/街道

　　　　　　　　③县/县级市/区政府部门

　　　　　　　　④地级市及以上政府部门

5. 您属于所在工作单位的：①一般干部　　②中层领导干部

　　　　　　　　　　　　③领导班子成员

6. 您属于国家公务员职务序列中的：

　①科级以下　　②科级　　③处级　　④处级以上　　⑤非公务员

7. 您属于哪类部门：①综合协调部门　　　②政法和社会保障部门

　　　　　　　　　③社会公共事务管理部门

　　　　　　　　　④专业管理部门　　　⑤监督检查部门

8. 您所在省/自治区/直辖市：_____

---

1. 工作中，您所在单位需要和辖区民众打交道吗？

　①从不　　②偶尔　　③有时　　④经常　　⑤几乎天天打交道

2. 您所在单位与辖区民众交流时，最常用的渠道是什么？【可多选】

　①面对面　　②打电话　　③手机短信　　④纸质信件/告示发文

　⑤电子邮件　　⑥新闻发布会　　　　　　⑦政务网站/论坛

　⑧QQ　　⑨微博　　⑩微信　　⑪手机 App 客户端　　⑫其他

3. 您觉得使用哪种渠道沟通效果最好？【可多选】

　①面对面　　②打电话　　③手机短信　　④纸质信件/告示发文

　⑤电子邮件　　⑥新闻发布会　　　　　　⑦政务网站/论坛

　⑧QQ　　⑨微博　　⑩微信　　⑪手机 App 客户端　　⑫其他

4. 为联系辖区民众，您所在单位开通下列渠道多久了？【对应空格打√】

	尚未开通	不到半年	半年至1年	1—3年	3年以上
QQ					
政务微博					

续表

	尚未开通	不到半年	半年至1年以下	1—3年以下	3年及以上
政务微信					
手机 App 客户端					

5.

您所在单位用下列渠道与民众联系多吗?	从不	偶尔	有时	经常	几乎每天
QQ					
政务微博					
政务微信					
手机 App 客户端					

6. 在社交媒体（QQ/微博/微信/手机客户端等）的沟通平台上，您认为：【对应空格打√】

基层政府实际承担的主要角色是?	非常不认同	不认同	持中	认同	非常认同
平等对话参与者					
信息发布引导者					
社会管理服务者					
利益关系协调者					
被动挨骂受气者					

7. 处理与辖区民众相关事务时，您认为所在单位已通过社交媒体做到了：

	非常不认同	不认同	持中	认同	非常认同
及时与民众沟通					
准确发布信息					
信息公开透明					
让民众充分参与					
积极回应民众					

8. 您认为阻碍政务微博/微信/QQ/手机 App 客户端等与民众有效沟通的主要因素是：

	非常不认同	不认同	持中	认同	非常认同
民众不关注这些政务平台					
缺少与民众对话互动					
话语表达不够亲民					
不能解决实际问题					
没有真正贴近民众需求					

9. 改善基层政府与民众在社交媒体上的沟通状况，您认为主要的有效措施应是：

	非常不认同	不认同	持中	认同	非常认同
与民众沟通要及时、主动、平等、尊重					
培训沟通技能，整体提升沟通能力					
信息应充分、准确、透明、直接					
创新沟通形式，拓宽沟通渠道					
建立健全沟通的绩效评估考核机制					
建立健全畅通的民意表达机制					

10.

	未开通	从不	偶尔	有时	经常	几乎每天
您平时上微博多吗？						
您平时用微信多吗？						

11. 您认为干部有必要开通个人微博/微信等与民众直接沟通吗？

	完全没必要	没必要	无所谓	有必要	完全有必要
个人微博					
个人微信					

12. 您认为在社交媒体上，多大程度存在人们对政府/干部的如下情形：

	谩骂	误解	投诉	批评	建议	肯定
基本没有						

续表

	谩骂	误解	投诉	批评	建议	肯定
有一点						
有一些						
较多						
很多						

13. 如在上述平台遇到对政府/干部的投诉批评，您会：

	不会	不大会	有点可能会	有较大可能会	完全会
直接拉黑？					
不予理睬？					
与其争辩？					
耐心解释？					
虚心接受？					

14. 自从有了政务微博/微信/QQ/手机 App 客户端等后，您认为发生以下变化了吗？

	非常不认同	不认同	持中	认同	非常认同
政府受到更多监督了					
政府工作效能提高了					
信息发布更及时了					
与民众沟通更有效了					
跟民众关系更密切了					
政府形象改善了					
政府公信力提高了					
政府运行成本更高了					
干部压力更大了					
负面言论更多了					
政府更作秀了					

15. 您认为传统平台（报纸/广播/电视/电话/网站等）和社交媒体平台（QQ、政务微博、政务微信、手机 APP 客户端等）分别在以下方面做得如何？【注意不串行】

		非常差	较差	一般	较好	非常好
增进政府的公信力	传统平台					
	社交媒体平台					
改善政府部门形象	传统平台					
	社交媒体平台					
改善民众与政府的关系	传统平台					
	社交媒体平台					
提高与民众沟通的成效	传统平台					
	社交媒体平台					
畅通民意表达渠道	传统平台					
	社交媒体平台					

16. 您认为当前基层政府跟民众沟通的总体情况怎么样？

①没沟通　　　　　　　　②沟通很不顺畅，成效很差

③沟通不太顺畅，成效一般　④沟通还顺畅，成效较好

⑤沟通很顺畅，成效很好

17. 您认为目前基层政府与民众的关系怎么样？

①很差　　②较差　　③一般　　④较好　　⑤很好

18. 您认为民众对基层政府信任吗？

①很不信任　　②不太信任　　③一般

④比较信任　　⑤非常信任

19. 您认为基层政府在民众心目中的形象怎么样？

①很好　　②较好　　③一般　　④较差　　⑤很差

对您的参与再次深表感谢！祝您生活幸福！工作愉快！

后　记

（一）

2010年，被称为微博元年。那一年，有位朋友刚刚开通新浪微博一个月，坐火车时丢了件衣服，通过微博发出信息，第二天就有陌生的网友帮忙找回来了。那一年，我在腾讯和新浪同时注册了微博账号，开始发140字的帖子，用以维护被不法商人侵害的合法权益。一个月之后，地方工商管理部门、基层政府主管部门就主动联系我，快速响应，解决了问题。也是在那一年，国内社交媒体用户达到了1亿；微博打拐、网上问政，纷纷推出；凤姐罗玉凤成了圈粉无数的微博网红……社交媒体开始爆发出巨大的潜力。

那一年，我写了关于社交媒体的第一篇论文《微博的理想与现实——兼论社交媒体建构公共空间的三大困扰因素》[发表于《浙江师范大学学报》（社会科学版）2010年第6期]，文中提出了三个疑问。

社交媒体究竟是杀伤力最强的舆论载体，还是杀伤力最强的商业营销工具？社交媒体究竟是动员公众舆论的理想平台，还是易被操纵的舆论控制手段？社交媒体究竟是极大地聚合了公众的注意力，还是进一步加剧了个体注意承载力的危机？

我当时的结论是：社交媒体时代的公众舆论引导和社会价值观整合

等问题将更为棘手。带着这样的思考，我一头扎进了社交媒体的传播研究中，从此开启了这项长达十年的观察与田野工作。

在研究过程中，我成功申报了国家社科基金青年项目"微博时代政民沟通的困境与出路研究"（项目编号：12CXW003），这本小书是在此前结题的研究报告基础上修缮、增补完成的，也算是对这项研究工作的一个小结吧。在此，要特别感谢五位匿名评审专家对我的结题报告给予的积极肯定，专家们宝贵、中肯的评审意见，为我修改完善书稿提供了很多启发。

回望这十年，我看到了地方基层政府在社交媒体应用方面的很多进步，也看到了一些迟迟难以破解的症结问题。在和很多基层公务人员的访谈对话中，我能够感受到他们那种与时俱进的危机感和使命感，也感受到他们很多时候的无力感、疲乏感。田野工作经常会触及基层社会治理的问题，这促使我从传播学的研究视角来思考，于是有了论文《新型社区媒体：社区传播与公民素养——基于小区业主论坛的田野调查》（发表于《浙江传媒学院学报》2014年第3期），沉入当时最底层的社交媒体—小区论坛，来探讨基层社会治理中的公共协商理性和公民素养的培育途径。

重大突发事件的应急管理也是最考验基层社会治理的问题之一。围绕政务社交媒体的传播研究，我带领研究生郝文琦开展网络田野调查，完成了论文《中美政府社交媒体的公共危机传播比较研究——以天津爆炸、波士顿爆炸等突发公共危机事件为例》（发表于《浙江传媒学院学报》2016年第4期），从"善治"的角度，通过综合运用案例比较研究、数据挖掘、内容分析等方法，探讨了地方政府机构善用社交媒体，以"善治"理念推进公共事件应急传播能力与危机信息处置能力的具体操作路径。

在基层政府的田野调查工作中，我发现市县级政府囿于工作惯性和路径依赖，往往更偏重用传统广播电视的渠道作为舆论引导平台。而广播电视正面临转型，收视注意力和受众占有率下滑。田野工作告诉我，传统媒体依旧有着不可替代的重要作用，正如我在书中通过回归分析得到的结论：

> 尽管政务社交媒体在与民众沟通中承担了重要作用，但是传统媒体长久的公信力支持和丰富多样的内容、节目与表现形式，可以帮助基层政府改进形象，提高民众对政府的信任。要善于充分发挥和挖掘传统媒体的涵化教育功能，辅助基层政府建立与民众的良好沟通关系。

在这样的思考基础上，我带领研究生洪飘林、翁超萍深入调研市县广电媒体，完成了论文《移动互联网时代市县级广电媒体融合的生态适应路径》（发表于《电视研究》2016年第8期），提出市县级广电媒体融合移动社交媒体的目标定位：成为提供贴地服务、链接地方社群的基层社区媒体，促进基层民众与基层政府的沟通成效、推进基层社会治理。该文获得了中国广播电影电视社会组织联合会主办的广电杯征文大赛三等奖。

上述研究，作为我主持的国家社会科学基金青年项目"微博时代政民沟通的困境与出路研究"（项目编号：12CXW003）的前期阶段性成果，局部被吸收到此次的书稿写作当中。

（二）

在整个研究过程中，遇到的最大困难是如何开展大样本问卷调查。由于研究对象是基层政府的公务人员，该群体的特殊性、纪律性与相对不开放性，很难自由获得理想的全国大样本。基层政府公务很繁忙，大部分市县行政部门都设有门禁，不能够轻易进入。虽然部分工作人员愿意接受我们的访问，但普遍排斥我们在政府机构中进行问卷调查。这一度导致研究进程受阻，耽搁了不少时间。

好在功夫不负有心人。在导师——浙江大学邵培仁教授、师母彭凤仪教授，还有浙江大学赵晓瑛教授、浙江省委党校王侃教授的帮助下，我得以带领课题组进入全国干部教育培训基地开展配额问卷调查。对此，我特别感谢！感恩！

导师邵培仁教授还亲为本书作序，勉励弟子。衷心感激导师十多年来始终如一的关怀和指导！

采访和调查的过程中，我认识了不少来自全国各地的优秀、实干、作风勤勉的基层干部。感谢他们对我的信任，接纳我的访问，为我的调查研究提供便利和帮助。经过4个多月的辛勤工作，这部分问卷调查得以顺利完成。此后，课题组成员又在长三角地区的各类高校中开展了青年群体的问卷调查，这个过程得到了很多同行、同门和师友同学的帮助。特别感谢这份友情！感恩铭记在心！

感谢课题组成员浙江工业大学人文学院副院长邵鹏教授、南京大学新闻传播学院特聘研究员金苗博士、浙大城市学院传媒与人文学院副院长顾杨丽副教授、浙江传媒学院文化创意学院张咏梅副教授、浙江大学人口与发展研究所季安照博士，积极参与课题，并协助研究工作！

感谢南京大学新闻传播学院潘祥辉教授，浙江传媒学院戏剧影视研究院王冰雪副研究员和戴哲副教授，浙江传媒学院文学院邵清风副教授，浙江大学传媒与国际文化学院邱戈副教授、李东晓副教授，东北财经大学人文与传播学院廖卫民教授，苏州大学传媒学院学科发展办主任张梦晗副教授，给予的帮助和支持！

断断续续十年的观察和思考，如今终于可以付梓，暂时告一段落。书稿的出版过程，因为个人身体方面的原因，经历了一段波折。感谢中国社会科学出版社文学艺术与新闻传播出版中心主任郭晓鸿女士的辛勤付出，感谢我的研究生郝文琦博士、周杭硕士参与前期调查研究，并搜集整理资料，感谢 University of California 沈力博士后帮助搜集外文数据资料，感谢微信朋友圈师友们提供的宝贵意见。感恩这十年来始终扶持我、帮助我、鼓励我的每一位亲友！

  谨以此文，纪念社交网络时代的第一个十年和陪伴了十年的研究与思考。

袁靖华

2020 年 5 月 4 日

杭州·西湖·丰潭